Geschichte trifft Zukunft

Tirol im Gedenkjahr 2009

Claudia Paganini I Richard Schober

Geschichte trifft Zukunft
Tirol im Gedenkjahr 2009

Herausgegeben vom Land Tirol

Tyrolia-Verlag · Innsbruck-Wien

Aus Gründen der besseren Lesbarkeit wurden geschlechtsneutrale Personen- und
Gruppenbezeichnungen bewusst nicht in der männlichen und weiblichen Form angeführt.
Ebenso wurde auf den Gebrauch von Titeln verzichtet.

Bibliografische Information Der Deutschen Nationalbibliothek
Die Deutsche Nationalbibliothek verzeichnet diese Publikation in der
Deutschen Nationalbibliografie; detaillierte bibliografische Daten sind im Internet
über http://dnb.d-nb.de abrufbar.

2010
© Verlagsanstalt Tyrolia, Innsbruck
Umschlaggestaltung: Tyrolia-Verlag
Layout und digitale Gestaltung: Tyrolia-Verlag
Lithografie: digi-service, Innsbruck
Druck und Bindung: Printer Trento (I)
ISBN 978-3-7022-3069-2
E-Mail: buchverlag@tyrolia.at
Internet: www.tyrolia-verlag.at

Inhaltsverzeichnis

Vorwort von Kulturlandesrätin Beate Palfrader 8

Vorwort von Landeshauptmann Günther Platter 9

Eine historische Einführung 11

Der Tiroler Aufstand von 1809   Ursachen – Verlauf – Folgen 12

Das Gedenkjahr beginnt   Großveranstaltungen im Frühjahr 27

Auftakt am Bergisel   20. Februar 2009 28

Regierungskonferenz auf Schloss Tirol   21. Februar 2009 35

Ein geschichtlicher Parcours   Eröffnung Museum Passeier 38

Landesausstellung auf der Franzensfeste   9. Mai 2009 41

Landesschießen   29. Mai 2009 46

INHALTSVERZEICHNIS

Hofer Wanted Kultur im Gedenkjahr 49

Freiheit verbindet Musik und Tanz 50

Von Helden und Antihelden Theater und Film 56

Sind Außerferner Tiroler? Ausstellungen 66

Tirol und Südtirol grüßen Wien Großveranstaltungen im Sommer 73

Feuer in der Stadt Schwazer Silbersommer 74

Tirol und Südtirol grüßen Wien 13. und 14. Juni 2009 78

Herz-Jesu-Sonntag in Bozen 21. Juni 2009 86

Gedenken zum Hohen Frauentag 15. August 2009 90

Halte die Zukunft fest! Gesellschaft im Gedenkjahr 93

Finde deine Phantasie. Finde deine Identität Jugend im Gedenkjahr 94

Frauen.Sichten Weibliche Aspekte zu 1809 101

Wechselspiel der Perspektiven Bildung und Wissenschaft 104

„... so leicht khombt mir das sterben vor, das mir nit die augen naßß werden" Publikationen 110

INHALTSVERZEICHNIS

Tirol feiert und tagt Großveranstaltungen im Herbst 115

Innsbruck feiert 18. und 19. September 2009 116

Landesfestumzug 20. September 2009 122

Jugend und Brauchtum 127

Schützen der Europaregion Tirol 130

Nachbarn und Gäste 133

Marschreihenfolge 136

Impressionen vom Landesfestumzug 140

**Gemeinsame Erklärung der Regierungen von
Tirol, Südtirol und dem Trentino** 15. Oktober 2009 210

Dreierlandtag in Mezzocorona 29. Oktober 2009 215

Abschluss und Ausblick 221

Auf den Spuren Andreas Hofers 19. Februar 2010 222

Die letzten Momente des Gedenkjahres 19. und 20. Februar 2010 225

Alte und neue Helden Bergiselmuseum 234

Veranstaltungskalender 238

VORWORT

>> *Jedes einzelne Kulturprojekt
hat eine neue Perspektive
in das Gedenkjahr eingebracht.* <<

Das Gedenkjahr hat die Menschen im historischen Tirol näher zusammengeführt. Es war eine Herausforderung, uns kritisch mit der Vergangenheit auseinanderzusetzen. Und es hat auf beeindruckende Art und Weise deutlich gemacht, wie viele kreative, schöpferische und kulturbegeisterte Bürger es in Tirol, Südtirol und dem Trentino gibt. Über 400 Kulturinitiativen sind in diesem vergangenen Jahr ins Leben gerufen, konkretisiert und mit viel Engagement umgesetzt worden. All diese Ausstellungen, Theaterproduktionen, Lesungen, Konzerte, Kunstinstallationen etc. waren für die Veranstalter mit beträchtlichem Aufwand verbunden und es ist mir daher ein ganz großes Anliegen, den vielen Ehrenamtlichen im Hintergrund meinen herzlichen Dank auszusprechen. Jedes einzelne Kulturprojekt hat eine neue Perspektive in das Gedenkjahr eingebracht, einen eigenen Schwerpunkt gesetzt und unser Motto *Geschichte trifft Zukunft* mit Leben gefüllt.

Daher war es uns auch wichtig, den vorliegenden Bildband nicht allein den offiziellen Großveranstaltungen zu widmen. Vielmehr war es das Ziel dieser das Gedenkjahr abrundenden Dokumentation, dem Leser über die Höhepunkte hinaus einen Eindruck davon zu geben, wie facettenreich das Gedenken an die Freiheitskämpfe von unseren Kulturschaffenden bearbeitet und interpretiert worden ist. Die Eröffnung der Landesausstellung *Labyrinth::Freiheit, Tirol und Südtirol grüßen Wien*, der *Landesfestumzug*, der Dreierlandtag in Mezzocorona – all das war das Gedenkjahr. Das Gedenkjahr wurde aber auch überall dort verwirklicht, wo eine Gemeinde, eine Kulturinitiative aktiv geworden ist und ihre Sicht von Geschichte und Zukunft künstlerisch umgesetzt hat.

Jedes einzelne Projekt könnte Seiten füllen – diejenigen, auf die im Folgenden eingegangen wird, und diejenigen, welche aus Platzgründen nicht eigens besprochen werden konnten. Jedem einzelnen Projekt kann die knappe und damit verkürzte Darstellung, wie Sie sie hier vorfinden werden, natürlich nicht gerecht werden. Dennoch freue ich mich, dass es uns gelungen ist, eine Collage gelebter Kultur zusammenzustellen, die über den Augenblick hinaus Erinnerung sein wird und Zeugnis vom Tirol des Jahres 2009. Mehr noch aber freue ich mich, dass all diese Kulturinitiativen stattgefunden haben, und bin mir dessen gewiss, dass ihre Gestalter im Beifall ihres Publikums bereits einen erfüllenden Lohn erhalten haben.

Beate Palfrader
Landesrätin für Bildung und Kultur

VORWORT

>> *Das Gedenkjahr war reich an politischen Weichenstellungen, reich an Initiativen und reich an bewegenden Augenblicken.* <<

Am 15. Oktober 2009 haben die Regierungen von Tirol, Südtirol und dem Trentino eine gemeinsame Erklärung zur künftigen grenzüberschreitenden Zusammenarbeit unterzeichnet. Am 29. Oktober wurde in Mezzocorona der Dreierlandtag abgehalten, bei dem eine Richtungsentscheidung für eine stärkere institutionelle Vernetzung und eine gemeinsame Rechtspersönlichkeit der Alpenregion getroffen wurde. Am 23. Dezember wurde als Schnittstelle für länderübergreifende Initiativen in Bozen das Euregio-Büro eröffnet: Das Gedenkjahr 2009 war reich an konkreten politischen Weichenstellungen in Richtung einer gemeinsamen Zukunft. Es war reich an Initiativen, ungeachtet der Grenzen an gemeinsamen Wurzeln, Anliegen und Zukunftsvisionen festzuhalten. Und es war reich an bewegenden Augenblicken.

Zusammen mit alldem, was 2009 über Andreas Hofer und die Tiroler Freiheitskämpfe geforscht, geschrieben und berichtet wurde, sind es diese Augenblicke, die der Einzelne für sich vom Gedenkjahr als Erinnerung mitnehmen wird. Solche unvergesslichen Momente haben wir dort erlebt, wo wir erfahren durften, wie eine ganze Gemeinde in einem Kulturprojekt zusammenwächst, dort, wo wir gesehen haben, mit welchem Interesse sich die Jugend mit der Geschichte auseinandersetzt, dort, wo Feste gefeiert wurden. Die Veranstaltung *Tirol und Südtirol grüßen Wien* und allem voran der *Landesfestumzug* waren für eine große Zahl an Teilnehmern konzipiert, mit einem beeindruckenden logistischen Aufwand verbunden und haben sehr viele Menschen begeistert.

Als Landeshauptmann von Tirol ist es mir deshalb ein Anliegen, den unzähligen Helfern, die im Hintergrund gewirkt haben, ein herzliches Dankeschön auszusprechen. Ohne sie wäre der Landesfestumzug – wäre das ganze Gedenkjahr – nicht zu dem überwältigenden Erfolg geworden, der es war. Ein mindestens ebenso großes Anliegen ist es mir aber, all diese und noch viele andere Menschen in unserem Land aufzurufen, den gemeinsamen Auftrag weiter zu verwirklichen. Die Politik hat klare Zeichen für eine gemeinsame Zukunft des historischen Tirol gesetzt und wir werden an diesem Weg über das Gedenkjahr hinaus festhalten. Die Tiroler, Südtiroler und Trentiner haben ebenso klare Zeichen der Zusammengehörigkeit gesetzt und es wird nun auf jeden Einzelnen ankommen, den Geist der Gemeinschaft noch zu festigen und der Europaregion Tirol-Südtirol-Trentino damit zu der Stärke zu verhelfen, die sie verdient.

Günther Platter
Landeshauptmann von Tirol

Eine historische Einführung

von Richard Schober

Der Tiroler Aufstand von 1809

Ursachen – Verlauf – Folgen

1. ‚1809' im europäischen Kontext

Die Tiroler Erhebung von 1809 ist nur im europäischen Kontext verständlich, da **Napoleons** Kampf gegen die alten Monarchien des Kontinents und England eine gesamteuropäische Dimension hatte. So begann die Vorgeschichte der Tiroler Erhebung auch im europäischen Maßstab um die Jahreswende 1805/06.

Trotz überwältigender Erfolge am Kontinent gelang Napoleon im Sinne der angestrebten Weltherrschaft eines nicht: die Seeherrschaft Englands auszuschalten, selbst nicht mit der Ende 1806 verhängten Kontinentalsperre. Auch die Besetzung Portugals im Spätjahr 1807, eines engen Verbündeten des Inselreichs, stellte als machtpolitische Intervention im Zeichen des Wirtschaftskrieges keinen besonderen Schlag dar.

Zuvor schon hatte **Napoleon** am Kontinent vieles klargemacht: Nach seiner Krönung zum Kaiser der Franzosen (2. Dezember 1804) und zum König von Italien (28. Mai 1805) sowie der Annexion der Ligurischen Republik, mit der er die österreichischen Interessen auf der Apenninenhalbinsel getroffen hatte, besiegte er die gegen ihn gerichtete Koalition Österreichs mit England, Russland und Schweden.

Bayern, unschlüssig zwischen Frankreich und Österreich hin- und herschwankend, entschied sich schließlich für das Bündnis mit dem Kaiser der Franzosen, ein unvermeidlicher Akt staatlicher und dynastischer Selbsterhaltung, der sich nachträglich für Bayern als richtig he-

*Seite 11:
Carl von Blaas,
Gefangennahme
Andreas Hofers,
1890*

*Rechts:
Napoleon in seinem
Arbeitszimmer*

rausstellte. Man war sich in München klar darüber, dass die Annexion Bayerns zu den österreichischen Kriegszielen gehörte. Ein schneller Vorstoß durch Süddeutschland brachte **Napoleons** Truppen nach Wien, das er am 14. November 1805 erreichte.

Nach der Kapitulation einer österreichischen Armee in Bayern folgte die entscheidende Niederlage des österreichisch-russischen Heeres bei Austerlitz am 2. Dezember 1805.

Der Krieg wurde mit dem für Österreich schmerzhaften Frieden von Pressburg beendet. Der österreichische Kaiser musste nicht nur Tirol mit den säkularisierten Hochstiften Brixen und Trient sowie Vorarlberg, sondern auch die Markgrafschaft Burgau und den Rest des Hochstiftes Passau an Bayern abtreten. Für Österreich brachte der Friede neben den an Bayern abgetretenen Gebieten auch im Süden beachtliche Verluste: Istrien und Dalmatien, die an das Königreich Italien gingen. Einen kleinen Gewinn bedeutete für Österreich der Anschluss des 1803 säkularisierten Erzstiftes Salzburg mit dem Berchtesgadener Land. Wenn auch nach der endgültigen Niederlage **Napoleons** durch den Wiener Kongress der Vorkriegszustand wiederhergestellt wurde, eine Europa verändernde Tatsache blieb bestehen: der Untergang des Heiligen Römischen Reiches Deutscher Nation, das nicht mehr wiederbelebt werden konnte. Den Anfang vom Ende des ehrwürdigen Reiches in der Mitte Europas bedeutete der am 12. Juli 1806 erfolgte Zusammenschluss von sechzehn deutschen Territorien des Reiches zum Rheinbund unter dem Protektorat **Napoleons**, die folgerichtig aus dem Reichsverband austraten. Nachdem der Kaiser der Franzosen offen die römisch-deutsche Kaiserwürde anstrebte, legte **Kaiser Franz** die Krone des Reiches nieder, um deren Übernahme durch **Napoleon**, der sich bereits als zweiter **Karl der Große** sah, zu verhindern. Die Grundfesten des Reiches waren irreparabel zerrüttet. Bezeichnend dafür war, dass sogar der Reichskanzler **Karl Theodor von Dalberg** dem Korsen die Reichskrone angetragen hatte. Die Macht **Napoleons** auf dem Kontinent schien grenzenlos. Mit der Niederringung Preußens, das seine bisherige Neutralität aufgegeben hatte, und dem siegreichen Einzug **Napoleons** in Berlin am 27. Oktober 1806, war eine weitere Großmacht besiegt worden.

Im Mai 1808 setzte allerdings die Gegenbewegung von einer Seite ein, die im alten Europa der Kabinetts-

Joseph Freiherr von Hormayr, im Jahr 1809 kaiserlicher Intendant in Tirol

kriege bislang noch keine Rolle gespielt hatte. Auf der Iberischen Halbinsel erhob sich das Volk gegen den Usurpator, ein als historisch zu bewertender Vorgang, der auch direkte Auswirkungen auf die Tiroler Erhebung von 1809 hatte.

Die Iberische Halbinsel wurde so vorübergehend zum Brennpunkt der europäischen Politik. Einerseits für **Napoleon** selbst, weil er Truppen aus der europäischen Mitte nach Spanien abziehen musste, andererseits für Wien, weil man an einen neuen Krieg gegen die Franzosen denken konnte. Obwohl der Kaiser Volksaufständen prinzipiell skeptisch gegenüberstand und wichtige Kreise am Hof in Wien am Erfolg des spanischen Aufstandes zweifelten, wurde doch das spanische Beispiel zum Fanal herangezogen. So sorgte insbesondere der österreichische Außenminister **Graf Johann Philipp von Stadion** dafür, dass die Bevölkerung über den spanischen Aufstand informiert wurde.

In Tirol verglich **Joseph Freiherr von Hormayr** in seiner Propaganda das Land mit der gebirgigen spanischen Region Asturien und nannte das Gebirgsland im Herzen Europas *unser Asturien*, wo das tapfere Volk gleich wie in

Spanien sich befreien müsse. Während die spanische Propaganda gar auf einen Aufstand aller von **Napoleon** unterdrückten Völker abzielte, beschied sich die österreichische vornehmlich mit dem Aufruf zur Revolte in deutschen Landen und im angrenzenden Italien. Die spanische Insurrektion fand auch Eingang in die Proklamation **Kaiser Franz' I.** *An die Völker Österreichs* vom 8. April 1809 wie auch im Aufruf **Erzherzog Johanns** *An die Völker Italiens*. Durch diese Propaganda wurde weder ein gesamtdeutscher Volkskrieg noch ein europäischer ausgelöst. Trotzdem war der Einfluss auf die europäische Gesellschaft beachtlich, und die Nachrichten aus Spanien wurden bis zum Ende der Napoleonischen Kriege mit Enthusiasmus aufgenommen.

Eine neue Facette im Krieg des Jahres 1809 war die Doktrin der Volksbewaffnung, auf die besonders **Erzherzog Johann** und Minister **Philipp von Stadion** setzten, mit der der napoleonischen *levée en masse* entgegengetreten werden sollte. **Erzherzog Karl** warnte vor einem Krieg, da er das Heer noch nicht zum Angriff fähig hielt. **Philipp von Stadion** und **Erzherzog Johann** wollten den spanischen Aufstand nützen, da ein großer Teil der französischen Truppen in Spanien gebunden war. Allerdings kam trotz aller Bemühungen keine Koalition mit Russland zustande. Auch England beschränkte sich auf die finanzielle Unterstützung des Krieges.

Trotz anfänglicher Erfolge der österreichischen Armee gelang es den Franzosen, bis Wien vorzurücken, das am 13. Mai 1809 kapitulierte. Zum zweiten Mal seit Dezember 1805 zog **Napoleon** als Sieger in die österreichische Haupt- und Residenzstadt Wien ein. Am Tag der Kapitulation wurde auch in Tirol das Korps des österreichischen **Generals Chasteler** bei Wörgl aufgerieben. Es folgte der Sieg von **Erzherzog Karl** bei Aspern und Eßling (21./22. Mai 1809), der **Napoleon** den Nimbus der Unbesiegbarkeit nahm, da der große Korse persönlich erstmals zu Lande militärisch geschlagen wurde. Allerdings stellte dieser Triumph der österreichischen Waffen nur eine Zwischenetappe dar, da er weder militärisch noch politisch ausreichend genutzt wurde. Das Blatt wandte sich wenige Wochen später, als **Erzherzog Karl** am 5. und 6. Juli bei Deutsch-Wagram geschlagen wurde und ohne die Genehmigung des Kaisers wohl übereilt den Waffenstillstand von Znaim schloss. **Erzherzog Karl** musste demissionieren, und der Kaiser selbst übernahm den Oberbefehl über alle österreichischen Truppenteile. Auch die Stellung des Außenministers von Stadion, der den Krieg fortsetzen wollte, war erschüttert. **Fürst Metternich**, der spätere *Kutscher Europas*, übernahm die Leitung der österreichischen Außenpolitik. Unter dessen maßgebendem Einfluss wurde am 14. Oktober 1809 der Friede von Schönbrunn geschlossen, der den vorübergehenden Verlust der Stellung Österreichs als europäische Großmacht bedeutete. Der Friede brachte nicht nur riesige territoriale, sondern auch enorme finanzielle Verluste. Österreich musste Salzburg, das Innviertel, Westgalizien mit Krakau, Teile Kärntens, Görz, Triest, Istrien, Krain und Teile Kroatiens abtreten. Der Verlust Tirols, das zwischen Bayern, dem Königreich Italien – und den Paris direkt unterstellten Illyrischen Provinzen – schließlich aufgeteilt wurde, wurde bestätigt. Die riesigen Kriegsentschädigungen, die **Napoleon** forderte, trieben Österreich 1811 in den ersten Staatsbankrott seiner Geschichte. Auch innenpolitisch kam es zum Umbruch. Neben Stadion fielen die Erzherzöge **Karl** und **Johann** in Ungnade. Der neue Stern am politischen Himmel Wiens war **Metternich**, dessen geniale Außenpolitik letztlich wesentlich zur Wiedererringung der Großmachtstellung Österreichs beitrug. Dessen außen-

Feldmarschall-leutnant Gabriel Marquis von Chasteler, 1805/10

politische Strategie war auf eine vordergründige Aussöhnung mit Frankreich ausgerichtet, mit dem Ziel, die Entfremdung zwischen dem **Zaren** und **Napoleon** zu fördern und den Expansionsdrang des Kaisers der Franzosen auf Russland zu lenken. Gleichzeitig sollte das Verhältnis zu England verbessert werden. Die Hochzeit **Napoleons** mit der Tochter **Kaiser Franz' I.** am 2. April 1810 in Paris, die **Metternich** und der österreichische Botschafter **Schwarzenberg** vorbereitet hatten, ist im Kontext dieser Strategie zu sehen, die schon bald aufging.

Tatsächlich begannen schon im Herbst 1810 **Napoleons** Kriegsvorbereitungen gegen Russland, wobei **Metternich** das Kunststück gelang, einem direkten Allianzvertrag mit Frankreich auszuweichen, der die späteren Bündnispartner England und Russland vor den Kopf gestoßen hätte. **Napoleon** musste sich bei seinem Russlandfeldzug im Jahre 1812 mit einem Kontingent von österreichischen Hilfstruppen von nur 30.000 Mann begnügen, die kaum in die Kämpfe eingriffen. Bekanntlich brachte das Desaster des Russlandfeldzuges den Anfang vom Ende **Napoleons**. Am Rande sei vermerkt, dass nun die antinapoleonische Propaganda den Heldenmut der russischen Bauern hervorhob, die nun die Rolle der Spanier und Tiroler von 1809 im psychologischen Krieg übernahmen.

2. Tirols Erhebung 1809

In Tirol standen am Beginn des Feldzuges von 1805 34.000 österreichische Soldaten, die aber wegen der Entwicklung auf dem nördlichen Kriegsschauplatz und der Räumung Oberitaliens durch **Erzherzog Karl** Gefahr liefen, abgeschnitten zu werden, und sich daher nach Osten absetzen mussten. Auch in Tirol war es am 1. und 3. November zu Kämpfen am Pass Lueg, am Pass Strub sowie am Knie- und Steinpass gegen die nach Süden vorrückenden Truppen des **Generals Ney** gekommen, der die Verbindung mit der französischen Italienarmee unter General **Massena** herstellen sollte. Am 6. November 1805 besetzte General **Ney** Innsbruck.

Der folgende Friede von Pressburg, am 26. Dezember, hatte für den späteren Tiroler Aufstand besondere Relevanz. Die Souveränität und der Besitz sollten an Bayern in der Art übergehen, wie sie der Kaiser innehatte, *non autrement* [nicht anders]. Bewusst fasste die österreichische, aber besonders die Tiroler Propaganda diese Bestimmung des Friedens in dem Sinne auf, dass der bayerische Monarch an der inneren Verfasstheit der abgetretenen Gebiete nichts ändern dürfe. Daher sah man in der Aufhebung der Tiroler Landesverfassung im Jahre 1808 im Zuge der gesamtbayerischen zentralistischen Verfassungsreform einen Bruch des Pressburger Friedens und damit eine wichtige Legitimation für die Revolte von 1809 gegen den infolge des Friedens neuen Herrscher, den bayerischen **König Maximilian (Max) I. Joseph** [seit 1806]. Einer rechtlichen Beurteilung hält diese Interpretation nicht stand. Die Klausel bedeutete nur, dass dem bayerischen König zum Schutz gegenüber Dritten dieselben Souveränitätsrechte in den abgetretenen Territorien zukamen wie ehemals dem österreichischen Landesherrn. Zunächst waren die bayerischen Truppen, die die französischen ablösten, in Tirol lieber gesehen, da sie sich moderater gegenüber der Zivilbevölkerung verhielten. Bayern stand in Tirol wie in den anderen durch den Frieden von 1805 gewonnenen Gebieten vor einer gewaltigen Herausforderung: der Integration des Landes in sein neues, der zentralistischen Staatsauffassung im Geiste der Aufklärung verpflichtetes Königreich. Die vielfältigen diesbezüglichen Maßnahmen wurden schon zeitgenös-

Maximilian I. Joseph, von Napoleons Gnaden ab 1. Jänner 1806 König von Bayern

Jakob Plazidus Altmutter, authentisches Porträt des Sandwirts und Oberkommandanten in Tirol, Andreas Hofer, 1809

sisch als wesentliche Motive für den Aufstand von 1809 gesehen und so von der älteren Geschichtsschreibung übernommen.

Im Wesentlichen waren dies die Beseitigung der landständischen Verfassung, des Landesnamens Tirol, damit verbunden das Verbot der Ausübung religiöser Sitten und Gebräuche sowie die Einführung der Rekrutenaushebung (Konskription). Die fatale wirtschaftliche Situation wurde durch Steuerdruck weiter verschärft. Dazu kam die besondere Anhänglichkeit des Landes und seiner Bevölkerung an das angestammte Kaiserhaus.

Prinzipiell sind diese Motive, die auch zeitgenössisch für die Legitimation des Aufstandes herangezogen wurden, auch aus heutiger Sicht in Gegenüberstellung mit den Quellen durchaus nachzuvollziehen, wenn auch die Bewertung im Einzelnen heute anders ist.

Natürlich wurde mit der Anhänglichkeit an das Kaiserhaus, wie oben festgestellt wurde, so manches andere Motiv verbrämt, allerdings ist auch eindeutig klar, dass die bayerische Herrschaft als Fremdherrschaft empfunden wurde, die es zu beseitigen galt. Wie ist es anders zu erklären, dass die nahezu gleichartigen religionspolitischen Maßnahmen, die Einführung der Konskription und der exorbitant verstärkte Zentralismus im späten 18. Jahrhundert unter **Joseph II**. wohl zu Missstimmungen, aber zu keiner Revolte geführt hatten, allerdings sehr wohl unter der bayerischen Herrschaft? Es ist angezeigt, die Dinge differenzierter zu betrachten. Die Aufhebung der landständischen Verfassung durch Bayern tangierte wohl mehr die politischen Eliten als das Volk, das die Einschränkung der Gemeindefreiheiten vor Ort sicher mehr traf.

Die Religion erweist sich bei der Gegenüberstellung mit den Quellen als Motivationsfaktor äußerst tragfähig. So bezeichnete **Pater Haspinger** einmal den Aufstand als heiligen Krieg [im Sinne des Kampfes gegen die aufklärerischen Ungläubigen], *wer darin fällt, fährt gerade in den Himmel*. Unzweifelhaft waren die Übergriffe der Bayern auf das religiöse Brauchtum, ja selbst auf Bischöfe, ein wesentlicher Motivationsfaktor für die gläubige Bevölkerung, wenn auch selbst im Klerus wie auch in der gesamten Bevölkerung zwischen Befürwortern und Gegnern des Aufstandes unterschieden werden muss. So nahm der Bischof von Brixen, der selbst von den Bayern verfolgt wurde, dezidiert gegen den von Teilen des Klerus gepredigten Charakter des Aufstandes als eines Kampfes für die Religion Stellung. Auch der Kapuzinerprovinzial war aus religiösen Gründen mit dem militärischen Engagement **Pater Haspingers** nicht einverstanden und forderte dessen Rückkehr ins Kloster. Der Glaube hinderte Landesverteidiger auch nicht daran, Geistliche, die gegen den Aufstand auftraten, sogar körperlich anzugreifen.

Ein wesentliches, bislang vielleicht allzu sehr unterschätztes Motiv lag im Bestreben, wirtschaftliche Interessen zu wahren. So gibt es zeitgenössische Zeugnisse, die die Meinung vertreten, die Tiroler wollten weder Bayern noch Österreich angehören, *sondern allein und frey sein, am allerwenigsten wollen sie Steuern zahlen*. Umso mehr motivierten die unter dem Druck **Napoleons** geforderten, bedeutend höheren Steuern unter Bayern stärker als unter Österreich zum Aufstand. Fest steht, dass die Tiroler in den verschiedenen Phasen der Revolte kaum Steuern, weder an Bayern noch an Österreich, zahlten. Daran änderte sich auch nichts, als ihr eigener Kommandant **Andreas Hofer** seine *Regentschaft* angetreten hatte.

Gewisse sozialrevolutionäre Aspekte sind der Revolte nicht abzusprechen, wenn sie auch nicht zu deren grundsätzlichen Motiven gehörten. Verschiedene Aussagen lassen Tendenzen erkennen, dass sich die Aufständischen an die Stelle der Herren setzen wollten. Das Schlagwort vom *Herren-Erschlagen* und *Herren-Erschießen* blieb allerdings nur Ausdruck eines gewissen sozialrevolutionären Radikalverbalismus.

Ein wesentliches Motiv, besonders unter den jungen Leuten, war naturgemäß die von den Bayern eingeführte Konskription, die bereits im 18. Jahrhundert unter **Joseph II.** auf Widerstand, wenn auch nicht auf tätlichen gestoßen war und vom Kaiser zurückgenommen werden musste. Unter der bayerischen Fremdherrschaft wurde die Rekrutenaushebung naturgemäß als noch drückender und demütigender empfunden. Auch bei anderen antinapoleonischen Aufständen auf dem Kontinent machte sich die latente Unzufriedenheit der Bevölkerung bei der Einführung der Konskription Luft, sodass dieses Motiv keineswegs tirolspezifisch ist.

Neben den Motiven der Aufständischen sind die Versuche, die Erhebung zu legitimieren, von besonderer Bedeutung. Wesentliche Faktoren waren die vermeintliche Verletzung des Pressburger Friedens sowie das Besitzergreifungspatent **Erzherzog Johanns** vom 8. und 13. April sowie die Handschreiben des Kaisers von Schärding (18. April 1809) und von Wolkersdorf (29. Mai 1809). Die Tiroler, die an der Erhebung teilnahmen, waren der Ansicht, dass spätestens seit der Besetzung Tirols durch die österreichischen Truppen die Operationen auf Tiroler Seite keine Rebellion, sondern *ein wahrer Krieg seien*. Allerdings war selbst die glühende Befürworterin des Krieges, die **Kaiserin Maria Ludovica**, über den Aufstand gegen den bayerischen König und den Aufruf **Erzherzog Johanns** zum Aufstand entsetzt.

Aus bayerischer und französischer Sicht war das Fehlen jeglicher Legitimation naturgemäß unumstritten, obwohl die Franzosen durchaus anerkannten, dass die Bayern zu wenig auf die regionalspezifischen Besonderheiten Tirols Rücksicht genommen hatten.

Primäres Ziel der Tiroler Legitimitätsstrategie war die Mobilisierung der eigenen Bevölkerung – im Kampf der *Falken* gegen die *Tauben* – um die Meinungsführerschaft, wobei die religiöse Legitimation – *Heiliger Kampf für Gott und die Religion* – sicherlich eine stärkere Rolle spielte als die säkulare (Pressburger Frieden, Handschreiben des Kaisers, Besitzergreifungspatent **Erzherzog Johanns**).

Die Tiroler Erhebung, deren Hauptmotive geklärt scheinen, ist ohne den Willen Österreichs zum Krieg im Jahre 1809 undenkbar. Obwohl jüngst in Zweifel gezogen, muss in diesem Gesamtkontext hervorgehoben werden, dass der Tiroler Aufstand in deutschen Landen ein Alleinstellungsmerkmal aufweist. Nur in Tirol kam es zu einer großen Revolte – mehrere andere, viel kleinere Revolten gab es wohl auch anderswo – wie in Hessen durch **Oberst Wilhelm von Dörnsberg** und in Berlin durch den preußischen **Major Ferdinand von Schill** –, die jedoch samt und sonders in kürzester Zeit niedergeworfen wurden. Ausschließlich der Tiroler Aufstand wurde schon zeitgenössisch mit dem großen Spanien in Verbindung gebracht und als Leitmotiv betrachtet, um doch noch am Beispiel dieser beiden heldenhaften Völker gegen **Napoleon** zu mobilisieren.

Der Aufruf zum Volkskrieg, der von Wien ausging, hat sicherlich eine große Rolle für die Tiroler Erhebung gespielt, bedeutete er doch nicht nur deren Legitimierung, sondern auch eine durchaus zu erwartende militärische Unterstützung durch Österreich, die es dann bekanntlich in entscheidenden Momenten nicht gab. Klar ist aber auch, dass es trotzdem ohne anderweitige Motive, die die bayerische Besetzung und Verwaltung bewirkte, dennoch nicht zur Revolte in Tirol gekommen wäre.

Nach der im Pressburger Frieden festgelegten Abtretung Tirols an Bayern war die Verbindung der österreichischen Stellen mit Tirol nicht abgerissen. Zunehmend standen diese Kontakte, insbesondere mit **Erzherzog Johann** und seinem Mitarbeiter **Joseph von Hormayr**, im Zeichen der Vorbereitung des Landes auf den unvermeidlichen nächsten Waffengang. Beim Einmarsch österreichischer Truppen sollte sich das Land erheben. Die bayerische Seite war über die Tiroler Verbindungen mit Wien informiert, zumal sich die österreichischen Stellen nicht einmal um die Verschleierung ihrer Aktivitäten bemühten. Trotzdem unternahm München dagegen nichts, um gegenüber **Napoleon** nicht noch mehr als Kriegshetzer dazustehen, da die österreichische Diplomatie in Paris nicht ohne Erfolg diese Sicht der Dinge ventilierte. Selbst gegen die namentlich bekannten Tiroler Verschwörer schritt Bayern nicht ein, um die Stimmung im Lande durch Verhaftungen nicht noch weiter zu verschlechtern. Allerdings war gerade zu jener Zeit (Februar 1809) die Einführung der verhassten Konskription, zu der Bayern durch die Anforderungen **Napoleons** gezwungen war, für die angestrebte Beruhigung der Tiroler Bevölkerung äußerst gegenteilig in der Wirkung. **Napoleons** Kriegspläne berührten Tirol nicht, sodass Bayern auch nicht ausreichend Truppen in Tirol stationieren konnte. Der Kaiser der Franzosen meinte: *Lassen wir die Österreicher in Tirol machen, was sie wollen, ich habe nicht die Absicht, mich in einem Gebirgskrieg zu engagieren*. Bayerische Militärs waren sich aufgrund des Truppenmangels – es standen nur 5.300 Soldaten in Tirol zur Verfügung – durchaus bewusst, dass das Land bei einer flächendeckenden Erhebung, selbst wenn österreichische Truppen nicht eingreifen würden, kaum gehalten werden kann.

Im April 1809 trat dann beides ein: Es kam zur Erhebung Tirols und zum Einmarsch österreichischer Truppen unter Feldmarschallleutnant **Chasteler**. Nach mehreren kleineren siegreichen Gefechten fiel die Entscheidung in Innsbruck. Am frühen Morgen des 12. April begann der Sturm auf die Stadt, die um 10 Uhr vom Tiroler Landsturm eingenommen wurde. Der bayerische **General**

Kinkel kapitulierte. Es kam zu massiven Ausschreitungen gegenüber Teilen der städtischen Bevölkerung und der kleinen jüdischen Minderheit in Innsbruck, die von den Aufständischen als bayernfreundlich verdächtigt wurden. Erst nach Tagen kehrte Ruhe und Ordnung ein, als am 16. April 1809 die österreichischen Truppen in Innsbruck einrückten. Am 13. April kapitulierten auch die bis Innsbruck nachrückenden französischen Truppen unter **Bisson**.

Bis auf die Festung Kufstein und das von den Franzosen besetzte südliche Tirol war am 13. April 1809 der größte Teil Tirols in der Hand der Aufständischen. Aus militärischer Sicht werden die Aprilkämpfe als größter und glänzendster Sieg während der ganzen achtmonatigen Erhebung Tirols betrachtet. Der Kaiser war voll Bewunderung über den Erfolg der Erhebung, rechtfertigte diese mit Hinweis auf den angeblichen Bruch des Pressburger Friedens und versprach Tirol nicht wieder preiszugeben (Schärdinger Manifest vom 18. April 1809).

Die Niederlage der Hauptarmee in Süddeutschland hätte den Erfolg in Tirol durchaus gefährden können, allerdings kam es nur zu temporären Operationen und keiner neuerlichen Invasion der Franzosen von Süden her. **Napoleon** beeindruckte der Erfolg der Tiroler nur wenig. In einem Brief vom 26. April an **Eugène de Beauharnais** sprach er vom *lächerlichen Terror der Tiroler*. Sein Plan erschöpfte sich zunächst in der Isolierung der österreichischen Truppen in Tirol von Norden und Süden aus. Erst um den 6. und 7. Mai reifte der Entschluss, mit bayerischen Truppen die Tiroler Situation möglichst schnell vor den zu erwartenden Schlachten im Donauraum zu bereinigen.

Am 12. Mai kam es zum Gefecht am Pass Strub, der nach heftiger Gegenwehr der Tiroler eingenommen wurde. Die österreichischen Truppen unter **Chasteler** wurden bei Wörgl vernichtend geschlagen. An dieser Niederlage war der Tiroler Landsturm, der sich als undiszipliniert erwiesen und sich bald zerstreut hatte, nicht unbeteiligt. Die Vorwürfe der Tiroler, **Chasteler** habe vollkommen versagt, erscheinen in diesem Licht als nicht ganz berechtigt. Ebenso muss die damals schon verbreitete Ansicht revidiert werden, die Bayern hätten am 15. Mai als Terrormaßnahme ganz Schwaz niedergebrannt. Vielmehr waren die Ursache des katastrophalen Brandes die Verteidigungsanstrengungen des Landsturmes, die zu einem äußerst heftigen Häuserkampf führten. **Chas-**

Porträt von Marschall Lefèbvre, Herzog von Danzig, um 1810

teler musste auf Befehl **Erzherzog Johanns** durch das Pustertal abziehen. Nur ein kleines Kontingent österreichischer Truppen blieb zurück, das sich an den folgenden Kämpfen am Bergisel beteiligte. Am 19. Mai konnte der französische Oberkommandierende **Lefèbvre**, der überzeugt war, damit dem Aufstand ein Ende bereitet zu haben, in Innsbruck einrücken. Diese Einschätzung **Lefèbvres** übernahm auch **Napoleon**, der die in Tirol eingesetzten Truppen bereits am 22. Mai an den Hauptkriegsschauplatz verlegte.

Bereits drei Tage später, am 25. Mai, kam es zu einem ersten unentschiedenen Gefecht am Bergisel zwischen den 4.250 Mann starken bayerischen Truppen, 6.000 Tiroler Schützen und 1.200 österreichischen Soldaten. Zahlenmäßig waren also die Tiroler Landesverteidiger am 25. Mai ebenso überlegen wie beim folgenden zweiten Gefecht am Bergisel vom 29. Mai, als 14.000 Tiroler und 1.200 österreichische Soldaten lediglich 5.400 Mann bayerischer Truppen gegenüberstanden. Trotzdem kann von einem entscheidenden militärischen Sieg nicht gesprochen werden. Der *Sieg*, der naturgemäß propagandistisch ausgeschlachtet wurde, bestand viel mehr im Abzug der Bayern,

Jakob Plazidus Altmutter, Befreyungs-Kampf am Berg Isel am 13. August 1809, der für Bayern und Franzosen verlustreich verlief

der jedoch durch Mangel an Lebensmitteln und Munition und von der Gefahr der Einschließung in Innsbruck und damit der Gefährdung des Rückzugs bedingt war, denn durch eine eindeutige militärische Niederlage.

Auf jeden Fall brachte der 29. Mai nicht einen so glänzenden Sieg wie im April, als der Feind gänzlich besiegt wurde und tausende bayerische und französische Soldaten in Gefangenschaft gerieten. Zeitgleich wurde ein Angriff bayerischer Truppen über Mittenwald und Scharnitz nach Zirl abgewehrt sowie vom 7. bis 9. Juni Trient trotz eines intensiven Bombardements der Franzosen gehalten. Die Südgrenze Tirols blieb aber weiterhin bedroht. In Innsbruck übernahm **Joseph Freiherr von Hormayr** als österreichischer *Intendant* die Leitung der Zivilverwaltung. Allerdings erwies sich das Regieren, nachdem Österreich selbst noch im Krieg war, als schwierig. Am Tag des Gefechts am Bergisel vom 29. Mai erließ der Kaiser zur Stärkung des Tiroler Widerstandes das Wolkersdorfer Handbillet, in dem er den Tirolern versprach, Tirol niemals mehr abzutreten. Dies führte schließlich dazu, dass viele Tiroler die Nachricht vom Znaimer Waffenstillstand vom 12. Juli und vom folgenden Frieden von Schönbrunn als feindliche Propaganda abtaten, was den Gegensatz zwischen *Tauben* und *Falken*, den Aufstandsgegnern und -befürwortern im Lande, ungemein verstärkte. Wien tat allerdings lange nichts zur Aufklärung, um das Eisen Tirol im Feuer zu halten, rechnete man doch trotz des Waffenstillstandes mit dem Wiederaufflammen der Kämpfe. Erst Ende Juli wurde von offizieller österreichischer Seite die Richtigkeit des Waffenstillstandes bestätigt.

DER TIROLER AUFSTAND VON 1809

Napoleon plante, zumal der Znaimer Waffenstillstand befristet war, nunmehr die endgültige Niederschlagung des Tiroler Aufstandes, bevor die Hauptkämpfe im Donauraum wieder beginnen sollten. Offenbar nahm er die Tiroler nun ernster, wenn er auch nach wie vor ihre Stärke unterschätzte. Diesmal sollte ein umfassender Angriff von allen Seiten, von Norden über Scharnitz, Nordosten über das Inntal, Osten (von Kärnten aus) und von Süden nach Trient, erfolgen. Der Einmarsch über das Inntal erfolgte problemlos, am 30. Juli rückte **Lefèbvre** in Innsbruck ein. Die Österreicher mit ihrem Intendanten **Hormayr** zogen sich zurück. Hartnäckiger Widerstand wurde den Franzosen allerdings in Osttirol entgegengesetzt, der große Zerstörungen zur Folge hatte. Im Süden wurde nur Trient und dessen Umgebung besetzt.

Nach dem Ende Juli offiziell bestätigten Znaimer Waffenstillstand tobte angesichts der von allen Seiten heranrückenden feindlichen Truppen ein heftiger Kampf zwischen *Falken* und *Tauben*, den Befürwortern und Gegnern des Aufstandes, um die Meinungsführerschaft unter den Tirolern, wobei sich die Ersteren schließlich durchsetzten. Dabei spielte für den Sieg der *Falken* ein Gerücht über einen tatsächlich nicht stattgefundenen Sieg der Österreicher und der Hinweis, dass im Znaimer Waffenstillstand die Besetzung des Landes nicht erwähnt wurde, eine wesentliche Rolle. Nicht unbedeutend für den folgenden Widerstand war der Umstand, dass sich die Tiroler mit Blick auf den 29. Mai als militärisch nicht geschlagen betrachteten. Widerstand in den eigenen Reihen wurde mit brachialer Gewalt bekämpft. Wer vom Frieden sprach, und war es auch ein Geistlicher, wurde arretiert, wie **Josef Hirn** bereits 1909 feststellte.

Schon vor dem berühmten Bergiselgefecht am 13. August, bei dem die Tiroler auf sich allein gestellt waren, kam es zu denkwürdigen Gefechten, die in der Erinnerungskultur von 1809 prominente Plätze einnehmen. So das Gefecht gegen die Thüringer bei Oberau, Anfang August südlich von Sterzing, für das sich in den späteren Jahrzehnten die verharmlosende Bezeichnung *Sachsenklemme* einbürgerte. Dabei gerieten rund 560 bis 600 verwundete *Sachsen* in Gefangenschaft. Weiters scheiterte ebenfalls ein mit 6.000 Mann am 7. und 9. August von Marschall **Lefèbvre** vorgetragener Durchbruchsversuch. Zeitgleich gerieten am 8. August bayerische Truppen bei der Pontlatzer Brücke in das Feuer des Tiroler Landsturms. Wiederum erlitten die feindlichen Soldaten erhebliche Verluste, insbesondere durch Gefangennahme.

Überall an den neuralgischen Punkten, in der Eisackschlucht zwischen Ober- und Unterau, der Lienzer Klause und der Pontlatzer Brücke, errangen die zahlenmäßig überlegenen, jedoch teilweise ohne jede Führung kämpfenden Tiroler unter Ausnützung des Terrains beträchtliche Teilerfolge, die auf die französischen und bayerischen Truppen demoralisierend wirkten und nicht zuletzt zu Spannungen zwischen bayerischen und französischen Offizieren führten.

Lefèbvre hatte sich nach Innsbruck zurückgezogen. **Andreas Hofer** kam am 11. August in Matrei am Brenner an und bereitete den Angriff vor. Erstmals bezeichnete sich der Sandwirt in einem Brief vom 10. August als *Oberkommandant in Tirol*.

In dem berühmten Bergiselgefecht am 13. August standen den 17.000 Tirolern 11.800 Mann feindlicher Truppen gegenüber. Trotz des Oberbefehls von **Andreas Hofer** operierten **Speckbacher** und **Firler** in ihren Befehlsbereichen unabhängig. Das Gefecht endete unentschieden.

Josef Speckbacher
Führer der bäuerlichen Belagerer von Kufstein 1809

Schützenmajor Josef Speckbacher, im Hintergrund die Festung Kufstein

Eugène Beauharnais, Vizekönig von Italien, der von Kaiser Napoleon mit der neuerlichen Unterwerfung Tirols beauftragt wurde

Diese Einschätzung teilte auch **Andreas Hofer** selbst und meinte: *Wir haben gestern nicht verloren, sondern mehr erobert.* Trotz der durchaus noch intakten Kampfkraft der Truppen entschied sich **Lefèbvre** gegen den Willen seines Generalstabschefs für den Abmarsch aus Innsbruck, da er die Rückzugslinien durch das Unterinntal und die Versorgung der Truppen gefährdet sah. Nur infolge dieses Rückzuges konnte später das Gefecht vom 13. Mai zum militärischen Sieg hochstilisiert werden. Allerdings war es ein Faktum: Das nördliche Tirol war wiederum mit Ausnahme der Festung Kufstein in der Hand der Aufständischen. Im Laufe des August gelang dann auch die Befreiung des Südens, insbesondere mit Aufgeboten aus dem Fleimstal und vom Nons- und Sulzberg. Eine letzte Offensive gegen Rovereto (23. August) scheiterte am Widerstand der Trentiner Aufgebote. Die Italiener des Trentino hatten also nicht geringen Anteil daran, dass Ende August auch das französisch-italienische Korps Tirol wieder verlassen musste und somit das Land gänzlich befreit war.

Das zweimonatige *Regiment* **Andreas Hofers** vom 15. August bis zur zweiten Oktoberhälfte galt im Zuge der Rezeptionsgeschichte seit der zweiten Hälfte des 19. Jahrhunderts als erhabenste Periode der Erhebung, bot es doch besonders für einen Mythos tragfähige Projektionsflächen für den spezifisch tirolerischen militärisch-religiösen Wertekomplex. **Andreas Hofer** übernahm die Regierung im *Namen des Kaisers* ohne kaiserliche Ernennung, nur aufgefordert von einigen Innsbrucker Persönlichkeiten. Ein signifikantes Zeichen für die damalige Rechtsunsicherheit des politischen Handelns.

Die zwei Monate relativer Ruhe waren dadurch bedingt, dass bis zum Abschluss des Schönbrunner Friedens die militärische Situation in Schwebe blieb und **Napoleon** für einen neuerlichen Angriff auf Tirol keine Truppen frei machen wollte. Noch am Tage des Friedensschlusses von Schönbrunn (14. Oktober 1809) gab **Napoleon**, der nun über ausreichend militärische Kräfte verfügte, dem Vizekönig von Italien, **Eugène de Beauharnais**, die Instruktionen für die erneute Niederwerfung Tirols. Auch diesmal sollte das Land von allen Seiten her angegriffen werden, vom Nordosten durch die Bayern, vom Osten und vom Süden durch die Franzosen mit einem italienischen Kontingent.

Der in Tirol sehr beliebte Erzherzog Johann, der in Bezug auf die Landesverteidigung in der Napoleonischen Zeit in Tirol eine große Rolle spielte

Durch Proklamationen erfuhren die Tiroler vom Friedensschluss und von der für die bisherige Erhebung ge-

EUGÈNE BEAUHARNAIS.

JOHANN
ERZHERZOG von OESTREICH,
General der Cavallerie
General Genie Director &c. &c.
Gebohren im Jahr 1782.

währten Amnestie. Allerdings wurde mit Blick auf das Wolkersdorfer Handbillet des Kaisers, wie schon anlässlich des Znaimer Waffenstillstandes, die Nachricht von vielen nicht geglaubt. Schließlich war **Andreas Hofer** kurz zuvor vom Kaiser ausgezeichnet worden, und Wien hatte den Tirolern noch Gelder zur Landesverteidigung zur Verfügung gestellt. Dazu kam, dass **Erzherzog Johann**, wenn auch nicht im Einverständnis mit seinem kaiserlichen Bruder, weiterhin im Sinne der Tiroler wirkte. Für sie waren allein die Aussagen **Erzherzog Johanns** authentisch. Und dieser ließ sich bis zum 29. Oktober mit der Bestätigung des Friedensschlusses Zeit. Da war aber bereits die Entscheidung gefallen. Die *Falken* um **Pater Joachim Haspinger** und **Johann Kolb** hatten sich gegenüber dem schwankenden Hofer durchgesetzt. Diesmal setzten die Bayern und **Eugène Beauharnais** eine gewaltige Streitmacht (20.000 Bayern bzw. 50.000 Franzosen und Italiener) ein. In zwei Wochen wurde der Großteil des Landes weitgehend kampflos besetzt. Beim Gefecht am Bergisel am 1. November waren die Tiroler erstmals weit unterlegen. 8.500 der Ihren standen 20.000 Bayern gegenüber. In zwei Stunden war alles entschieden. Die Tiroler Landesverteidiger zogen sich zurück. Lokale Widerstandsaktionen, die noch bis Anfang Dezember andauerten, konnten an der Niederlage nichts mehr ändern. Die endgültige Befriedung des Landes zog sich noch bis in die ersten Monate des Jahres 1810 hin.

Das Land wurde dreigeteilt. Das Pustertal östlich von Niederndorf fiel an die Illyrischen Provinzen, die unmittelbar Paris unterstellt wurden, das Etschtal südlich von Gargazon einschließlich der Stadt Bozen kamen an das Königreich Italien, der Rest Tirols blieb beim Königreich Bayern. Um die Befriedung zu fördern, ließen die Besatzer selbst gegen Führungspersönlichkeiten, selbst diejenigen, die nicht für sich die Amnestie beanspruchten, Milde walten. Dies galt allerdings nicht für die Person **Andreas Hofers**. Seine Hinrichtung erfolgte in Mantua am 20. Februar, wobei der persönliche Befehl **Napoleons** aufgrund des schnellen optischen Kommunikationssystems der Franzosen bereits vor Prozessbeginn vorlag. Die persönliche Bitte von **Kaiser Franz** um Begnadigung dürfte zu spät in Paris eingetroffen sein. Auch die Mantuaner, die wohl Österreich emotional näher als Italien standen, wollten **Hofer** retten. Sie boten

den Franzosen nach heutigem Wert 500.000 Euro für seine Freilassung an.

Die Kriegsfolgen waren für Tirol gravierend, aber nicht samt und sonders negativ. Die Bedrohung von außen brachte eine bereits im 18. Jahrhundert einsetzende Beschleunigung der Etablierung einer spezifischen tirolischen Identität, die die drei zentralen Begriffe *Religion*, *Rechte und Freiheiten* sowie *Wehrhaftigkeit* besonders durch die Rezeption von 1809 wirkungsmächtig machte. Andererseits ist festzustellen, dass die Tiroler Bevölkerung unter den Auswirkungen des Krieges enorm litt. An erster Stelle stehen die Todesopfer, die für die ganze napoleonische Kriegszeit von 1796 und 1797 mit ca. 2.400 Personen angegeben werden. Dazu kamen die Gesamtkosten, die nach zeitgenössischen Quellen mit

Leopold Puellacher, Erschießung Andreas Hofers in Mantua, 20. Februar 1810

Plakat der Tiroler Landes-Jahrhundertfeier 1809–1909 in Innsbruck, Entwurf von Thomas Walch

ca. 4 Millionen Gulden beziffert werden. Die Truppendurchmärsche und Einquartierungen belasteten die Bevölkerung besonders schwer, zumal die letzten diesbezüglichen Schulden erst gegen Ende der ersten Hälfte des 19. Jahrhunderts durch den Staat getilgt wurden. Auch die Landesverteidiger selbst stellten für die Bevölkerung ein gravierendes Problem dar. So berichtete der Gerichtsschreiber von Terlan, *dass diese sich nicht weniger zügellos als nachhin die Franzosen in Terlan betragen hätten und deren Brutalität könne dem Lande Tirol keine Ehre machen.*

Die Kriegsepoche brachte zudem eine enorme Verteuerung der Lebenshaltungskosten sowie eine steigende Gefahr von Epidemien.

Insgesamt sah sich die Bevölkerung als Opfer des Krieges für Kaiser und Vaterland und erwartete nach Ende der Kriegsjahre und der Rückkehr Tirols zu Österreich in materieller und ideeller Hinsicht ein besonderes Entgegenkommen des Staates. Beides war nicht der Fall. Das restaurative System im Vormärz war weit davon entfernt, die ehemaligen Landesverteidiger zu bedanken. Ganz im Gegenteil! Manche der Führer verließen sogar die Heimat! In den Quellen der staatlichen Akten ist immer wieder von *missvergnügten Tirolern* die Rede. Erst in der zweiten Hälfte des 19. Jahrhunderts wurde der Tiroler Freiheitskampf zur Motivierung und Mobilisierung in den militärischen Konflikten des Risorgimento instrumentalisiert und bis zur Jahrhundertwende jener Kult entwickelt, der zum wesentlichen identitätsstiftenden Merkmal des öffentlichen Tirol wurde.

3. Erinnerungskultur im Spiegel der Gedächtnisfeiern

Den ersten Höhepunkt der Verehrung **Andreas Hofers** stellte sicherlich das Jubiläumsjahr 1909 dar, das am 29. August mit einem Festzug in Innsbruck mit ca. 30.000 Schützen und der Herausgabe von hervorragenden wissenschaftlichen Werken, die zum Teil heute noch gültig sind, begangen wurde. Allerdings wurde das Jubiläum vollständig für die Monarchie instrumentalisiert, sodass nicht so sehr **Andreas Hofer** und der Freiheitskampf als vielmehr der in Innsbruck anwesende **Kaiser Franz Joseph** den tatsächlichen Höhepunkt darstellte. In der Zeit des überhandnehmenden Nationalismus und des die Innenpolitik überschattenden Nationalitätenkampfes wurden der Kaiser als wesentlichste Integrationsfigur der Doppelmonarchie und die Doktrin *Für Gott, Kaiser und Vaterland* in den Vordergrund gestellt.

Zur Zeit der 125-Jahr-Feier im Jahre 1934 war die österreichische Welt eine ganz andere. Der Ständestaat kämpfte in Anlehnung an **Mussolinis** faschistisches Italien gegen die immer stärker werdende nationalsozialistische Bedrohung im Inneren und Äußeren durch das Dritte Reich. So wurde der September 1934 nicht wie 1809 eine Jubelfeier, sondern eine Gedächtnisfeier für das Jahr 1809. Besonders wurde der Heldentod **Andreas Hofers** mit der Ermordung von Kanzler **Engelbert Dollfuß** wenige Wochen zuvor in eine stark ideologische Verbindung gebracht.

Obwohl die Unterdrückung der österreichischen Minderheit im 1920 an Italien abgetretenen Südtirol durch den Faschismus auf der Seele brannte, sah sich Bundeskanzler **Schuschnigg**, mit Rücksicht auf die Abhängigkeit Österreichs von Italien, gezwungen, im Existenzkampf gegen den Nationalsozialismus jede Erwähnung Südtirols in offiziellen Reden zu untersagen.

Nicht zufällig war der Festzug in diesen Zeiten der Paramilitärisierung der Gesellschaft durch die Wehrverbände am 2. September mit 53.000 Teilnehmern, darunter 240 Musikkapellen, der größte, den die Landeshauptstadt je gesehen hatte. Er zog vier Stunden an der Hofburg vorbei. Davor fand auf der Ferrariwiese in Innsbruck eine Feldmesse statt, nach der unter anderem Bundeskanzler **Kurt Schuschnigg** eine Rede hielt.

Die Gedenkfeier 1959 war für Tirol das erste große Gedenkjahr nach dem Zweiten Weltkrieg. Schon zuvor waren zur Festigung der Tiroler Tradition im Jahre 1948 das Andreas-Hofer-Lied zur Landeshymne erklärt und 1956 nach achtzehnjähriger Unterbrechung die Gedenkfeiern im Wiener Stephansdom wieder aufgenommen worden. Im Hinblick auf die großen Feierlichkeiten zum 150-Jahr-Jubiläum wurde bereits 1957 die *Landesgedächtnisstiftung zur Erinnerung an die Erhebung von 1809* gegründet, deren erstes Ziel bis heute die Restaurierung und Instandhaltung von Denkmälern und Monumenten ist. Von den Feierlichkeiten erwartete man sich unter Mitwirkung des ganzen Volkes *eine tirolische Erneuerung*.

Plötzlich stand aufgrund aktueller Ereignisse zu Beginn des Jahres 1959 die Südtirolproblematik und die Verschlechterung der Beziehungen zu Italien im Vordergrund, die zu einem Einreiseverbot für den Tiroler Landeshauptmann und den Landtagspräsidenten seitens Italiens führten. Die Höhepunkte der Feierlichkeiten, die sich über ein ganzes Jahr erstreckten, waren der Hohe Frauentag am 15. August, der Festumzug am 13. September, das Landesfestschießen vom 28. Mai bis 8. Juni und der Landeskatholikentag. Am drei Kilometer langen Festumzug nahmen 25.850 Schützen und Musikanten, darunter 3.000 aus Südtirol, teil. Die Zuseher wurden auf 150.000 – 200.000 geschätzt. Eine Dornenkrone wurde mitgetragen, die *den großen Schmerz Tirols über die 1919 erfolgte Zerreißung des Landes* symbolisieren sollte. Das Ritual folgte 1959 durchwegs dem Vorbild von 1909 mit einem Unterschied: 1959 bildeten stärker als 1909 Kirche und Politik eine Einheit im Festgeschehen, wofür die Abhaltung des dritten Landeskatholikentages im Rahmen der Feierlichkeiten signifikant ist.

Das Gedenkjahr 1984 (175-Jahr-Jubiläum) war breiter angelegt als das von 1959. In einer *Gemeindeaktion*, mit der Aktivitäten in allen Nord-, Ost- und Südtiroler Gemeinden gefördert wurden, war die breite Öffentlichkeit eingebunden. Ansonsten folgte das Gedenkjahr dem bewährten Schema. Auftakt am 20. Februar, dem Andreas-Hofer-Tag, Landes-, Fest- und Freischießen, Gedenkfeier am Hohen Frauentag (15. August), der bereits 1959 zum Landesfeiertag erklärt worden war. Der große Festzug fand am 9. September in Innsbruck statt. Etwa 34.000 Mitwirkende und ca. 100.000 Zuschauer wurden gezählt. Wieder wurde eine Dornenkrone mitgeführt, was im Unterschied zu 1959 innerhalb Tirols Diskussionen auslöste und zu Verstimmungen zwischen Österreich und Italien führte. In der öffentlichen Erinnerung spielte im Rahmen der Feierlichkeiten auch das Thema *Südtirol* eine gewisse, wenn auch im Vergleich zu 1959 reduzierte Rolle, was durch die inzwischen erfolgte Realisierung der Au-

Plakat zur 125-Jahr-Feier 1809–1934, Entwurf von Heinrich C. Berann

tonomie für die Südtiroler durch den italienischen Staat bedingt war. In kultureller Hinsicht stellte die Landesausstellung *Die Tirolische Nation 1790–1820* den Höhepunkt dar. Im Mittelpunkt stand die kulturelle Einheit der Bevölkerung beiderseits des Brenners und im Trentino.

Ein Vergleich der Gedenkjahre 1959 und 1984 ergibt viel Gemeinsames, aber auch Unterschiede. Grundkonstanten bildeten für beide die Südtirolfrage als aktueller Bezugspunkt und die Betonung des religiös-militärischen Komplexes der Hofer-Verehrung. In beiden Gedenkfeiern wurden Landeseinheit und Freiheit betont. Allerdings stellte man 1984 nicht mehr den Kampf um Südtirol gegen *Rom* in den Vordergrund, sondern beschwor die geistig-kulturelle Dimension dieser Begriffe. Erstmals wurde 1984 aufgrund der fortschreitenden Pluralisierung der Gesellschaft auch das offizielle Hofer-Bild in Frage gestellt. Dieser Prozess ist bis zu den diesjährigen Gedenkfeiern weiter fortgeschritten. Allerdings ändert ein besonders durch die Geschichtswissenschaft erarbeitetes differenzierteres Hofer-Bild nichts an den auch heute noch identitätsstiftenden Werten seines Mythos: Heimat-, Vaterlands- und Freiheitsliebe.

Das Gedenkjahr 2009 präsentierte sich im Vergleich zu 1959 und 1984 deutlich breiter. Seine Aktivitäten stellten in ihrer Gesamtheit das größte derartige Projekt seit 1945 dar, wobei der grenzüberschreitende Gedanke einer Europaregion stets im Vordergrund stand. Ebenso vielfältig, bunt und reich an Perspektiven wie das Gedenkjahr 2009 selbst, ist auch seine Dokumentation, zu deren Lektüre ich Sie hiermit einladen darf.

Das Gedenkjahr beginnt

Großveranstaltungen im Frühjahr
von Claudia Paganini

Auftakt am Bergisel

20. Februar 2009

Mit über 400 auf das gesamte Gebiet des historischen Tirol verteilten Veranstaltungen und Projekten wurde im Gedenkjahr 2009 ein unübersehbares Zeichen dafür gesetzt, dass die Tiroler Geschichte und die Rückbesinnung auf die Freiheitskämpfe von 1809 den Tirolern selbst und nicht bloß ihren politischen Vertretern ein Anliegen sind.

Von den offiziellen Festveranstaltungen bis hin zu den engagierten Initiativen kleiner Gemeinden, von Lesungen und kritischen Wortinstallationen bis zu monumentalen Inszenierungen und Besucherrekorden spannte sich ein weites Spektrum an Ansätzen, wie Geschichte in der Gegenwart greifbar werden und in der Zukunft wirken kann.

Trotz dieser Vielfalt und Fülle aber, die das Jahr 2009 noch mit sich bringen sollte, wurde der Auftakt des Gedenkjahres still und nachdenklich begangen. Bei leichten Minusgraden und Schneegestöber fanden sich am Morgen des 20. Februar Tirols Landeshauptmann **Günther Platter**, Südtirols Landeshauptmann **Luis Durnwalder**, Trentinos Landesrat **Franco Panizza** und mit ihnen zahlreiche Repräsentanten von Stadt und Land ein, um gemeinsam mit den Abordnungen der Traditionsverbände beim Andreas-Hofer-Denkmal die traditionelle Kranzniederlegung vorzunehmen. Im Anschluss an die Landeshymne fielen die Ehrensalven und nach dem Abschreiten der Formation spielte das Bläserquintett der Stadtmusikkapelle Wilten **Ludwig Uhlands** *Ich hatt´ einen Kameraden*. Der frische Schnee und die kalte Winterluft begleiteten die Momente der Trauer und versetzten die Anwesenden nicht nur in die Todesstunde Andreas Hofers zurück, sondern weckten zugleich die historische Erinnerung an den 28. Jänner 1810, als Andreas Hofer, seine Frau Anna, sein Sohn Johann und mit ihnen Kajetan Sweth auf der Pfandleralm im Passeier verhaftet worden waren.

*Seite 27:
Fähnrich Robert Mader, Schütze Siegfried Dullnig, Leutnant Gottfried Sigl und Leutnant Michael Steinbacher*

*Oben:
Südtirols Landeshauptmann Luis Durnwalder, der Kulturlandesrat des Trentino Franco Panizza und Landeshauptmann Günther Platter schritten die Ehrenformation ab.*

*Unten:
Schütze Siegfried Dullnig und Leutnant Gottfried Sigl*

Die Schützenkompanie Wilten feuerte die Ehrensalve ab.

Die Wiltener Sängerknaben und Domorganist Reinhard Jaud brachten gemeinsam mit the next step percussion group den Dom zu St. Jakob in Innsbruck zum Klingen.

AUFTAKT AM BERGISEL

War die Andacht am Bergisel ganz von Schweigsamkeit und Stille geprägt, erwartete die Ehrengäste, als sie kurz darauf den Dom zu St. Jakob betraten, ein bis zu den Seitenaltären gefülltes Gotteshaus. Unter Beteiligung zahlreicher Geistlicher zogen Diözesanbischof **Manfred Scheuer** und Abt **Raimund Schreier** in die mit den Fahnen der Traditionsverbände geschmückte Kirche ein, wo der künstlerische Leiter der Wiltener Sängerknaben **Johannes Stecher** die Gläubigen gleich nach den Eröffnungsworten und dem noch klassisch gehaltenen Kyrie eleison mit einem lateinischen Gloria überraschte, das die feinen Stimmen der jungen Sänger mit den schwungvoll modernen Klängen der *the next step percussion group* kombinierte. Von Vibraphon, Marimba, Pauken und Tamtam eingeleitet wurde eine Perikope aus dem Brief des Apostels Paulus an die Galater verlesen, die in der Aussage *Nicht mehr Sklave bist du, sondern Sohn* (Galater 4,7) gipfelt. Ähnlich wie **Johannes Stecher** in der Gestaltung des Festgottesdienstes das Motto des Gedenkjahres *Geschichte trifft Zukunft* musikalisch anspruchsvoll umgesetzt hat, brachte Bischof **Manfred Scheuer** dann in seiner Predigt den Paulustext und die als Evangelium gewählten Seligpreisungen des Matthäus mit den Freiheitskämpfen von 1809 in Beziehung.

Ausgehend von der den Befreiungskämpfen unmittelbar vorangegangenen Zeit schilderte der Bischof, wie die gläubigen Tiroler angesichts der napoleonischen Fremdbestimmung zum einen unter dem Verlust politischer Freiheiten, wie der eigenständigen Gerichtsbarkeit und der Steuerfreiheit, zum anderen aber auch unter den Einschränkungen des religiösen Lebens gelitten haben. Damals wie heute sei das Tiroler Freiheitsbewusstsein also nicht bloß als *Freiheit von*, sondern ganz wesentlich als *Freiheit für* zu denken. Anders ausgedrückt könne sich ein biblisches Verständnis von Freiheit nicht mit der Abgrenzung von anderen begnügen, greift der Akt der Beseitigung von Unterdrückung zu kurz und birgt zugleich die Gefahr negativer Einfärbungen und Verdunkelungen der Freiheit, die nun auf der anderen Seite Unrecht und Ausgrenzung mit sich zu bringen Gefahr läuft. Vielmehr bedeute christliche Freiheit einen Auftrag, die Einladung, das Gut der Unabhängigkeit zu nützen, mit Inhalten zu füllen. Diese *Freiheit für* konkretisierte der promovierte Dogmatiker mit der gelebten Verantwortung für andere, Mitgefühl, Treue zu ethischen Ansprüchen und schließlich der Solidarität mit Armen und Ausgegrenzten.

Den Geist der Homilie aufgreifend wurde in den Fürbitten dann um die Fähigkeit gebeten, sich für Gerechtigkeit und Frieden einzusetzen, damit Liebe wachsen könne und Menschenfreundlichkeit sichtbar werde. Nach dem von Domorganist **Reinhard Jaud** begleiteten Auszug und dem Abfeuern der Ehrensalve folgten die Gläubigen Bischof **Manfred Scheuer** und Abt **Raimund Schreier** in die Hofkirche, wo am Grabmal Andreas Hofers ein *Gegrüßt seist du Maria* gebetet und ein Kranz des Gedenkens niedergelegt wurde.

Diakon Josef Anker inzensierte das Evangeliar vor der Verkündigung des Evangeliums.

Landschaftlicher Pfarrer der Pfarre Mariahilf Hermann Röck, Propst von St. Jakob Florian Huber, Bischofssekretär der Diözese Bozen-Brixen Thomas Stürz, Schützenkurat Josef Haselwanner, Generalvikar der Diözese Innsbruck Jakob Bürgler und der Guardian des Franziskanerklosters Innsbruck Guido Demetz

Bataillonskommandant Major Erich Enzinger, die Standartenbegleiter Oberleutnant Georg Schreiner (Schützenkompanie Rum), Oberleutnant Michael Zagrajsek (Schützenkompanie Mühlau) und Oberleutnant Werner Margreiter (Schützenkompanie Wilten); rechts hinten Schütze Josef Seppi mit der Südtiroler Bundesfahne

AUFTAKT AM BERGISEL

Zur gleichen Zeit traf man im Congress Innsbruck bereits die letzten Vorbereitungen für die Verleihung der Ehrenzeichen des Landes Tirol, die von den Wiltener Sängerknaben musikalisch umrahmt wurde. Ansprachen hielten dabei Landeshauptmann **Günther Platter**, der Landeshauptmann von Südtirol **Luis Durnwalder** und der Präsident des Österreichischen Bundesrates a. D. **Helmut Kritzinger**, der sich stellvertretend für die elf Ausgezeichneten – **Martha Ambach**, **Günther Berghofer**, **Werner Frick**, **Zeno Giacomuzzi**, **Jutta Höpfel**, Landesrat a. D. **Hans Lindenberger, Josef Matzneller, Oswald Mayr, Heinrich Scherfler** und Landeshauptmann-Stellvertreterin a.D. **Elisabeth Zanon** – bei den Landeshauptleuten bedankte und die Ehrenzeichen als Auftrag, der Heimat die Treue zu halten, interpretierte. Landeshauptmann **Günther Platter** selbst nützte seine Grußworte dazu, den Begriff Heimat zu reflektieren und schließlich zu den Ereignissen von 1809 in Beziehung zu setzen.

Ich wünsche mir Tirol als Heimat, schloss der Landeshauptmann, *die ihre Vergangenheit kennt, sich selbstbewusst in der Gegenwart erfährt und auch in Zukunft der Ort sein wird, an dem wir die Chance auf Verwirklichung unserer Hoffnungen sehen. Heimat bedeutet Gemeinschaft, in der wir uns wohl fühlen, sie gibt Sicherheit, in ihr leben Solidarität, Gemeinschaft und Hoffnung.*

War es sein kompromissloser Einsatz für die Heimat, der Andreas Hofer auch 200 Jahre nach seinem Tod für Tirol noch zu einer historischen Schlüsselgestalt macht, gelte es gerade in der friedlichen Gegenwart nicht mit Dankbarkeit gegenüber jenen Menschen zu sparen, welche die gemeinsame Heimat durch ihren persönlichen Einsatz gestalten, bereichern und lebenswert machen. In diesem Sinn dankte Landeshauptmann **Günther Platter** den für die Auszeichnungen vorgesehenen Ehrengästen und übergab das Wort an seinen Südtiroler Amtskollegen **Luis Durnwalder**.

Landeshauptmann **Luis Durnwalder** seinerseits betonte, dass man Frieden und Wohlstand nicht als selbstverständlich hinnehmen dürfe. Gerade angesichts der großen Armut ganzer Kontinente sollten wir Tiroler uns bewusst machen, dass wir in einem stabilen und wohlhabenden Land leben und dafür dankbar sein dürfen. Von dieser Sicherheit abgesehen sei es zugleich wichtig

Heinrich Scherfler, ehem. Vorstandsvorsitzender der Sandoz GmbH., wurde das Ehrenzeichen des Landes Tirol verliehen.

*Links:
Jutta Höpfel, Landesrat a. D. Hans Lindenberger, Landeshauptmann-Stellvertreterin a. D. Elisabeth Zanon, Heinrich Scherfler und Günther Berghofer*

*Rechts:
Südtirols Landeshauptmann Luis Durnwalder dankt Günther Berghofer für seine Verdienste um das Land Tirol.*

Musikalisch umrahmt wurde die Verleihung der Ehrenzeichen von den Wiltener Sängerknaben.

zu wissen, woher wir kommen, wo wir stehen und wohin wir gehen wollen. Im Bewusstsein der Tiroler Freiheitskämpfe und dem Willen der Bevölkerung Nord-, Ost- und Südtirols, die Zukunft gemeinsam zu gestalten, sei der Einsatz für die Autonomie Südtirols nach wie vor unentbehrlich. Jedoch müsse dieser Einsatz in einem vereinten Europa unter anderen Vorzeichen geschehen, als dies in Zeiten der Isolation und Unterdrückung der Südtiroler Bevölkerung der Fall war. Wurde das Anliegen eines geeinten Tirol damals durch Konfrontation und Abgrenzung ausgetragen, haben wir heute die Gelegenheit, unsere europäische Region Tirol durch unseren gemeinsamen Einsatz als einen erfolgreichen Zukunftsraum, als Wirtschafts-, Kultur- und Lebensraum weiterzuentwickeln.

Landeshauptmann Günther Platter gratuliert Universitätsrat Oswald Mayr.

Regierungskonferenz auf Schloss Tirol

21. Februar 2009

Landeshauptmann Günther Platter: 2009 ist für uns nicht bloß ein Fest- und Gedenkjahr, sondern zugleich ein gutes Jahr für eine Standortbestimmung und für einen kräftigen gemeinsamen Aufbruch in die Zukunft.

Nach dem Gedenken an den Todestag Andreas Hofers in Innsbruck begingen die Regierungsmitglieder des historischen Tirol am Tag darauf den offiziellen Auftakt in Südtirol. Sich vom klaren Himmel, dem Meraner Talkessel und seinen Moränenhügeln gleichermaßen absetzend präsentierte sich das Schloss Tirol seinen Gästen in frühlingshaftem Glanz. Hatten den Burghof kurz zuvor noch Schnee und Eis bedeckt, blühten am Schlosshügel bereits die ersten Himmelschlüssel, als die Landeshauptleute **Günther Platter**, **Luis Durnwalder** und **Lorenzo Dellai** sich mit einer Delegation von Abgeordneten im Burggrafensaal zu einer gemeinsamen Regierungskonferenz zusammenfanden.

Als erster Redner begrüßte Gastgeber **Luis Durnwalder** seine Kollegen aus Tirol und dem Trentino und brachte seine Freude darüber zum Ausdruck, dass diese gemeinsame Regierungskonferenz ein klares Bekenntnis

Der Name Tirol geht ursprünglich auf eine allgemeine Ortsbezeichnung zurück, die erst später auf das Dorf Tirol und die Stammburg der Grafen von Tirol übertragen wurde. Die Wurzel ist identisch mit jener von lateinisch terra in der Bedeutung von Gebiet, Grund, Boden.

zur Europaregion Tirol sei. *Wir wollen Europa nicht zeigen, dass wir etwas Besseres, sondern, dass wir etwas Besonderes sind*, erklärte der Südtiroler Landeshauptmann und konkretisierte dieses Besondere mit der Liebe der Tiroler zur Heimat und ihrer Empfindlichkeit gegenüber Fremdbestimmung. Angesichts von Wohlstand und Materialismus sei diese Fremdbestimmung aber nicht mehr ausschließlich politisch zu verstehen, sondern auch ideell als Gefahr eines schleichenden Verlustes traditioneller Werte. Ihren Drang nach Selbstbestimmung könnten die Tiroler deshalb auch nicht schlichtweg durch eine Abgrenzung nach außen erreichen. Vielmehr sei es notwendig, das Gedenkjahr zum Anlass zu nehmen, sich auf die eigene Identität zu besinnen, Richtungsentscheidungen zu treffen und schließlich – *mit beiden Füßen am Boden* – Visionen für eine starke Europaregion zu entwickeln.

In welchen Bereichen solche Visionen besonders wichtig wären, erläuterte daraufhin Landeshauptmann **Günther Platter**, der mit der gesamten Landesregierung zur Drei-Länder-Konferenz angereist war. Wie schon sein Vorredner ging auch **Platter** von einem kurzen Rückblick ins Jahr 1809 aus, wobei er Andreas Hofer bei aller Vorsicht gegenüber einem unkritischen Heroismus dennoch als Held bezeichnete, der sich im Kampf um Freiheit gegen eine feindliche Übermacht gestellt hat. Von den Freiheitskämpfen des Jahres 1809 ging der Landeshauptmann zur Situation Tirols in den 70er Jahren über, wo eine Zusammenarbeit der Regionen noch äußerst schwierig war, und würdigte in diesem Kontext die Meilensteine Arge Alp und Dreier-Landtag, die dank der stetigen Anstrengungen seiner Vorgänger schließlich dazu geführt haben, Tirols Landesteile wieder enger zusammenzuführen, sodass die Europaregion Tirol-Südtirol-Trentino gegenwärtig ein Vorzeigemodell des europäischen Zusammenlebens und der grenzüberschreitenden Kooperation geworden sei.

Diese Fortschritte deutete **Platter** in der Folge als Auftrag, das gemeinsame Arbeiten noch stärker in allen Aufgabenkreisen des politischen und praktischen Lebens umzusetzen, und nannte als vordringlichstes Anliegen im Verkehrsbereich die Realisierung des Brenner-Basistunnels, die Verlagerung des Transitverkehrs auf die Schiene sowie die Sicherstellung der Kostenwahrheit im Verkehr. *Auf wirtschaftlichem Gebiet engagieren wir uns besonders für Vereinfachungen und Deregulierungen für kleine und mittlere Unternehmen*, resümierte der Landeshauptmann, *weshalb wir uns auch als erste grenzüberschreitende Region gemeinsam der KMU-Charta der EU verpflichtet haben*. Ganz wesentlich sei es darüber hinaus, in der Energiefra-

Der Kulturlandesrat des Trentino Franco Panizza, der Landeshauptmann des Trentino Lorenzo Dellai, Südtirols Landeshauptmann Luis Durnwalder, Kulturlandesrätin Beate Palfrader, Landeshauptmann Günther Platter und Südtirols Kulturlandesrätin Sabina Kasslatter Mur

REGIERUNGSKONFERENZ AUF SCHLOSS TIROL

ge eine klare Entscheidung zugunsten der erneuerbaren Energie zu treffen und zur besseren Nutzung von Synergieeffekten den Zusammenschluss der Gas- und Stromleitungen voranzutreiben.

Synergien seien schließlich auch im Bereich von Gesundheit und Bildung zu erwarten, sofern es noch stärker gelingen werde, die Forschung dies- und jenseits des Brenners zu vernetzen bzw. in Nord- und Osttirol bereits in der Schule verstärkt den Italienischunterricht einzuführen. Da Tirol aber nicht nur im Hinblick auf Wirtschaft und Wissenschaft eine der erfolgreichsten Regionen Europas sei, sondern wegen seiner schönen Natur und dem großen Freizeitangebot auch eine hohe Lebensqualität aufweise, müsse man sich vermehrt bemühen, Abwanderungstendenzen im ländlichen Gebiet entgegenzuwirken. Die Sicherung öffentlicher Leistungen auch in dezentralen Gebieten und eine gezielte Unterstützung der kleingliedrigen bäuerlichen Land- und Forstwirtschaft seien unumgänglich, wolle man im Interesse des Landes, seiner Bewohner, aber auch des Wirtschaftszweiges Tourismus Tirols Täler am Blühen erhalten. *2009 ist für uns daher nicht bloß ein Fest- und Gedenkjahr, sondern zugleich ein gutes Jahr für eine Standortbestimmung und für einen kräftigen gemeinsamen Aufbruch in die Zukunft*, schloss der Landeshauptmann und übergab damit das Wort an seinen Amtskollegen aus dem Trentino **Lorenzo Dellai**.

Dellai betonte zunächst, dass es für ein Miteinander der Länderteile wesentlich sei, nicht bloß im Alltag zusammenzuarbeiten, sondern auch an symbolischen Orten und in symbolischen Momenten Zeichenhandlungen zu setzen, die deutlich machen, dass man die eigene Identität wahren wolle. An seinen Wurzeln festzuhalten sei ganz besonders für das Trentino essentiell, denn der Verlust der Identität bedeute zugleich einen Verlust an Freiheit, der sich wenngleich nicht plötzlich, so doch schleichend und unbemerkt vollziehe. Deshalb müsse man gerade in einer alpinen Kultur, in der jede Veränderung deutlich größere Folgen nach sich ziehe, bei allen Entwicklungen hinterfragen, in welche Richtung diese führen werden. *Es ist unsere Pflicht*, betonte der Landeshauptmann des Trentino, *Erneuerungsprozesse aktiv mitzugestalten und nicht bloß als Zuschauer dabei zu sein, damit die Europaregion Tirol-Südtirol-Trentino in ihrer Autonomie gestärkt und nicht etwa geschwächt wird.*

Im Anschluss an die Ansprachen der Landeshauptleute nutzten die Regierungsmitglieder der drei Landesteile die Gelegenheit, ihre Überlegungen und Anliegen für eine noch intensivere Zusammenarbeit von Tirol, Südtirol und dem Trentino im gemeinsamen Gremium zu thematisieren und Gespräche einzuleiten, die man auch nach dem Ende der Konferenz im Burghof weiterführte. Begleitet von der böhmischen Blasmusik aus Dorf Tirol tauschten sich die Politiker in diesem informellen Teil der Zusammenkunft bei einem Umtrunk mit regionalen Schmankerln noch über gemeinsame Zukunftsprojekte aus, bevor man gegen Mittag nach St. Leonhard in Passeier aufbrach. Dort stand nach der Einkehr beim Sandwirt die Eröffnung der Dauerausstellung *Helden + Hofer* im Museum Passeier auf dem Programm.

Südtirols Landeshauptmann Luis Durnwalder hieß seine Gäste auf Schloss Tirol willkommen: Wir wollen Europa nicht zeigen, dass wir etwas Besseres, sondern, dass wir etwas Besonderes sind.

Von der Burg bietet sich nach Norden ein weiter Blick ins Passeiertal, nach Süden in die freundliche Ebene des Etschtales.

Ein geschichtlicher Parcours

Eröffnung Museum Passeier

Hatte der Geburtsort Andreas Hofers, der Sandhof zu St. Leonhard in Passeier, in der Dynamik der Heroisierung bereits in der ersten Zeit nach dem gewaltsamen Tod des Bauernführers eine bedeutende Rolle gespielt, wollte Drehbuchautor **Josef Rohrer**, der das Werden des Museums Passeier federführend mitgestaltet hat, in seinem über 500 m ausgedehnten geschichtlichen Parcours die Person Andreas Hofers, die Rebellion von 1809, aber auch die Thematik des Helden aus ganz unterschiedlichen Blickwinkeln beleuchten. Damit lässt er den Sandhof ein Stück weit aus der Tradition von Hofer-Gemälde und Gästebüchern heraustreten und führt die Besucher in unterirdischen, die ehemaligen Stallgebäude des Sandhofs teilweise einbeziehenden Schleifen durch die Ereignisse der damaligen Zeit, wobei mithilfe von Raum, Text, Ton und Bild die vertraute Hofer-Legende in eine europäische Perspektive gerückt wird.

Ziel der Kontraste ist jedoch keineswegs eine Demontage des Helden Andreas Hofer. Vielmehr sollen die Betrachter mittels historischer Informationen, subjektiver Momentaufnahmen und den Versatzstücken einer späteren Reflexion dem Menschen näherkommen, der Andreas Hofer tatsächlich war. Gleich zu Beginn der Dauerausstellung treffen die Besucher daher auf eine Vielzahl bekannter Helden aus der griechischen Mythologie, auf Kriegshelden, Romanhelden, Sporthelden, aber auch mediale Helden, die an einem Tag inszeniert und am nächsten vergessen werden. Gemeinsam mit teils kritischen, teils plakativen Zitaten regen ihre Bilder dazu an, die eigenen Erwartungen an einen Helden zu hinterfragen. Nach dieser ersten Reflexion zeichnet ein Dokumentarfilm die wichtigsten Stationen im Leben des Sandwirts nach, bevor der Weg in die Stube Andreas Hofers und weiter ins Zentrum jener Überlegungen und Strategien führt, welche zu Beginn des 19. Jahrhunderts das Handeln der europäischen Großmächte beeinflusst haben.

*Oben:
Geburtshaus
Andreas Hofers*

*Rechts:
Landeshauptmann
Günther Platter im
Gespräch mit Paul
Bacher, dem Landeskommandanten des
Südtiroler Schützenbundes*

EIN GESCHICHTLICHER PARCOURS

Ohne einseitigen Patriotismus und aus wechselnden Perspektiven wird weiters aufgezeigt, wie sich der von den Großmächten provozierte Regionalkonflikt zugespitzt hat. Es folgen die Kämpfe und – in der Ausstellung – ein Labyrinth, das den Einzug Hofers als Landesregenten in die Innsbrucker Hofburg dokumentiert, seinem Bemühen um des Kaisers wie Gottes Beistand und seinen zuletzt widersprüchlichen Befehlen zwischen Aufgabe und Weiterkämpfen nachgeht und schließlich die Aufmerksamkeit auf die Zelle Hofers und auf seinen *Letzten Brief* fokussiert.

In all dieser Dichte präsentierte sich das Museum Passeier am 21. Februar erstmals dem Publikum, den zahlreich erschienenen Vertretern der Traditionsverbände, Geschichtsinteressierten, Politikern und mit ihnen den Landeshauptleuten **Günther Platter**, **Luis Durnwalder** und **Lorenzo Dellai**, die zu den musikalischen Darbietungen der Kapelle *Andreas Hofer* aus St. Leonhard und dem Chor *Vocappella* aus Innsbruck gemeinsam mit Museumsdirektor **Albin Pixner** zur feierlichen Eröffnung des Museumszubaus schritten. Würdigten die Festredner in ihren Ansprachen gleichermaßen Konzept, Inhalte und Gestaltung der Dauerausstellung, führte das von *Vocappella* vorgetragene, aus der Zeit Hofers stammende Lied *Österreichs Falke* die Anwesenden zurück in die Tage des Volksaufstandes und leitete auf diese Weise stimmungsvoll in den gemeinsamen Rundgang über.

Noch vor der Besichtigung der Ausstellung jedoch sprach Pater **Christian Stuefer** aus St. Leonhard die Segnungsworte und erbat damit für jene Menschen, die im Museum Passeier arbeiten oder aber als Gast verweilen, Nähe und Beistand Gottes. Das Gebet um den göttlichen Beistand bezog **Stuefer** zugleich auf Andreas Hofer selbst, der bei allen Überlegungen und Ratschlägen seiner Mitstreiter stets danach gestrebt habe, sein Handeln vor Gott verantworten zu können und dem zu entsprechen, worin er den Willen Gottes sah. Von daher erkläre sich schließlich die Ruhe, mit der Hofer in seinem Abschiedsbrief dem Tod entgegengeblickt habe. *In der Beziehung zu seinem Schöpfer hat Andreas Hofer Freiheit errungen*, eine Freiheit, zu der jeder einzelne Mensch berufen ist, eine Freiheit, die sich nicht im Kampf erringen lässt.

Die Ausstrahlungskraft der *Helden + Hofer*-Ausstellung, die Anwesenheit bedeutender Politiker und der als Abschluss bzw. wissenschaftlicher Höhepunkt geplante Fachvortrag der Innsbrucker Historikerin **Brigitte Mazohl-Wallnig** haben dazu beigetragen, die Aufmerksamkeit der Gäste auf das Museum selbst zu konzentrie-

Die Landeshauptleute Lorenzo Dellai, Günther Platter und Luis Durnwalder eröffneten das Museum Passeier.

Links oben: Ausschnitt aus dem Eingangsbereich der Dauerausstellung Helden & Hofer

Rechts oben: Das Museum Passeier besteht aus dem Parcours Helden & Hofer *im Erdgeschoss, dem Volkskunde-Bereich im 1. Stock sowie einem typischen Passeirer Haufenhof im Freilicht-Bereich.*

Links unten: Die Holzskulptur des Grödner Schnitzers Willy Verginer ist eine Umsetzung des Gemäldes Haspinger Anno Neun *von Albin Egger-Lienz.*

Rechts unten: Die Holz-Säule aus Gästebüchern verweist auf die originalen Gästebücher des Sandhofs, die seit 1828 ohne Unterbrechung bis heute geführt wurden.

ren und sie den auffällig gestalteten *Andreas-Hofer-Bus* am Vorplatz des Sandwirts nur peripher wahrnehmen zu lassen. Dabei würde es im Gedenkjahr 2009 die Aufgabe dieses mit Informationen vollgeladenen Kleinbusses sein, die Inhalte und Anliegen des Museums Passeier überall dorthin zu tragen, von wo man nicht nach St. Leonhard kommen konnte oder wollte. Sei es im Rahmen von Schulprojekten, im Bereich der Erwachsenenbildung oder eingebunden in die noch folgenden Großveranstaltungen – von der Eröffnung am 21. Februar an sollte der *Andreas-Hofer-Bus* ein Jahr lang durch alle Teile des historischen Tirols touren und auf jeder seiner Stationen etwas von dem aufgeklärten und dabei doch heimatverbundenen Geist der Helden-Ausstellung hinterlassen.

Landesausstellung auf der Franzensfeste

9. Mai 2009

Freiheit ist unerreichbar. Man kann sich ihr annähern. Mehr nicht. Wohin der Suchende gelangt, bleibt offen. Wie beim Gang durch einen Irrgarten, mit diesen Worten präsentiert sich die Landesausstellung 2009, für die im Gedenkjahr die Burg Franzensfeste ausgewählt worden war, in rund 14.000 m² Raum Objekte der Alltagskultur ebenso auszustellen wie international renommierte Kunstwerke, Geschichten zu erzählen und sich schließlich dem anzunähern, was Freiheit für jeden Einzelnen bedeuten kann. Traditionell im Zweijahresrhythmus von Nord-, Ost-, Südtirol und dem Trentino veranstaltet, gliedert sich die Landesausstellung 2009 mit dem Titel *Labyrinth :: Freiheit* zum einen in die Reihe all jener Veranstaltungen und Projekte ein, die sich dem 200-jährigen Jubiläum der Tiroler Freiheitskämpfe aus einem historischen Blickwinkel heraus nähern. Zum anderen verschreibt sie

Luftaufnahme der Festung

*Links:
Tomas Saraceno,
Biosphere MW32
Air-Port-City, 2007*

*Rechts:
Antonio Riello,
Honest John, 2006*

sich der Suche nach einem nicht historischen, sondern zeitlosen, vielleicht auch flüchtigen Freiheitsbegriff, der für den Betrachter fassbar wird, indem Freiheit und Unfreiheit auf insgesamt acht Lebensbereiche bezogen werden.

Bevor sich die politischen Repräsentanten der Länder Tirol, Südtirol und Trentino am 9. Mai 2009 jedoch selbst auf die Entdeckungsreise durch das weitläufige und nach dem Prinzip der Leichtigkeit und Ungezwungenheit gestaltete Ausstellungsareal machten, fanden sich Landeshauptmann **Luis Durnwalder** und die Kulturlandesräte **Beate Palfrader**, **Sabina Kasslatter Mur** und **Franco Panizza** bereits am Vormittag am Bahnhof Franzensfeste ein, um dort gemeinsam die Sieger des Online-Jugend-Gewinnspiels *syndrome09* zu prämieren. Das von den Heimatpflegeverbänden der Europaregion Tirol-Südtirol-Trentino in Zusammenarbeit mit den Südtiroler Pädagogischen Instituten organisierte Quiz hatte die Kinder und Jugendlichen in verschiedenen Spielrunden dazu angeleitet, mit Ausdauer, Geschicklichkeit und – vor allem – Wissen über die Heimat Punkte zu sammeln.

Von den insgesamt 3.658 Teilnehmern zwischen elf und neunzehn Jahren haben 2.369 Mitspieler *syndrome09* bis zum Finale begleitet und dabei die erwachsenen Projekt-Begleiter nicht nur mit ihren heimatkundlichen Kenntnissen, sondern ganz besonders mit ihrer Kreativität beeindruckt. Anlass genug also für Kulturlandesrätin **Beate Palfrader**, ein positives Resümee zu ziehen und den Gewinnern **Magdalena Pöhl** (Algund bei Meran), **Matthias Puintner** (Laas im Vinschgau) und **Michael Hofer** (Tils bei Brixen) herzlich zu gratulieren. Großzügige Reisegutscheine erhielten aber nicht nur die Sieger der Einzelwertung, sondern auch die drei Mannschaftsbesten der dritten und letzten Spielphase, namentlich die Gruppen *SkiChallenge* (Vinschgau), *the supergroup*

LANDESAUSSTELLUNG AUF DER FRANZENSFESTE

(Südtiroler Unterland) und das *Brixner Team* (Brixen, Meran, Rinn, Natz/Schabs und Teis).

Standen trotz aller geforderten Geschicklichkeit, Kreativität und Interaktion beim Internet-Quiz *syndrome09* noch Wissen und Sicherheit bei historischen Daten im Vordergrund, wurde die gemeinsame Tiroler Geschichte zwei Stunden später auf der Franzensfeste auf eine philosophische Metaebene gehoben. Dort nämlich wollte man erzählen und nicht bewerten, vermeintlich Sicheres hinterfragen und nicht als gegeben übernehmen; sollten sich die Besucher ihrem eigenen Begriff von Freiheit annähern und davor gewarnt sein, den Ausdruck *Freiheit* allzu leichtfertig zu gebrauchen. Diesem vorsichtigen Zugang zum Gedenkjahr 2009 entsprechend, wurde das Publikum dann auch nicht mit einer schlichten Ansprache begrüßt, sondern mit einer auf mehrere Mitspieler verteilten performanceartigen Lesung.

Die politischen Festredner ihrerseits gestalteten ihre Grußworte zwar weniger experimentell, zeigten aber dessen ungeachtet, dass sie sich bereits im Vorfeld inhaltlich mit dem nicht ganz alltäglichen Zugang der Landesausstellung zum Thema Freiheit auseinandergesetzt hatten. *Der Landesausstellung ‚Labyrinth :: Freiheit' kommt im Gedenkjahr 2009 ein besonderer Stellenwert zu*, lobte Landesrätin **Beate Palfrader**. *Sie ergänzt die vielen Ausstellungen und Veranstaltungen des Gedenkjahres, in denen die Geschichte von 1809 und die Entwicklung des Mythos von den Tiroler Freiheitskriegen thematisiert werden, durch eine pointierte Befragung dessen, was Freiheit heute heißen kann. Damit wird auch eine Brücke in die Zukunft geschlagen, denn diese Ausstellung berührt, macht betroffen und lässt uns Freiheit als einen für die Zukunft unserer Gesellschaft zentralen Wert erkennen!*

Begleitet von den musikalischen Darbietungen der Musikkapelle Brixen und der Musikgruppe *Opas Diandl* ließen sich Landeshauptmann **Luis Durnwalder**, Landtagspräsident **Herwig van Staa** und die Kulturlandesräte **Beate Palfrader**, **Sabina Kasslatter Mur** und **Franco Panizza** schließlich von den alten und neuen Exponaten durch die in ihrer Kälte und Unbeweglichkeit abstrakt wirkenden Gemäuer der Franzensfeste führen. Wenngleich die Gestalter des Labyrinths bewusst keinen verpflichtenden Parcours und schon gar keine Richtung vorgeben wollten, fällt die Aufmerksamkeit der Besucher wenige Meter nach dem Eingang zunächst auf den Themenkreis *Freiheit und Sprache*. Ausgehend von der Feststellung *Sprache öffnet Welten und verschließt sie* wird dem Betrachter nachvollziehbar gemacht, was es bedeutet, eine Sprache zu beherrschen oder nicht zu beherrschen, was geschieht, wenn ein Mensch seine Sprachwelt verlässt, und wie die auf den ersten Blick widersprüchlich erscheinenden Schlagworte Sprachenvielfalt und Sprachbarrieren über das Moment der Freiheit zueinander in Wechselwirkung treten.

Oben:
Michael Fliri, Early one morning with time to waste, 2007

Unten:
Neue externe Verbindungsstege der unteren Festung

Links:
Verbindungsweg zwischen Gebäude und Aufzugsturm

Rechts:
Manfred Alois Mayr, Goldlauf, 2008/09

Ausgehend von dieser gerade für die Länder Südtirol und Trentino immer aktuellen Fragestellung, begibt sich der Gast auf eine Wanderung zwischen den Schwerpunkten *Freiheit und Gesellschaft*, *Freiheit und Gefangenschaft* bzw. *Freiheit und Mobilität*. Während es sich bei der Darstellung der Absurdität moderner Mobilität, die anstatt Freiheit letztlich Stillstand bringt, weder um eine ungewöhnliche noch um eine unerwartete Kritik handelt, bricht die Präsentation von Kerker, Folter und Entmenschlichung bewusst mit Tabus und zeigt, inwiefern die Geschichte Tirols nicht nur eine Geschichte des Strebens nach Freiheit, sondern auch eine Geschichte der Unterwerfung und Unterdrückung war. Im Kontrast zwischen den Bereichen *Freiheit und Gesellschaft* bzw. *Freiheit und Grenzen* wird Freiheit als innerer subjektiver und äußerer absoluter Begriff vorgeführt, die nicht verrückbaren Grenzen von einer differenzierenden Distanz her letztlich wieder zu Grenzen im Kopf weitergesponnen und neu belichtet.

Ein Themenblock *Freiheit und Wissenschaft* widmet sich Grenzen, Grenzüberschreitungen und Irrtümern der Wissenschaft, aber auch der Ratlosigkeit gegenwärtiger Erziehungskonzepte. Als breiter Streifzug durch die großen Menschheitsfragen inszeniert, will die Darbietung irritieren und den Betrachter ein Stück weit aus dem selbst erbauten Käfig an vermeintlichen Gewissheiten herauslösen.

Um die Ambivalenz von Religionen zwischen Befreiung und Fundamentalismus geht es weiters, wenn die Gegenüberstellung *Freiheit und Glaube* den Besucher über einen Stausee leitet, der die durch einen Steg verbundenen Festungsteile voneinander trennt. In der im Rahmen der Landesausstellung erstmals zugänglich gewordenen *Mittleren Festung* verbindet schließlich ein labyrinthischer Skulpturraum die Begriffe *Freiheit und Kunst*, wobei Kunst hier nicht so sehr als Abschluss der Ausstellung, sondern als Konkretisierung der angestrebten philosophischen Reflexion gelten will und darf.

STATEMENT

>> *Erinnerungen tun not. Sie sind Hilfestellungen, um Gegenwart und Zukunft beurteilen und gestalten zu können.* <<

Erinnerungen sind oft eine heikle Sache. Sind sie objektiv? Sind sie zu subjektiv? Wenn Tirol sich an das Jahr 1809 erinnert, dann werden evangelische Bürger dieses Landes möglicherweise auch noch an andere Ereignisse denken als an den Heldenmythos Andreas Hofer. 1809 war in diesem Land die evangelische Kirche noch nicht offiziell vorhanden. Zwar existierten da und dort geheimprotestantische Gruppen, doch dauerte es noch mehr als 60 Jahre, bis die erste evangelische Pfarrgemeinde entstand. Ja im Jahr 1837 wurden noch 427 Zillertaler wegen ihres evangelischen Glaubens aus dem Land vertrieben. Und der Landtag wehrte sich noch bis Ende 1875 gegen eine Aufhebung der *Glaubenseinheit* in Tirol. Erst da wurden die ersten evangelischen Pfarrgemeinden in Innsbruck und Meran genehmigt. Doch damit ist noch lange keine positive Grundstimmung für *Akatholiken* erreicht.

Warum konnte man in Tirol so lange nicht die gesellschaftlichen Bereicherungen sehen, die durch andere Konfessionen, so z. B. die Evangelischen, und andere Religionen, so z. B. die Juden, ins Land gebracht wurden? Erinnerungen tun not. Sie sind Hilfestellungen, um Gegenwart und Zukunft beurteilen und gestalten zu können. Wo liegen heute die Gefahren engstirniger Gesellschaftspolitik? Wo können die unterschiedlichen Religionen helfen, Menschen auf einen guten friedvollen Weg in die Zukunft zu führen? Wir sollten uns davor hüten, Angst zu schüren, Menschen abhängig zu machen und populistische Halbwahrheiten zu verbreiten. Oft bewahrt uns ein Blick in die Geschichte davor, Fehler zu wiederholen.

Luise Müller
Superintendentin der Diözese Salzburg-Tirol

Landesschießen

29. Mai 2009

Angefangen vom Motto *Geschichte trifft Zukunft* über die Planung und Gestaltung der Veranstaltungen bis hin zu den prämierten Arbeiten des Jugendkreativwettbewerbs hat das Gedenkjahr 2009 eindrucksvoll gezeigt, dass sich das eigene Selbstbewusstsein nicht notgedrungen im Besiegen bzw. Überwinden des anderen, vermeintlich Feindlichen und Schlechten, bilden muss. Es hat gezeigt, dass eine Geschichte, auf die wir stolz sind, ja stolz sein dürfen, nicht ausschließlich eine Geschichte der Siege sein muss, sondern ohne weiteres Brüche und menschliche Schwächen zeigen darf, einen Weg schließlich, wie eine Gemeinschaft ihre Identität findet, sie benennt und ständig neu hinterfragt. Nichtsdestotrotz ist es legitim, auch solche Feste zu feiern, die tatsächlich an einen historischen Sieg erinnern, wie es beim Landesschießen am 29. Mai der Fall war.

Exakt 200 Jahre nach der 2. Schlacht am Bergisel trafen am Abend des 29. Mai 2009 Landeshauptmann **Günther Platter**, Landtagspräsident **Herwig van Staa**, Landeskommandant **Otto Sarnthein**, Landesschützenmeister **Friedl Anrain** und mit ihnen zahlreiche prominente Ehrengäste am Bergisel ein, um gemeinsam mit der Ehrenabordnung der Schützenkompanie Wilten den Auftakt zum Landesschießen zu begehen. Die Stadtmusikkapelle Amras spielte die Landeshymne und nach dem Abschreiten der Formation feuerte die Schützenkompanie Wilten die Ehrensalve ab. Damit aber wurde noch vor der eigentlichen Eröffnung des Landesschießens der Beginn der Festreden angezeigt, die sich inhaltlich sowohl mit den Geschehnissen vom 25. und 29. Mai, aber auch mit dem Gedenkjahr insgesamt auseinandersetzten. Landesschützenmeister **Friedl Anrain** begrüßte in seiner Ansprache die Vertreter der anwesenden Traditionsverbände und dankte im Besonderen den Tiroler Kaiserjägern, auf deren Schießständen in der Folge die Ehrenschüsse abgegeben wurden.

Rechts: Schützenscheibe mit Fahne des Tiroler Landes-Schützenbundes, präsentiert von den Fahnenträgern der Schützengilde Hall

Seite 47 links oben: Landeshauptmann Günther Platter sprach in seiner Festrede über die politischen Zielsetzungen der Landesregierung im Gedenkjahr 2009.

Seite 47 rechts oben: Landtagspräsident Herwig van Staa und Landeshauptmann Günther Platter schritten gemeinsam die Ehrenformation ab.

LANDESSCHIESSEN

Während Landeshauptmann **Günther Platter** vor allem die Anliegen des Gedenkjahres, aber auch seine politischen wie persönlichen Zielsetzungen in den Mittelpunkt seiner Eröffnungsrede stellte, ging Landeskommandant **Otto Sarnthein** besonders auf die 2. Schlacht am Bergisel ein. Zwei Tage vor der Schlacht hatte Andreas Hofer damals Laufzettel Richtung Oberland gesendet, in denen er schrieb: *Meine lieben Oberinnthaler! Übermorgen greife ich den Feind von der Seite des Berg Isel an. Kommt mir also zur Hilfe.* Wenngleich die etwa 600 Oberinntaler unter Major Teimer sich erst am späten Nachmittag ins Schlachtgeschehen mischten, erhöhten sie mit ihrem Eintreffen merklich den Druck auf die Bayern, deren Stellungen die Tiroler schon seit den frühen Morgenstunden angriffen. Der größte Teil der Oberinntaler verhinderte unter der Leitung von Schützenmajor Marberger in Scharnitz das Einfallen eines bayrischen Korps nach Tirol. Von der Versorgungsstraße nach Scharnitz abgeschnitten, mussten die Bayern fürchten, nun auch im Unterland die Verbindung nach Bayern zu verlieren, und begannen sich gegen halb elf Uhr nachts aus Tirol zurückzuziehen. Zum zweiten Mal war es den Tirolern gelungen, ihr Land zu befreien.

Nach diesem historischen Rückblick überreichten die Landesschützenmeister **Alfred Brunnsteiner** und

*Links unten:
Landesschützenmeister Friedl Anrain dankte den Tiroler Kaiserjägern für die Bereitstellung der Schießstände.*

*Rechts unten:
Jungschützenbetreuer Leutnant Norbert Rudigier mit Jungschützen der Schützenkompanie Roppen*

GROSSVERANSTALTUNGEN IM FRÜHJAHR

*Links:
Im Anschlag Landeskommandant Carlo Cadrobbi, Welschtirol*

*Rechts:
Landeshauptmann Günther Platter, Landeskommandant Major Otto Sarnthein, 1. Landesschützenmeister August Tappeiner (Südtirol), der Südtiroler Landeskommandant Major Paul Bacher, Landesschützenmeister Friedl Anrain und Landtagspräsident Herwig van Staa*

Julius Vorhofer die Fahnenbänder an die Ehrenkompanie Wilten, den Bund der Tiroler Schützenkompanien, den Sportschützenverband Südtirol, den Südtiroler Schützenbund, den Welschtiroler Schützenbund und den Tiroler Landesschützenbund. Im Anschluss daran präsentierte Landesschützenmeister **Friedl Anrain** die aufwändig gestaltete Ehrenscheibe und lud die anwesenden Festgäste zur Schussabgabe auf die Jubiläumsscheibe ein, wovon diese auch zahlreich Gebrauch machten. Obwohl das Landesschießen bereits von Beginn an von Schlechtwetterwolken begleitet war, konnten auch die Ehrenschüsse noch vom Regen ungetrübt abgegeben werden. Nach insgesamt 63 Schüssen wechselte die Festgesellschaft schließlich in das Urichhaus, wo der Abend bei Speis und Trank einen gemütlichen Ausklang fand.

Das Landesschießen war somit eröffnet und sollte nun vom 30. Mai bis zum 21. Juni 2009 auf insgesamt vierzehn Schießständen in Nord-, Ost- und Südtirol fortgesetzt werden. Neben der Innsbrucker Hauptschützengilde nahmen daran die Schützengilden Absam, Hall, Imst, Kufstein, Landeck, Mieming, Reutte, Silz und Umhausen teil, weiters der Sportschützenverein Lienz, der Gemeinschaftsschießstand Pillersee, der Schießsportverein Brixen, die Gilde Goldrain sowie die Sportschützen Vinschgau, Kaltern und Schenna. Insgesamt waren die Schützengilden und Schützenkompanien mit 2.216 Schützen aus allen Landesteilen vertreten.

Hofer Wanted

Kultur im Gedenkjahr

Freiheit verbindet

Musik und Tanz

Im Unterschied zu den Großveranstaltungen, bei denen – gebündelt auf einen Tag oder auch für einige Stunden – eine Vielzahl von Akteuren mitwirkten und sich einem großen Publikum gegenüberfanden, gestaltete sich der Bereich Musik im Gedenkjahr gewissermaßen wie eine einzige große Inszenierung, die sich in unzähligen kleinen Stationen und Beiträgen über die zwölf Monate des Erinnerns an die Freiheitskämpfe von 1809 erstreckte. Daher ist es mehr noch als im Hinblick auf das Theater oder die zahlreichen Ausstellungen schlichtweg unmöglich, die einzelnen Beiträge gesondert zu besprechen. Schließlich umfasst allein der **Tiroler Sängerbund** – als einer der wesentlichen Träger der musikalischen Gestaltung von 2009 – mehr als 9.000 Mitglieder und 420 Chöre. Neben einer großen Zahl an eigenständigen Auftritten wurde im Besonderen das Angebot des **Tiroler Sängerbundes**, über die Grenzen der einzelnen Chöre hinweg Messen und Konzerte zu gestalten, begeistert aufgenommen. Zum einen nutzten viele Chöre die Gelegenheit, mit anderen Gruppen zu kooperieren, zum anderen fanden sich Sänger aus unterschiedlichen Chören zusammen, um gemeinsam neue Stücke einzustudieren.

Neben den aufwändig gestalteten Messen in Brixen, Imst, Neustift, Steinach und Zams, dem Bezirkssingen in Reutte und Kufstein oder dem Bezirkskonzert in Kitzbühel stellte die Bergmesse vom 14. Juni einen der Höhepunkte dar. Bei strahlendem Sonnenschein zelebrierte der Abt des Stiftes Stams, **German Erd**, auf der Hämmermoosalm bei Seefeld eine Feldmesse, an der 300 Chormitglieder teilnahmen. Zusammengesetzt aus den 72 Tiroler Männerchören sang das Ensemble vor rund 2.000 Gläubigen die *Mühlauer Messe* von **Siegfried Singer**, welche der Chorleiter und Komponist auch selbst dirigierte. Ähnlich beeindruckend war die Beteiligung am Internationalen Jugendmusiktreffen in Innsbruck, zu dem vom 11. bis zum 13. Mai an die 600 Jugendliche aus ganz Europa angereist waren. Untergebracht waren die jungen Musikanten bei Gastfamilien und Partnerschulen. Die Stadt Innsbruck und der Bezirksschulrat Innsbruck-Stadt begrüßten ihre Gäste mit einem abwechslungsreichen Rahmenprogramm von einer Fahrt mit der Hungerburgbahn bis zu einem Besuch im Alpenzoo. Zudem stellten sie beim *Platz'l Singen* und bei der Gala im Congress den geeigneten Rahmen zur Verfügung, damit die einzelnen Chöre das traditionelle Musikgut ihrer Heimat dem Publikum präsentieren konnten.

Zur gleichen Zeit ging in Toblach eine weitere Jugend-Musik-Veranstaltung über die Bühne, an der 2.900 Kinder aus 25 Osttiroler und 37 Südtiroler Schulen mitwirkten. Angeregt vom Lienzer Bezirksschulinspektor **Horst Hafele**, wollten die Schulen des Bezirks Lienz zusammen mit dem Schulverbund Pustertal über den verbindenden Weg der Musik dazu beitragen, die Grenze

Seite 49:
Freiheit, brennende Liebe

Rechts oben:
Bei der Bergmesse auf der Hämmermoosalm kamen Chormitglieder aus insgesamt 72 Männerchören zusammen.

MUSIK UND TANZ

Oben: Im Rahmen der Bergmesse vom 14. Juni 2009 wurde die Mühlauer Messe von Chorleiter HR Siegfried Singer vor über 2.000 Gläubigen aufgeführt und vom Komponisten selbst dirigiert.

*Unten:
Tirol isch lei oans – Direktor Sepp Mascher dirigiert fast 3.000 leidenschaftliche junge Sänger aus Osttirol, dem Südtiroler Pustertal und seinen Seitentälern.*

Rechts:
Beim Frauenchorsymposium wurden in den Studios Tanz, Volkslied, Klassische Literatur sowie Pop, Gospel und Jazz ganz unterschiedliche Stilrichtungen bearbeitet.

Unten:
Im Bildungshaus St. Michael wurden nicht nur in den Seminarräumen, sondern auch in der Kapelle Lieder einstudiert.

bei Sillian auch in den Köpfen abzubauen. Unter der Leitung der Direktoren **Waltraud Mair** und **Sepp Mascher** nahm das Projekt *Singmo mitnondo* immer konkretere Züge an; eine Liedermappe mit traditionellem Pustertaler Liedergut entstand, wurde den Schulen zur Verfügung gestellt und diente schließlich als Grundlage für das die Erwartungen der erwachsenen Verantwortlichen bei Weitem übertreffende Singen der Kinder am 13. Mai.

Den Gedanken *Freiheit verbindet* machte sich die Arbeitsgemeinschaft Volkstanz zum Leitbild, die am 23. Mai im Congress Innsbruck ein Tanzfest organisierte, bei dem jene Völker, die sich 200 Jahre zuvor bekämpft hatten, gemeinsam tanzten und damit den europäischen Gedanken des Miteinanders der Regionen zum Ausdruck brachten. Tiroler, Bayern, Franzosen und Gäste aus den Bundesländern drehten sich zu französischen Volkstänzen, der schönen Marie, der Niederbayerischen Mazurka, dem Zillertaler Landler oder der Passeirer Masolka. Den Abschluss des Völkertanz-Festes, mit dem die Arbeitsgemeinschaft Volkstanz zugleich ihr 60-jähriges Bestehen feierte, bildete das *Tiroler Fahnenschwingen* mit den Fahnen der ehemaligen Kontrahenten Frankreich, Bayern und Tirol. Einen musikalischen Rückblick in die Zeit der Freiheitskämpfe wollten auch die Organisatoren des Frauenchorsymposiums wagen, die im Wechselspiel zwischen Tanz, Gesang und Theorie das Haus St. Michael Anfang Oktober ein Wochenende lang ganz dem kreativen Potenzial der Tiroler Frauenchöre überließen. Von der Aufarbeitung der historischen Rolle der Frau in der Volkskulturarbeit über das Einstudieren in Vergessenheit geratener Volkslieder aus der Zeit des Andreas Hofer bis hin zur Repertoireerweiterung im Gospelstudio spannte sich dabei ein roter Faden, der im Einklang mit dem Motto des Gedenkjahres Vergangenheit und Zukunft verbinden helfen sollte.

Neben diesen in ihrem Anliegen sehr ähnlichen Musik- und Tanztreffen, die eine große Zahl an Kindern, Jugendlichen, Frauen und Männern zur aktiven Teilnahme bewegt haben, kamen im Jahr 2009 aber auch jene Musikliebhaber auf ihre Rechnung, die das in Klang umgesetzte Gedenken lieber in der Position eines Zuhörers miterleben wollten. So eröffneten exakt 200 Jahre nach dem verheerenden Brand der Stadt Schwaz die Stadtmusik Schwaz und das Landesjugendblasorchester am 15. Mai den traditionellen Schwazer Silbersommer mit einer mitreißenden Aufführung von **Sepp Tanzers** *Tirol 1809*, wobei unter der Leitung von **Mario Leitinger** und **Wolfram Rosenberger** die martialischen Seiten der präsentierten Stücke gekonnt in musikalische Qualitäten verwandelt wurden. Eine noch vielschichtigere *Collage* zu entwickeln – nicht allein der Musik nämlich, sondern aus unterschiedlichen Kunstformen –, ein dramatisches wie dramaturgisch schlüssiges Ganzes zu entwerfen, in dem Musik, Text und visuelle Darstellung ineinandergreifen, sich gegenseitig vertiefen und die Grenzen eines Mediums durchlässig werden lassen, stellte die konzeptionelle Herausforderung der Werke *Freiheit, brennende Liebe* und *FREIklang* dar.

In Zusammenarbeit von **Tobias Moretti**, **Franz Hackl** und dem Tiroler Orchester *moderntimes_1800* ist mit *Freiheit, brennende Liebe* eine ungewöhnliche Inszenierung entstanden, bei der Musik der napoleonischen Epoche und programmatische Werke wie Beethovens *Eroica* oder **Antonio Salieris** *Tyroler Landsturm* mit Auftrags-Kompositionen und Jazz-Improvisationen von **Franz Hackl** kontrastiert wurden, literarisch unterlegt durch Proklamationen der Kriegsparteien und Literatur der Epoche ebenso wie durch moderne Texte von **Artmann, Kaser, Brodsky** oder **Schrott**. Video-Einspielungen von **Toni Bacak** nahmen inhaltliche Fäden auf, halfen optische Assoziationen herzustellen, erzeugten Wiedererkennungseffekte ebenso wie Befremden und steigerten schließlich die Begeisterung der rund 800 Gäste, welche der Einladung in die Dogana gefolgt waren.

Weniger an der Gegenwart als an der Vergangenheit orientierte sich dagegen der Obmann der Kulturinitiative Dölsach, **Robert Possenig**, mit seinem Projekt *FREIklang*, bei dem Musik- und Textelemente aus der Zeit um 1800 miteinander in einer Art und Weise kombiniert, gegenübergestellt oder verschmolzen wurden, die für die Zuschauer nicht bloß die Kultur von damals hörbar machte, sondern die Spannungen zwischen der Tiroler Bevölkerung, den Bayern, Franzosen und Habsburgern spürbar werden ließ. Der Aufführungsort Aguntum stell-

Links oben:
Franz Hackl begeisterte das Publikum mit dem Auftragswerk des Landes Tirol Freiheit, brennende Liebe.

Rechts oben:
Künstlerischer Leiter von moderntimes_1800 *Ilia Korol mit Schauspieler Tobias Moretti und Jazzvirtuose Franz Hackl*

Rechts unten:
FREIklang *kombinierte Text- und Musikelemente aus der Zeit um 1800.*

Oben: Der Männerchor Niederau war Gastgeber beim Bezirkssingen Kufstein.

Unten: Im Rahmen der Landesausstellung auf der Franzensfeste wurde das Projekt Tiroler Land, wie bist du *dem Publikum präsentiert.*

te das Jubiläum 200 Jahre Freiheitskampf zugleich in den Rahmen einer 2000-jährigen Geschichte, die – so das Anliegen – zur Distanz befähigt und aufzeigt, dass es in Tirol immer wieder politische wie gesellschaftliche Veränderungen gegeben hat, denen ungeachtet die Menschen ihrer Kultur und ihrer Heimat treu geblieben sind, durch Jahrtausende *Regionalität* gelebt haben, wenngleich ohne bewusstes politisches Programm.

Das Gedenkjahr überdauern sollten aber nicht nur die Eindrücke der Besucher von *Tirol 1809, Freiheit, brennende Liebe* oder *FREIklang*, sondern insbesondere jene Projekte, deren Ziel die Aufnahme eines Tonträgers war. Unter der Leitung des Dirigenten **Bernhard Sieberer** und der Musikwissenschaftlerin **Sandra Hupfauf**, die das Forschungsprojekt *Lieder der Freiheit, Tirol 1796–1809* initiiert hatten, wurden Musikstücke aus der Zeit der Freiheitskämpfe ausgewählt. Diese waren im Zuge von Archivforschungen entdeckt und soweit als möglich authentisch interpretiert worden. Die Aufführung der Lieder zeichnete dann zum Teil beklemmend, berührend, aber auch unterhaltsam den Zusammenhang von Politik, politischer Propaganda, Krieg und Musik nach. Die fertige CD enthält neben einem Sprechtext aus der revolutionären Epoche 20 Musikstücke, die von Alpenidylle über politische Propaganda bis hin zur Satire das weite Spektrum der Tiroler Volkskunst in der Liedliteratur akustisch erlebbar machen.

Über die Grenzen der Zeit und über die Grenze zwischen Nord-, Ost- und Südtirol hinwegsetzen wollte sich schließlich das Projekt der Künstlerkooperationen *Pro Vita Alpina*, *Südtiroler Autorenvereinigung* und *Ost West Club*, im Rahmen dessen Tiroler Literaten und Musiker sich auf eine historisch künstlerische Reise durch die Geschichte Tirols machten. Die Texte, die dabei entstanden, reichten von der ersten Erwähnung des Namens Tirol im Jahr 1141 bis in die Gegenwart und Zukunft, wobei die soeben geschaffenen Liedtexte durch den Südtiroler Komponisten **Marcello Fera** vertont und gemeinsam mit der gesprochenen Prosa auf der CD *Tiroler Land, wie bist du?* verewigt wurden. Eine eigenständige Vertonung wurde auch für die CD-Produktion *Hofer-Lieder ... wir machen die Musik!* erarbeitet. Am Werk war hier nicht ein einzelner Musiker, sondern gleich vier Schulklassen aus Innsbruck, Matrei am Brenner, Schwaz und Tramin, die mithilfe des Kirchenchors Hopfgarten und des Ötztaler Viergesangs Lieder zu den Tiroler Freiheitskämpfen bzw. zur Person des Andreas Hofer wiederbelebt haben, zu denen es keine Melodie (mehr) gab. Damit aber schließt sich der Bogen der vielfältigen musikalischen Aktivitäten, die – ganz gleich, ob in einem Augenblick gelebt und im nächsten verstrichen, oder aber von Partitur, Tonträger und Film weitergegeben – wesentlich zum kulturellen Reichtum des Gedenkjahres beigetragen haben.

STATEMENT

>> *Herausforderungen bringen uns langfristig weiter.* <<

Ein Motto, welches keines ist. Ich meine das im Guten. *Geschichte trifft Zukunft* ist eine der Realitäten von Tirol 2009, also weit mehr als ein Slogan.
Die Geschichte trifft die Zukunft in der Gegenwart. Die Realität der Gegenwart ist jene Drehscheibe, die von der Vergangenheit lernt (und hoffentlich nichts verdreht) und uns auf die Zukunft vorbereitet. Diese Positionierung ist das Herz des modernen Tirol. Die vom Land initiierten und geförderten Initiativen haben vielschichtig geholfen, dieses Selbstverständnis mehr auf den Punkt zu bringen. Dieser Transit der Ideen, dieses Vorpreschen, kritische Betrachten, Feiern der Traditionen hat ein eigenes Momentum geschaffen. Wie stark die Nachhaltigkeit ist, wird sich zeigen. Jeder Einzelne ist aber für seinen individuellen Bereich verantwortlich.
Jedenfalls hat eine breite Schicht der Bevölkerung teilgenommen. Die Jugend mit dem Kreativwettbewerb, Traditionsvereine, Künstler aus allen Bereichen und natürlich haben auch viele Tiroler passiv die diversen Aufführungen und Projekte genossen. Wir alle sind Tirol und gefordert uns einzubringen und kritisch zu sein, wo nachgebessert werden muss.
Herausforderungen bringen uns langfristig weiter. Die Evolution hat oft genug aufgezeigt, dass sich Lebewesen ohne natürliche *Feinde*, oder jene, die immer alles im Überfluss haben, weit langsamer oder gar nicht weiterentwickelt haben.
Da besteht bei uns in der heutigen Zeit keine Gefahr. Der Mix des modernen Tirol ist stimmig. Könnte er besser sein? Ja und ich bin dankbar dafür – das Wechselspiel zwischen Geschichte und Zukunft muss lebendig sein, da es nie ein statisches erreichtes Ziel geben wird.
Now is the time – die Gegenwart als Vermittler und Motor.

Franz Hackl
Jazzvirtuose und Komponist

Von Helden und Antihelden

Theater und Film

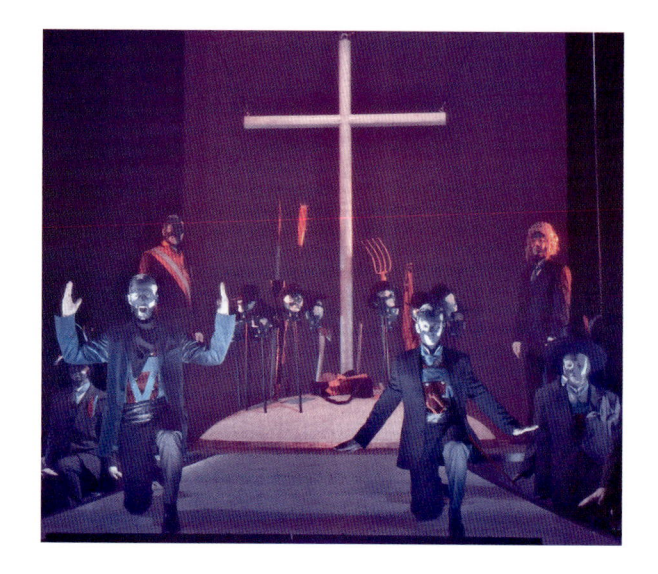

*Oben:
Hofers Nacht – das Auftragswerk des Tiroler Landestheaters – bot eine moderne Bearbeitung der Hofer-Thematik.*

Theaterstücke über Andreas Hofer sind bereits viele verfasst worden. Dennoch wollten die wenigsten Tiroler Bühnen für ihre Inszenierung des Gedenkjahres 2009 auf dieses umfassende Repertoire zurückgreifen, sondern haben viel häufiger Neubearbeitungen der Geschehnisse um 1809 in Auftrag gegeben bzw. zur Vorstellung gebracht. Besonders jugendlich und einfallsreich ging es dabei Mitte Juni in den Kammerspielen zu. In Zusammenarbeit von Tiroler Theaterverband und Landestheater waren insgesamt zwölf Jugend- und Schultheatergruppen aus Innsbruck, Steinach, Telfs, Kematen, Hall, Stams und Wörgl eingeladen worden, ihre szenische Fassung des Themas *Held/-in Tirol* aufzuführen.

Ähnlich wie es das Ziel der Schultheatertage war, junge Menschen vor, hinter und auf der Bühne für das Theater zu begeistern bzw. anzuleiten, sich Text und Bild gestaltend mit dem Gedenkjahr auseinanderzusetzen, verstand sich das Projekt *Tirol hoch9* des Sommertheaters Hall als Plattform für junge österreichische Autoren und Dramatiker, denen vor der malerischen Kulisse der Burg Hasegg die Gelegenheit geboten wurde, ihren liebevollen, ironischen, kritischen, witzigen, verzweifelten, bewundernden oder unterhaltsamen Blick auf Andreas Hofer und seine Zeit dem Publikum zu präsentieren. Ziel des unter der künstlerischen Leitung des Innsbrucker Regisseurs **Alexander Kratzer** durchgeführten Veranstaltungsreigens war nicht eine historisch detailgenaue Aufarbeitung der damaligen Geschehnisse, sondern eine persönliche Sichtweise der jungen Künstler, die sich – Vergangenheit und Gegenwart aufeinander beziehend – mit den Spannungsfeldern Heldenbilder, Heimatverbundenheit, Stolz, Freiheitsdenken und Migration auseinandersetzten, aber auch mit der Fragestellung, wofür das Tirol von heute bzw. in seinem europäischen Kontext stehen will und kann.

Von diesen beiden bewusst modernen Projekten einmal abgesehen, fällt in der großen Bandbreite der Theaterproduktionen 2009 auf, dass die Mehrzahl der Theatergruppen trotz dem spürbar vorsichtigen und differenzierten Umgang mit dem Thema *Held* der Gegenwart historische Stoffe vorgezogen hat. Da der Fokus jedoch bewusst auf die im Vergleich zu Andreas Hofer weniger bekannten Mitstreiter von 1809 gerichtet war, beschäftigte sich schlussendlich lediglich die Inszenierung des Tiroler Landestheaters mit dem Tiroler Anführer selbst.

Schlaglichtartig, in kurzen Szenen und ohne dass dadurch ein kompletter historischer Abriss gegeben würde, stellt das von **Alois Schöpf** verfasste Libretto *Hofers Nacht* die dramatischen Ereignisse um die Bergisel-Schlachten bis hin zur Festnahme und Erschießung Andreas Hofers dar. Basierend auf der Andreas-Hofer-Biographie von **Karl Paulin** aus den 1930er Jahren arbei-

THEATER UND FILM

tet die Oper durchgehend mit Dokumenten und Briefen, die wörtlich zitiert und szenisch umgesetzt werden. Obwohl eine dramatische Entwicklung innerhalb des Stückes beinahe vollständig fehlt, wird die Wandlung Hofers vom kämpferischen, die Massen begeisternden *Aufrührer* zum fanatischen Kämpfer im Namen der Religion für das Publikum in bedrückender Weise spürbar. Intensiviert durch die verschiedenen Stilrichtungen der Komposition eines **Florian Bramböck** distanziert sich der von **Norbert Mladek** gezeichnete Hofer von jedem Versuch einer Idealisierung und stellt das Publikum vor die unbeantwortete Frage, was für ein Mensch Andreas Hofer tatsächlich war.

Wie aber könnte Anna Hofer den Menschen Andreas Hofer, ihren Mann, erlebt haben, wie seinen Tod mitverfolgt, wie das Sterben ihrer sechs Kinder? Wie hat sie den Sandhof wieder aufgebaut und, sich gegen Depression und Ohnmacht auflehnend, ihren eigenen von Welt und Geschichtsschreibung unbemerkten Befreiungskampf geführt? Diese und andere Fragen behandelt das im ORF-Theater an der Sill inszenierte Tanztheater *HOF-hERr*, in dem Choreographin **Dagmar Kostolnikova** neben der (möglichen) Perspektive der Anna Hofer eine melancholische Sicht des Todes zur Darstellung bringt. Mit einer weiteren historischen Gestalt aus der unmittelbaren Nähe Andreas Hofers befassten sich die Schlossbergspiele Rattenberg, die nach dem Text von **Felix Mitterer** und unter der Regie von **Pepi Pittl** den *Speckbacher* gaben. Josef Speckbacher war der herausragende Stratege an der Seite Hofers und leitete das Kampfgeschehen nicht nur im Raum Innsbruck oder im Unterinntal, sondern zum Teil auch in Südtirol (Sachsenklemme) und im Salzburgischen (Melleck). In der Bearbeitung seines Lebens, der Darstellung des sozialen Umfelds des Freiheitskämpfers und seiner Familie hielt sich das Stück an von Zeitzeugen dokumentierte Ereignisse und begeisterte damit 12.500 Zuschauer, was für die Schlossbergspiele Rattenberg seit ihrer Gründung 1954 einen stolzen Rekord bedeutete.

Wurde in den unterschiedlichen kulturellen Konzepten zum Gedenkjahr vermehrt Hofers Gattin Anna Beachtung geschenkt, fand sich auch im Fall von Josef Speck-

Im Rahmen des Kulturprojektes Tirol hoch9 *wurde u. a. das Theaterstück* Einmal muss Schluss sein *von Margret Kreidl inszeniert.*

bachers Ehefrau eine Tiroler Theaterbühne, die mit Maria Speckbacher eine Heldin zeigte, die liebend an der Seite ihres Mannes stand, nicht bloß Kriegsopfer sein wollte, sondern den männlichen Freiheitskämpfern einen Spiegel vorhielt, unmissverständlich Frieden einforderte und den Willen zur Versöhnung. In der Neubearbeitung seines bereits zum 180. und 190. Gedenken an das Jahr 1809 aufgeführten Theaterstücks *Die letzte Nacht* reflektierte **Winfried Werner Linde** mit seinem an der Porta Claudia bei Scharnitz inszenierten Schauspiel *Der Rebell* die Freiheitskämpfe aus der Sicht der Gegenwart. Der in die Geschichte hineingetragene Wunsch, die Mauern zwischen den Kontrahenten niederzureißen, wurde eindrucksvoll in der Rolle der Maria Speckbacher verkörpert, die Frage aber, ob diese Sehnsucht in unserer heutigen Gesellschaft tatsächlich präsent ist, sollte bewusst offenbleiben.

Ganz nah an der Geschichte wollten dagegen die Produktionen *Peter Mayr – Der Wirt an der Mahr* und *Lahnig – Anton Warscher, Freiheitsheld zu Assling 1809* bleiben. Beide spielen in den letzten Tagen des bereits aussichtslosen Freiheitskampfes und dokumentieren, um historische Authentizität bemüht, das letzte Aufbäumen zweier charismatischer Schützenkommandanten, ihre Verhaftung, Verurteilung und Hinrichtung. *Peter Mayr* begegnet seinem Publikum im Oktober 1809, der Frieden von Schönbrunn ist unterschrieben, Andreas Hofer hat einen letzten Aufruf zum Widerstand versandt, Peter Mayr mit Sturmläuten und Feuerzeichen alle von ihm befehligten Schützenkompanien zum Kampf aufgerufen. Doch die Niederlage ist unausweichlich, Mayr flieht und versteckt sich in der Brennhütte, von wo aus er seine Frau Maria und seine fünf Kinder immer wieder besucht. Am Abend der Geburt seines sechsten Kindes wird der Wirt für 300 Gulden verraten und gefangen genommen. Die Intervention eines französischen Kapitäns, dem Mayr einst das Leben gerettet hatte, eröffnet ihm die Möglichkeit, einen Meineid zu leisten und damit der Exekution zu entgehen. Doch Peter Mayr weigert sich vorzugeben, vom Schönbrunner Frieden nichts gewusst zu haben, und wird am gleichen Tag wie Andreas Hofer in Bozen erschossen. Nach mehr als 20 Lustspielen hat sich der Theaterverein Stumm mit Spielleiter **Rudolf Kleiner** und Autor **Hans Renz** erstmals an ein Drama herangewagt und für die wahrheitsgetreue Darstellung der letzten Tage des Peter Mayr von Publikum und Ehrengästen viel Lob erhalten. Ähnlich tragisch spielte das Schicksal Anton Warscher mit, der zweimal, wie Mayr im Kreis seiner Familie überrascht von der Frau und der kleinen Tochter getrennt und schließlich hingerichtet wurde. Der auch als Freiheitsheld zu Assling bekannte Warscher hatte zuvor durch Abtragen der Mittewalder Draubrücke den Weitermarsch der Franzosen durch das Pustertal verlangsamt, musste sich daraufhin auf der Koster Alpe und später am Langairerhof verstecken und wagte es am Abend des 5. Jänners 1810,

Links unten: Die Schlossbergspiele Rattenberg widmeten sich 2009 dem Speckbacher.

Rechts unten: Anton Warscher mit seiner jungen Frau und seinen Eltern am Oberraucheggerhof in Assling

THEATER UND FILM

seine Frau zu besuchen, da er meinte, die Schneelage wäre zu lahnig, als dass ihn jemand suchen würde. Doch auch Warscher war verraten worden. Während der Hausdurchsuchung verbarg er sich im Heu, wurde von den Bajonetten der Franzosen aber schwer verwundet und aufgrund der Blutspuren schließlich entdeckt. Diesem Anton Warscher ein Denkmal zu setzen, war dem Theaterverein *Wilferner Bühne Assling* schon lange ein Anliegen. Anlässlich des Gedenkjahres wurde das Projekt Wirklichkeit, die finanzielle Unterstützung von Stadt und Gemeinde ermöglichte es Obmann **Vinzenz Lukasser**, den Drehbuchautor **Thomas Gassner** mit dem Verfassen eines Theaterstücks zu beauftragen, dessen Umsetzung dann von Regisseur **Markus Plattner** und 17 Laienschauspielern der Wilferner Bühne eindrucksvoll realisiert wurde.

Einer bedeutsamen historischen Persönlichkeit aus der eigenen Gemeinde ein Denkmal setzen wollte man auch in Kauns, wo im Rahmen eines Veranstaltungsreigens mehr als ein Zehntel der Dorfbevölkerung vor und hinter der Bühne mitwirkte, um das Leben des alten Fließer Pfarrers Alois Simon Maaß nach einer Bearbeitung von **Ekkehard Schönwiese** zur Aufführung zu bringen. Von der Vergangenheit, nicht jedoch notwendigerweise von historischen Protagonisten handelte dagegen das ebenfalls von **Ekkehard Schönwiese** adaptierte Singspiel *Der Tiroler Wastl* von **Emanuel Schikaneder**, aber auch das **Karl-Schönherr**-Drama *Sonnwendtag*. Der in einer Kooperation zwischen der Volksbühne Alpenland Thiersee und dem Passionsspielverein Thiersee entstandene Tiroler Wastl spielt im Thiersee des Jahres 1797 und skizziert verwoben in den Begegnungen seiner Bewohner die dörfliche Stimmung am Ende des 18. Jahrhunderts, das

Bild oben:
Sonnwendtag -
Die Kleinbauern müssen hart für den Bau der neuen Kirche arbeiten; was sie dafür bekommen, ist allein Gottes Lohn.

Links:
Der französische Kapitän versucht, Peter Mayr zu einer Falschaussage zu überreden, mit der er sich das Leben erkaufen könnte.

Links oben:
Pfarrer Maaß in der Auseinandersetzung mit dem Bauern Veit, Schützenkommandant und Aufrührer gegen die bayrischen Besatzer

Rechts oben:
Tiroler Wastl – Dorfkomödianten stellen Wastl ihr Engelsturzspiel vor.

Rechts:
Heldenmythos und Spielkonsole – das Tiroler Landestheater präsentierte das Jugendstück Super Andi.

THEATER UND FILM

Unbehagen der Tiroler gegenüber der vermeintlichen Unmoral in den Städten bzw. der Verwahrlosung von Sitten und Gebräuchen. Das Stück endet – von der Entwicklung der übrigen, teils sehr komplexen Erzählstränge einmal abgesehen – mit dem Gelöbnis der Thierseer, Passionsspiele aufzuführen, was im Jahr 1799 tatsächlich erstmals geschah.

Gegensätze von Stadt und Land, der Streit zwischen politischen und religiösen Gegnern und das im Brudermord gipfelnde Schicksal einer Bauernfamilie schließlich veranschaulichen in *Sonnwendtag* die Auseinandersetzung zwischen nationalliberalen und klerikalen Kräften im Tirol der Jahrhundertwende. Unter der Regie von **Waltraud Peer** begaben sich die Volksschauspiele Steinach in ihrer Jubiläums-Inszenierung nicht nur auf die historischen Spuren von 1809 oder auf die Suche nach der Aussageintention eines großen österreichischen Schriftstellers, sondern bemühten sich vielmehr aufzuzeigen, dass ähnliche Macht- und Ohnmacht-Verhältnisse durchaus noch Gültigkeit besitzen oder – mit anderen Worten – sich die Ausübung von Macht und Verteilung von Geld von damals bis heute kaum verändert haben.

Noch stärker die Gegenwart im Auge hatten schließlich die Produktionen *Super Andi*, *Der Held – ein Freiheitskampf in drei Akten* und das vom Innsbrucker Westbahntheater aufgeführte Stück *Apollo 09 oder die Interessensgemeinschaft der neuen Freiheit*. Der von **Bernhard Aichner** im Auftrag des Tiroler Landestheaters verfasste *Super Andi* basiert auf einem völlig neuartigen Videospielkonzept, das in einem Casting ausgewählte Personen für hohe Honorare verpflichtet, völlig abgeriegelt von der Außenwelt in einer Konsole zu leben, dort auf Knopfdruck den eigenen Willen abzulegen und in die Rollen eines in Erinnerung an den Tiroler Freiheitskampf programmierten Videospiels zu schlüpfen. Auf eigenwillige Art und Weise nimmt Regisseur **Christian Himmelbauer** dabei den Mythos Andreas Hofer auf und erzählt in der ständig steigenden Aggression innerhalb des Containers eine Geschichte von Identitätsfindung, Freundschaft und Verrat. Parallelen dazu zeigt der von **Klaus Reitberger** für das Stadttheater Kufstein verfasste und inszenierte *Held*, der in einer fiktiven Gesellschaft spielt, in der die Jugend einem charismatischen, in Worten wie Waffen geübten Freiheitskämpfer zujubelt und der Pazifist August Rading unterdessen einsam und unverstanden seinem Tod entgegenlebt.

Das vom Stadttheater Kufstein thematisierte Wechselspiel zwischen Privatem und Öffentlichem, zwischen der Position eines Menschen in der Gesellschaft und seinem

Links:
Schriftsteller August Rading kämpft mit Worten für den Frieden.

Rechts:
Apollo 09 oder die Interessensgemeinschaft der neuen Freiheit war der Beitrag des Westbahntheaters Innsbruck.

KULTUR IM GEDENKJAHR

Oben:
FREI Altes Testament – Die Installation Leichenfeld setzt 2009 Lebende in Bezug zu 2009 Leichentüchern bzw. zu 2009 Gefallenen.

Unten:
FREI Altes Testament – Der Feueradler fliegt über Aguntum und den Lienzer Dolomiten

eigenen familiären Kontext lässt sich quer durch alle im Gedenkjahr zur Aufführung gebrachten Bühnenwerke beobachten. Explizit thematisiert wurde diese Spannung zwischen dem Innen und dem Außen von der jungen Südtiroler Autorin **Brigitte Knapp**, die im Auftrag des Westbahntheaters einen Freiheitskampf entworfen hat, der im Wohnzimmer eines ungewollt kinderlosen Ehepaars beginnt und sich über die ganze Welt ausbreitet. Unter der Regie **Konrad Hochgrubers** wandelte sich das dichte Kammerspiel in eine absurde Farce, welche die Bedeutung von Jubiläen karikiert und das Publikum vor die Frage stellt, inwieweit die eigene Freiheit die Freiheit des anderen einschränkt bzw. ob der Mensch tatsächlich zur Freiheit fähig sei.

Zwischen Inszenierung und Unmittelbarkeit, zwischen Theater und ergriffenem Lesen bewegte sich das die Ortschaften Dölsach, Thiersee und Reutte einbeziehende Projekt *FREI Altes Testament*, im Rahmen dessen der in Kufstein geborene Konzeptkünstler **Andreas Pronegg** rund 1.500 Menschen mobilisieren konnte, in Fünfzehn-Minuten-Schichten 54 Stunden lang das Alte Testament zu lesen. Die von Gemeinde zu Gemeinde unterschiedlich konzipierten Lesungen der aus dem menschlichen Bedürfnis nach Freiheit heraus entstandenen Texte des Alten Testaments dienten dabei an drei aufeinanderfolgenden Wochenenden als Grundlage

THEATER UND FILM

für interkulturelle und interreligiöse Feste zum Thema 1809–2009. Zugleich waren sie Brücken für theatrale, musikalische oder tänzerische Herangehensweisen zum *gefährlichsten aller Bücher* (Goethe) wie Ausgangspunkt für nächtliche Wandertheater oder die Installation eines 250 m breiten Tiroler Adlers aus Leuchtdioden hoch in den Wänden der Lienzer Dolomiten.

Von der ersten ladinischen Spielfilmsynchronisation *André Hofer – la liberté dal variö* (Freiheit des Adlers) über die Vita einer bayrischen Arzttochter (*Das Heilige Land Tyrol*) bis hin zur Filmreihe *Freiheitskampf in Tirol und anderswo*, bei der von den spürbar subjektiven Che-Kurzfilmen eines **Santiago Álvarez** bis zu **Michael Wadleighs** vierstündigem Blitzlicht auf Woodstock Parallelen und Unterschiede in der filmischen Auseinandersetzung mit dem Freiheitskampf sichtbar wurden, weisen die Filmbeiträge zum Gedenkjahr 2009 – wenngleich zahlenmäßig dem Theater unterlegen – ein weites Spektrum auf. Historische Filmbeiträge, gegenwärtige Spielfilme und komplexe Reportagen greifen unterschiedliche Aspekte der Freiheitskämpfe von 1809 heraus und tragen damit in ihrem eigenen Konzept wie in ihrer Gesamtheit dazu bei, ein vielschichtiges und differenziertes Bild zu entwerfen, in dem das Filmjahr 2009 späteren Generationen überliefert werden wird.

Erfreulich, dass die Beiträge allesamt bemüht sind, mit Klischees zu brechen und anstelle von Abbildern Menschen in den Mittelpunkt zu rücken. In gewisser Weise gilt dies sogar für den restaurierten Stummfilm *Speckbacher* von **Paul Gilmans**. Lange Zeit für verschollen gehalten, wurde die im Sommer 1912 unter Mitwirkung von rund 2.000 Statisten aufwändig gedrehte 1809-Tragödie vor etwa drei Jahren in den Beständen des *National Film and Television Archive* in London entdeckt und als Gemeinschaftsprojekt von Filmarchiv Austria, Tiroler Bildungsinstitut und Stadtarchiv Innsbruck wiederhergestellt. Der vollständig erhaltene Film, in dem Speckbacher von Andreas Hofer den Auftrag erhält, die von den Franzosen besetzte Burg Kropfsberg bei Brixlegg zu befreien, ist einer der wenigen überlieferten österreichischen Spielfilme aus der Zeit vor dem Ersten Weltkrieg und damit ein bedeutendes Dokument der Zeitgeschichte. Unter Beibehaltung der typischen monochromen Einfärbungen wurde *Speckbacher* im Rahmen des Gedenk-

Außendreh in Leipzig

Links:
Gesellig fröhliches Dorfleben während der Dreharbeiten

Rechts:
Schlacht um Petersberg vor und hinter der Kamera

jahres in verschiedenen Filmsälen aufgeführt, wobei die mit der Klavierbegleitung geschaffene wortleere Atmosphäre einerseits und die offensichtliche Diskrepanz zwischen einem Kassenschlager von 1912 und dem heutigen Verständnis des Jahres 1809 andererseits das ihre dazu beitrugen, dem *Speckbacher* eine nachdenklich differenzierte Perspektive zu verleihen, die von seinen Schöpfern gewiss nicht intendiert war.

Mit einem anderen bedeutenden Gefährten Andreas Hofers befasst sich die ebenso spektakuläre wie wahrheitsgetreue Dokumentation von **Emanuel Bachnetzer**, der gemeinsam mit dem Historiker **Johann Zauner** und zahlreichen engagierten Laienschauspielern der Tiroler Regionalbühnen das Tiroler Kriegs- und Zivilleben zwischen 1777 und 1811 nachzeichnet. Mit der Gestalt des 1810 ermordeten Schützenhauptmanns Josef Marberger hat Bachnetzer eine historische Persönlichkeit gewählt, die üblicherweise – zu Unrecht – im Schatten Andreas Hofers steht, und beleuchtet damit nicht nur einen in Vergessenheit geratenen Menschen, sondern auch einige wenig bekannte Zwischenfälle aus der Kriegszeit. An Originalschauplätzen gedreht, erfolgt die Erzählung aus der Sicht Marbergers selbst, weshalb konsequenterweise nur jene Geschehnisse dokumentiert werden, an denen Josef Marberger beteiligt war.

Andreas Hofer selbst steht im Fokus der *Mythosreportage* von **Florian Grünmandl** und **Siegfried Steinlechner**, die sich mit dem Stilmittel der Reportage und unter Einbeziehung von Interviews mit prominenten Tirolern auf die filmische Spurensuche nach dem Mythos Andreas Hofer machen. Wenngleich der Wechsel der Redner und damit der Perspektiven interessant ist und es den Zuschauern durch die Widersprüchlichkeit der Aussagen verunmöglicht, die Position einer vermeintlichen Autorität unhinterfragt zu übernehmen, ist der Umstand bedauerlich, dass der Regisseur und der Historiker durch Schnitt, Wahl der Redepassagen und die teils karikierende Kontrastierung ihre eigene Meinung sehr stark präsent werden haben lassen. Ebenfalls auf die Spurensuche nach Andreas Hofer – diesmal jedoch aus dem Blickwinkel der Frauen – macht sich schließlich die Produktion von **Anita Lackenberger** und **Gerhard Mader**, die jedoch im Rahmen der Veranstaltungsreihe FRAUEN.SICHTEN besprochen werden soll.

STATEMENT

>> *2009 sind erfolgreiche, vom Publikum glänzend angenommene Produktionen entstanden. Andreas Hofer sei Dank!* <<

Das *Hoferjahr* ist vorbeigezogen, die regionale Aufmerksamkeit war groß – *Volksheld* ist man nicht umsonst! Alles, was das Leben und Sterben des armen Sandwirts Andreas Hofer an Wichtigem und Unwichtigem zu bieten hatte, wurde im Lichte der Nachwelt durchleuchtet, durchforstet, verklärt oder kritisch betrachtet – je nachdem.

Für künstlerische Kreativität und Aktivität war das Hoferjahr eine Herausforderung und ein Gewinn: Allein das Tiroler Landestheater wurde durch drei theatralische Werke bereichert, die Andreas Hofer zum Inhalt hatten, durch sein Leben, sein Volksheldentum inspiriert! Erfolgreiche, vom Publikum glänzend angenommene Produktionen sind da entstanden:

Super Andi – ein Jugendstück von Bernhard Aichner, das sich mit der Online-Game-Community auseinandersetzt, ganz zugeschnitten auf die Bedürfnisse, den Geschmack der jungen Menschen von heute und doch basierend auf den Protagonisten von 1809.

Marc Pommerenings *Gottes Guerilla*, ein Stück konzipiert im Rahmen des Tiroler Dramatikerfestivals, befasste sich ebenfalls mit dem Mythos Hofer, mit Legendenbildung und der nun schon 200 Jahre andauernden Faszination des einfachen Tiroler Gastwirts und Weinhändlers, der durch Kaisers und Gottes Gnaden zum Freiheitskämpfer aufstieg …

Auch die Oper bemächtigte sich der Person des Gefeierten: Die Kammeroper *Hofers Nacht* war ein Auftragswerk des Tiroler Landestheaters, vergeben an den bekannten Tiroler Musiker und Komponisten Florian Bramböck, der sich das Libretto von Alois Schöpf, dem versierten, kenntnisreichen Tiroler Autor und Journalisten, schreiben ließ. Schöpf bezog sich auf historische Dokumente und fand eine schlüssige, stimmige Form, um die Figur Hofers auf der Bühne wieder zum Leben zu erwecken. Bramböcks Musiksprache ist von eindringlicher Wirkung und höchster Aussagekraft. Jedenfalls war *Hofers Nacht* eines der erfolgreichsten Unternehmen zeitgenössischen Operngeschehens, das die Kammerspiele des Tiroler Landestheaters zu verzeichnen haben. Andreas Hofer sei Dank!

Sollte es in 100 Jahren wieder ein Gedenkjahr geben und das Tiroler Landestheater noch bestehen, wird diese Hofer-Oper sicher im Spielplan des TLT erscheinen!

Brigitte Fassbaender
Intendantin des Tiroler Landestheaters

Sind Außerferner Tiroler?

Ausstellungen

Sowohl die Ausstellung Hofer Wanted als auch das Rahmenprogramm des Ferdinandeums stießen auf großes Publikumsinteresse, nicht zuletzt bei den Tiroler Schulen. Insgesamt 163 Schulklassen machten sich auf Spurensuche nach Andreas Hofer.

‚Hofer Wanted' im Sinn von ‚Hofer gewünscht'? Ja, wie hätten wir ihn denn gerne? Als Symbol für die Freiheit oder als Souvenir, als Werbeträger für Feigenkaffee, Schokolade, Bier oder Käse, als Filmheld oder gar als ‚Taliban?', schreibt **Claudia Sporer-Heis** in dem die gleichnamige Ausstellung des Ferdinandeums dokumentierenden Bildband *Hofer Wanted*. Und tatsächlich, was für den Volksmythos Hofer gilt, der sich über Generationen als vielseitig (be)nutzbar erwiesen hat, gilt nicht minder für die zahlreichen Ausstellungen im Gedenkjahr 2009, die – wenngleich allesamt um das eine Thema kreisend – eindrucksvoll belegen, wie eine Persönlichkeit, eine klar abgrenzbare Periode und eine überschaubare Anzahl an Ereignissen aus ganz unterschiedlichen Blickwinkeln beleuchtet werden können, sodass *Hofer Wanted* tatsächlich für jeden das Richtige bietet. Denn neben den aufwändigen Versuchen von **Claudia Sporer-Heis** (*Hofer Wanted*) und **Martin Reiter** (*Tirol 1809 – Vom Freiheitskampf zum Kassenschlager*), 200 Jahre Freiheitskämpfe in ihrer Komplexität darzustellen, überwiegt der Ansatz, einen ganz konkreten Aspekt der Geschichte herauszugreifen und für ein bestimmtes Publikum aufzubereiten. Am häufigsten handelt es sich bei diesen Aspekten um einen räumlichen Schwerpunkt, aber auch eine thematische Bündelung des Interesses ist zu beobachten.

Da die Tiroler Volkserhebung von 1809 nicht in erster Linie zentral gesteuert, sondern eine Bewegung an der Basis und von der Basis war, bietet sich ein 200-jähriges Jubiläum natürlich an, die Vergangenheit der eigenen Vorfahren, Dorfgemeinschaft, Schützengilde etc. zu erforschen. Dies taten u. a. **Walter** und **Erika Felkel**, die in mühevoller Kleinarbeit Sammelstücke aus der Region zusammengestellt und für das Jenbacher Museum eine in vier Bereiche gegliederte Ausstellung gestaltet haben. Neben traditionellen Unterländer-Trachten sowie zahlreichen Schützenwaffen und Schützenzubehör galt die Aufmerk-

AUSSTELLUNGEN

samkeit in erster Linie der Geschichte der Schützengilde Jenbach-Buch und der Schützenkompanie Jenbach *Rottenburg*, aber auch dem Leben des Andreas Speckbacher, dem neben einem eigenen Ausstellungstrakt eine drei Meter mächtige, eigens geschnitzte Holzskulptur gewidmet wurde. Der Sohn des Schützenkommandanten Josef Speckbacher nämlich, der den Vater als elfjähriger Bub in den Kampf begleitet hatte, gefangen genommen worden war und – als Gnadenakt des bayerischen Königs Max Joseph – am königlich bayerischen Erziehungsinstitut in München eine ausgezeichnete Schulbildung genossen hatte, wirkte über zehn Jahre als Verwalter des Jenbacher Hüttenwerks und hat sich damit wie mit seiner sagenumwobenen Kindheit zweifellos einen Platz in der Jubiläumsschau *Schützen in Jenbach* verdient.

Kampfwaffen und Ausrüstungsgegenstände der Freiheitskämpfer sowie bayrische und französische Beutewaffen konnte man im Gedenkjahr 2009 weiters im Heimatmuseum Pfunds besichtigen, wo sich Gemeinde und Schützenkompanie bemüht haben, unter dem Titel *Was blieb in Pfunds aus der Zeit Andreas Hofer* die damaligen Lebensverhältnisse in dem von Kampfhandlungen weitgehend verschonten Durchzugsort darzustellen. Weniger glücklich war das Schicksal der Stadt Schwaz in den Kriegswirren von 1809. Brand, Verwüstung und Plünde-

Links: Einmal anders, nämlich auf einem Kunsttisch, wurde die bildende Kunst in der Ausstellung Hofer Wanted *präsentiert, die mit dem red dot design award – best of the best 2009 ausgezeichnet wurde.*

Rechts oben: Zwischen Bergsplittern *versteckte Objekte und Informationen zur Person Andreas Hofers*

Rechts unten: Mikrokinos zeigten Ausschnitte aus verschiedenen Theateraufführungen und Filmproduktionen.

rungen, kurzum der größten Katastrophe, die Schwaz in seiner Geschichte zu erleiden hatte, widmeten sich die Schwazer Pflichtschulen in einem Unterrichtsprojekt, dessen künstlerische Ergebnisse gegen Ende des Schuljahres im Rathaus ausgestellt wurden.

Alles einander verzeihen, vergeben, vergessen – mit diesem letzten überlieferten Satz des sterbenden Fließer Pfarrers als Anregung gestaltete die Gemeinde Fließ zur Erinnerung an Pfarrer Maaß, der in einer Zeit der Radikalisierung Mäßigung und Nächstenliebe eingemahnt hatte, einen vielseitigen Veranstaltungsreigen, in dessen Verlauf 15 Tiroler Künstler ihre von Person und Leben des Alois Simon Maaß inspirierten Werke zu einer Ausstellung zusammentrugen. Weniger künstlerisch als vielmehr historisch ausgerichtet, behandelte man unterdessen im Stadtmuseum Kitzbühel die *kleine Geschichte* des Tiroler Unterlandes im Jahr der Befreiungskämpfe. Die Ausstellung *Episoden 2009* sammelte und kommentierte Anekdoten, Erinnerungen und Sagen über Personen und Ereignisse von damals und bot anhand von ausgewählten Exponaten einen Einblick in die alltägliche Realität abseits des großen Schlachtenlärms.

Mit einer Persönlichkeit, die mehr abseits der Gefechte gewirkt hat, befasste sich die Ausstellung *Für Freiheit, Wahrheit und Recht!* – **Joseph Ennemoser** und **Jakob Philipp Fallmerayer**: *Tirol von 1809 bis 1848/49*, die von Ende Juni bis November auf Schloss Tirol gezeigt wurde. Das Abseits zum Thema machte sich schließlich der Museumsverein Reutte, der ausgehend von der provokanten Frage *Sind Außerferner Tiroler* ein Stimmungsbild des Außerferns zeichnete. Einmal in einer Vielzahl von positiven Stellungnahmen belegt, dass sich die Außerferner – trotz der im Vergleich zum angrenzenden Bayern schlechteren Verkehrsanbindung an das restliche Landesgebiet – durch und durch als Tiroler fühlen und ganz gewiss keine Separationsbestrebungen hegen, bewegte sich die dreigegliederte Ausstellung in der Bretterkapelle der Ehrenberger Klause auf den historischen Spuren des Bezirks Reutte, präsentierte im Grünen Haus Stimmungsbilder bzw. beleuchtete im Zunftmuseum Bichlbach das Schicksal des Majors Johann Georg Wille, der sein gesamtes Privatvermögen dem Widerstand gegen die bayrische Besatzung geopfert hatte.

*Links unten:
Das Element Feuer war Thema des Künstlerworkshops im Barbarakindergarten. Unter dem Motto Funke der Begeisterung präsentierten die jungen Künstler ihre Werke im Rathaus.*

*Rechts unten:
Die Schwazer Pflichtschulen gestalteten eine Schülerausstellung, die sich kreativ mit den Kriegswirren von 1809 auseinandersetzte.*

AUSSTELLUNGEN

Mit wenngleich nicht nach räumlichen, sondern nach thematischen Kriterien ausgewählten Einzelschicksalen beschäftigte sich auch die in der Kaiserlichen Hofburg zu Innsbruck ausgestellte Sammlung *HeldenFrauen – FrauenHelden*, die anhand von kulturhistorischen Exponaten der Frage nachging, wann und warum Frauen zu Helden werden. Den kurzen Weg vom Helden zum Gespött zeichnete dagegen das Augustinermuseum Rattenberg nach. In *Lachen als Waffe – Napoleon I. in der Karikatur* fügte **Hermann Drexel** 38 vorwiegend französische Karikaturen aus den Jahren 1813 bis 1815 zu einem Gesamtbild zusammen, das den Betrachter ermuntern wollte, sich von politischem Revanchismus zu distanzieren und die Ereignisse von 1809 in einem größeren europäischen Zusammenhang zu sehen. Als einen Teilaspekt des über Tirol hinausgehenden Widerstandes gegen Napoleon wurden hauptsächlich solche Radierungen gezeigt, welche die negativen Charaktereigenschaften des Regenten und seiner Anhänger ins Lächerliche ziehen. Angefertigt hatte man diese zum einen in England, Deutschland, Österreich oder Russland – und zwar zum Zweck, den besiegten Gegner zu verspotten –, zum anderen in Frankreich, wo oppositionelle Kreise mithilfe des Propagandamittels der Karikatur einen öffentlichen Meinungsumschwung herbeiführen wollten.

Ebenfalls ins Ausland führte ein Projekt der Innsbrucker Kunstgeschichte, bei dem der Begriff Freiheit von seinem negativen Gegenstück her beleuchtet wurde, wobei einem umfassenden Verständnis von Freiheit folgend mit ihrer Negation nicht ausschließlich Gefangenschaft gemeint sein musste, sondern auch Ausgrenzung und Disziplinie-

*Links oben:
Unter dem Motto Freiheit zwischen Selbstbehauptung und Verblendung hat es im, am und vor dem Dom St. Jakob vom Arbeitskreis KUNSTRAUM KIRCHE mehrere Kunstinterventionen gegeben. Abgebildet: Kommunikation und Selbstformung oder die Beweglichkeit der Freiheit von Simone Thurner und Alfons Planer*

*Rechts oben:
Die Freiheit – Installation am Domplatz von Franz Wassermann*

Links oben: Bonapartes triumphaler Einzug in sein neues Reich, Y. V. Lacroix, August 1815, Radierung, handkoloriert. 1815 wird Napoleon nach St. Helena exiliert und begrüßt dort seine neuen Untertanen, die Ratten.

Rechts oben: Ursprung des kaiserlichen Ascheneimers, Y. V. Lacroix, August 1815, Radierung, handkoloriert. Die Generäle Blücher und Wellington drücken den Deckel auf einen Mülleimer, aus dem der Kopf Napoleons herauslugt.

Rechts: Sind Außerferner Tiroler – Die Textfahne mit den stärksten Aussagen aus den Interviews wurde im Grünen Haus präsentiert.

rung. In der Tradition des Philosophen **Michel Foucault**, der in seinem Werk *Überwachen und Strafen* Formen der Überwachung und Kontrolle analysiert hat, wurde für *Cella. Strukturen der Ausgrenzung und Disziplinierung* ein ehemaliges Armenasyl, Spital und Jugendgefängnis, der Complesso Monumentale di San Michele in Trastevere (Rom), in eine Galerie umgewandelt. Den Prinzipien der Separierung folgend haben Künstler wie **Pipilotti Rist, Matthew Barney, Jannis Kounellis, Giuseppe Penone, Gerwald Rockenschaub, Lois Weinberger, Milica Tomic, Lucilla Catania, Daniel Richter, FLATZ** oder **Gregor Schneider** einen beeindruckenden Werkkomplex geschaffen, der noch über die Ausstellung hinaus in einem künstlerisch-wissenschaftlichen Workshop an der Universität Innsbruck fortwirken sollte.

Zurück zur Tiroler Geschichte, bleiben noch jene beiden Ausstellungen vorzustellen, deren Gestalter den Versuch unternommen haben, die gefeierten 200 Jahre Freiheitskämpfe nicht unter einem bestimmten Gesichtspunkt, sondern in ihrer Gesamtheit darzustellen. Unter dem Titel *Tirol 1809 – 2009: Vom Freiheitskampf zum Kassenschlager* führt **Martin Reiter** den Besucher seiner Wanderausstellung vom Tiroler Landlibell im 16. Jahrhundert bis in die Gegenwart. Neben Originaldokumenten, Landsturmwaffen, Münzen, Bodenfunden von den Kampfplätzen oder den ersten Büchern, die über das Jahr 1809 und Andreas Hofer verfasst worden sind, hatte die Ausstellung – ganz im Stil des **Martin Reiter** – mit zahlreichen Kuriositäten aufzuwarten. Zum Schmunzeln war die Gegenüberstellung von Gebrauchsgegenständen aus den Jahren 1809 und 2009. Aber auch ernsten Fragestellungen wurde Aufmerksamkeit geschenkt wie etwa dem Weg der Mythenbildung rund um die Geschehnisse von 1809, der bis heute nicht abgeschlossen ist und zu dem das Ausland nicht unwesentlich beigetragen hat.

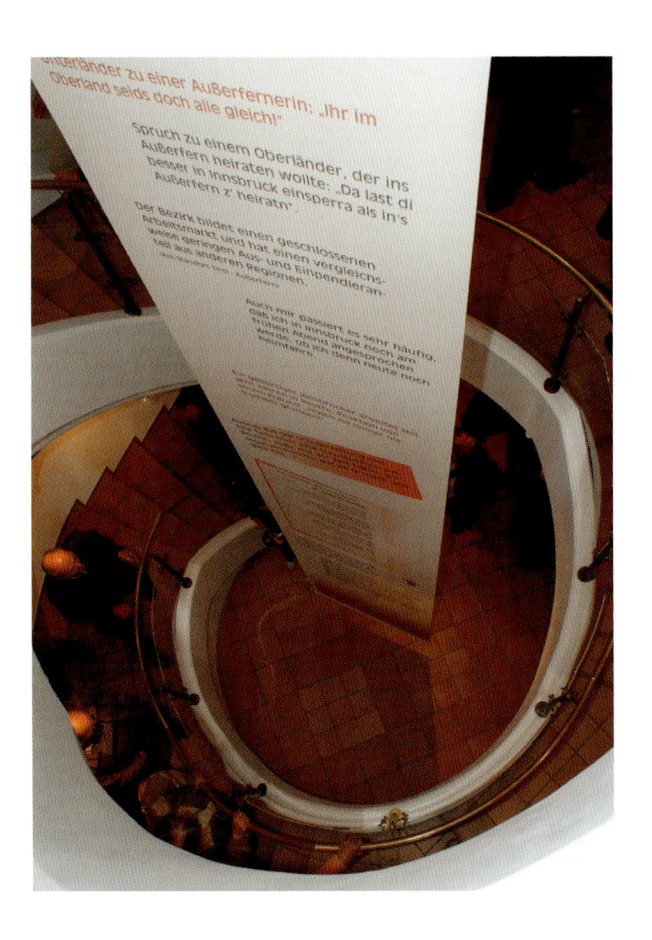

AUSSTELLUNGEN

Links oben:
Einblick in den Vorraum der Ausstellung mit einem Teil der Arbeit Entrevistas desde la cárcel, la voz dislocada (2009) von Ingrid Wildi im Hintergrund

Rechts oben:
Der Vorarlberger Künstler FLATZ in selbst gestalteter Gefangenenmontur vor der von ihm während der Ausstellungszeit bewohnten Zelle

Unten:
Architektur- und Ausstellungsansicht des oberen Geschosses der ehemaligen Casa di Correzione mit Eindrücken der Arbeiten von Eva Schlegel (obere Zelle), Margret Wimber, Yoonsook, Annja Krautgasser, Christine Prantauer und Esther Stocker

KULTUR IM GEDENKJAHR

Links:
Ausstellungsansicht mit der Videoinstallation Open My Glade (Flatten) (2000) von Pipilotti Rist

Rechts:
Hypo Tirol Bank-Vorstandsdirektor Günther Unterleitner, Rektor Karlheinz Töchterle, Kulturlandesrätin Beate Palfrader und die Kunsthistoriker Silvia Höller und Christoph Bertsch

Abstrahieren von dem, was von Andreas Hofer an der Oberfläche bekannt ist, und ebenso von dem, wofür der Sandwirt nach seinem Tod vereinnahmt worden ist, wollte die Jubiläumsausstellung des Ferdinandeums, die sich ausgehend von der in Watte modellierten *Matrix Mantua* zwischen in Bergsplittern verborgenen Objekten auf die Suche nach dem Menschen Andreas Hofer machte, ihm als jungem Mann, als Wirt oder als Kommandant teils näherkommen, um sich im nächsten Augenblick in Zerrbildern der Außenperspektive abermals von dem *Hofer Wanted* zu entfernen. Dabei konnte **Claudia Sporer-Heis** auf den reichhaltigen Schatz an *Hofer-Reliquien* zurückgreifen, den das 1823 gegründete Ferdinandeum seit den ersten Tagen der Hofer-Verehrung beherbergt, und ausgehend von diesen nicht nur den Beitrag des Ferdinandeums selbst zur Mythenbildung untersuchen, sondern auch die quer durch alle Medien der Kunst entstandenen Hoferporträts.

Auf einer schrägen Ebene wurde schließlich der Andreas Hofer des Alltags, der Wirtschaft, des Tourismus und der politischen Propaganda präsentiert. Einmal mehr war dabei die vor Vereinnahmung und blinder Heldenverehrung warnende Stimme zu hören. Dank dem Umstand, dass diese im Ferdinandeum auch auf beeindruckende Weise sichtbar wurde, ließen sich die Betrachter diese im Gedenkjahr häufig vernommene Mahnung ohne Langeweile gefallen. Zuletzt aber unterstrich der Umstand, dass diese kritische Distanz im Gros der Ausstellungen durchaus nicht selbstverständlich war, zusätzlich ihre Berechtigung und Bedeutung.

Tirol und Südtirol grüßen Wien

Großveranstaltungen im Sommer

Feuer in der Stadt

Schwazer Silbersommer

*Seite 73:
Bei den Erlebnisinseln im Festzelt wie als Zuhörer bei den zahlreichen Musik-Einlagen – Tirol und Südtirol grüßen Wien begeisterte 80.000 Gäste.*

*Rechts oben:
Feuerschalen, Feuertänze und Projektionen erinnerten an die Brände am 15. Mai 1809.*

*Rechts:
An den historischen Mauern der größten gotischen Kirche Tirols spielte das Landesjugendblasorchester unter der Leitung von Wolfram Rosenberger und die Stadtmusik Schwaz, dirigiert von Mario Leitinger, eine eindrucksvolle Vertonung von Feuer und Krieg.*

2009, im Gedenkjahr, jährte sich auch der Brand von Schwaz zum zweihundertsten Mal. Zwar sind die Historiker uneins, ob die Brände – im Auftrag der napoleonischen Armee – von bayrischen Soldaten gelegt wurden oder eine unbeabsichtigte Folge der Kampfhandlungen waren. Fest steht, dass der Feuersturm knapp 500 Häuser vernichtete, Familien verloren ihr Zuhause und nur wenige Gebäude – darunter markante Sakralbauten wie die Pfarrkirche Mariä Himmelfahrt oder das Franziskanerkloster – blieben der Nachwelt erhalten. In Erinnerung an die schmerzvolle Vergangenheit hat sich das Silbersommerfestival 2009 ganz dem Gedenkjahr und dem Thema

SCHWAZER SILBERSOMMER

Links oben:
Kulturreferentin Birgit Oberhollenzer gratuliert Florian Noggler zum Sieg beim Schwazer Autorenwettbewerb Feuer am Dach.

Rechts oben:
Die Liedertafel Fruntsperg präsentierte im Musical Das scharlachrote Siegel *französische Revolutionsgeschichte.*

Links unten:
Unter der Regie von Markus Plattner wurde beim philosophischen Mysterienspiel von Felix Mitterer Krach im Hause Gott *mit der Menschheit und ihren Sünden abgerechnet.*

Rechts unten:
Der Schwazer Bürgermeister Hans Lintner übergibt Landeshauptmann Günther Platter ein vom Künstler Christoph Palaschke angefertigtes Porträt.

Feuer in der Stadt verschrieben, wobei der Großbrand von 1809 zum einen reflektiert, zum anderen in ein Feuerwerk der Kunst umgewandelt wurde. In insgesamt 58 Veranstaltungen – Festen, Ausstellungen, Lesungen, Theaterstücken, Performances etc. –, die vom 15. Mai bis 27. Juni Kulturstätten, Straßen und Plätze der Stadt Schwaz füllten, wurde das verzehrende Feuer von damals als Motiv aufgenommen und in ein kulturelles Feuer umgewandelt, dessen Strahlkraft die Menschen quer durch alle Bevölkerungsschichten verzauberte.

Wenngleich sich nicht jedes einzelne Projekt unmittelbar mit dem Krieg beschäftigte, näherten sie sich allesamt explizit oder implizit der Problematik von Freiheit, Freiheitskampf und Selbstbestimmung an. Eine Vielfalt an Perspektiven eröffnete beispielsweise der Autorenwettbewerb, bei dem sich Tiroler Literaten unter dem Motto *Feuer am Dach* der Vergangenheit, Gegenwart und Zukunft der Stadt Schwaz näherten. Das Musical der Liedertafel Fruntsperg *Das scharlachrote Siegel* zeichnete die französischen Kriegswirren nach, der

Volksliederchor studierte Liedgut aus der Zeit von Andreas Hofer ein und die Kunstinstallationen im Silberwald setzten sich kritisch mit dem Tiroler Heldentum auseinander. Mit *Berge in Flammen* versetzte das Open-Air-Kino sein Publikum in den Mittelpunkt eines grausamen Krieges, während das Gasthaustheater *Hofers Best* und das Kabarettduo *Die Schienentröster* Krieg und Heldentum aus einem ironischen Blickwinkel betrachteten.

Großen Beifall ernteten weiters das auf Schloss Freundsberg inszenierte Theaterstück *Krach im Hause Gott*, welches die menschliche Bereitschaft zur Aggression zur Darstellung brachte, und das Theater im Franziskanerkloster, *Andreas 2, 20*, dessen Augenmerk den familiären Katastrophen von 1809 galt. Besonders eindrucksvoll war schließlich der Schwazer Schaufensterwettbewerb, an dem sich nahezu alle Geschäftsleute der Innenstadt beteiligten und zum Motto *Feuer in der Stadt* ästhetisch ansprechend wie avantgardistisch ihre Auslagen gestalteten. Noch konkreter als in der Schaufenstergestaltung wurde das Motiv *Feuer* beim Sonn-

Traditionsvereine und tausende Gäste versammelten sich am 15. Mai auf dem historischen Boden im Stadtpark.

Ein scheinbar endloser Zug von Traditions-, Sport- und Kulturvereinen durchschritt die Schwazer Altstadt, unter ihnen Trommler und Schützen aus Tegernsee.

wendschwimmen, wo sich eine große Zahl von Schwimmern zwischen brennenden Flößen auf dem von Bergfeuern umrahmten Inn treiben ließ.

Fackeln und Feuer begleiteten aber auch jene 1.400 Schützen, die sich gefolgt von mehreren tausend Gästen an dem den Silbersommer eröffnenden *Sternmarsch* vom 15. Mai beteiligten. Angeführt von 130 Musikern marschierten die Schützenformationen der Schwazer Umlandgemeinden gemeinsam mit zahlreichen Vertretern der Traditions-, Kultur- und Sportvereine durch die geschmückten Straßen sternförmig auf das Stadtzentrum zu. Im Zentrum des Marsches stand dabei nicht die Folklore, sondern der Gedanke der Versöhnung, welcher zwei Tage später in der Franziskanerkirche eindrucksvoll zelebriert wurde, wo Joseph Haydns *Missa in tempore belli in C-Dur* die Schwazer Eröffnungsfeierlichkeiten abschloss.

STATEMENT

>> Andreas Hofer hat gekämpft und er hat nicht gewonnen. Trotzdem hat er eine große Bedeutung für Tirol. <<

Mittendrin, in der Weltcupsaison beim Bouldern 2009: Weltcup in Wien bedeutet für mich, vor Heimpublikum mein Bestes zu geben – ein Traum für jeden Sportler, vor allem, da ich am Ende des Wettkampfes das Podest erreichen kann. Ein Tag zu Hause, viel Zeit bleibt nicht, schon sitze ich im nächsten Flieger – Ziel: USA. Der nächste Kletter-Weltcup in Vail steht am Programm, es bleiben drei Tage zum Akklimatisieren, dann geht's weiter nach Holland.

Auf meinen zahlreichen Reisen habe ich viele neue Lebensarten und Bräuche kennen gelernt. Es ist jedes Mal spannend, ein neues, unbekanntes Land zu bereisen – fremde Kulturen, Menschen, Gerüche und Sitten erwarten einen. Manche Reisen sind länger, andere ganz kurz. Doch ich freue mich immer wieder heimzukommen. Wieder in Tirol zu sein, bedeutet für mich Erholung, Training, neue Energie zu sammeln, um mich optimal auf die neuen Herausforderungen einzustellen.

Gerade in einem *Gedenkjahr* überlegen die Leute aber vermehrt, was Tirol, was Heimat für sie selbst heißt. Sie überlegen, was die eigene Geschichte für sie an Bedeutung hat. Im Wett-Kampf geht es darum zu gewinnen, im Sport geht es um viel mehr. Andreas Hofer hat gekämpft und er hat nicht gewonnen. Trotzdem hat er auch heute noch eine große Bedeutung für Tirol. Wahrscheinlich, weil es auch in seinem Kampf um mehr gegangen ist als um den nächsten Sieg.

Anna Stöhr
Weltmeisterin und Weltcupsiegerin im Bouldern

Tirol und Südtirol grüßen Wien

13. und 14. Juni 2009

70.000 Unternehmen, 7.000 Forschende an sechs Hochschulen und weiteren wissenschaftlichen Einrichtungen, spezialisiert unter anderem in den Bereichen Quantenphysik, Informatik, Medizintechnologie, erneuerbare Energie, Alpintechnologie und Mechatronik – als die Landeshauptleute **Günther Platter** und **Luis Durnwalder** Mitte Juni nach Wien aufbrachen, um Tirol und Südtirol gemeinsam am Rathausplatz zu repräsentieren, wollten sie in erster Linie mit den klassischen Tirol-Klischees brechen und aufzeigen, dass das Tirol von heute weit mehr zu bieten hat als Naturschönheit, Gastlichkeit, Alpinsport und Hausmannskost. *Tirol ist ein modernes, aufgeschlossenes Land, das sich dank konsequenter Investitionen in die Forschung zu einem Hochtechnologieland entwickelt hat*, bekräftigte Landeshauptmann **Günther Platter**. Deshalb wolle man die Gelegenheit nützen, im futuristischen Eventzelt am Rathausplatz ebenso wie in den Hörsälen der Universität darauf aufmerksam zu machen, dass die Europaregion Tirol längst nicht nur als Urlaubsland Beachtung verdient.

Ähnlich wie die Betonung des Wirtschafts-, Forschungs- und Bildungsstandortes Tirol war es den Landeshauptleuten ein Anliegen, sich an den beiden – von Landtagspräsident **Herwig van Staa** und Wiens Bürgermeister **Michael Häupl** ursprünglich als Gegenstück zum traditionellen Steirerfest geplanten – Festtagen klar und unmissverständlich zur Zusammenarbeit quer durch die verschiedenen Lebensbereiche und über die Grenzen hinweg zu bekennen. *Wenn wir europäisch denken, haben wir die Möglichkeit zu verwirklichen, wovon wir früher nur träumen konnten*, erklärte Landeshauptmann **Luis Durnwalder**, kurz bevor er am Freitagabend gemeinsam mit seinem Amtskollegen aus Tirol und Bürgermeister **Häupl** die Ehrenformation der Lienzer Schützen sowie der Musikkapellen Innervillgraten und Lana abschritt. Im Anschluss an den Landesüblichen Empfang vor dem Wiener Rathaus eröffneten Landeshauptleute und Bürgermeister dann gemeinsam ein stimmungsvolles Sommerfest für rund 500 geladene Gäste und damit zugleich die kommenden zwei Veranstaltungstage.

War das kleine Tirol inmitten von Wien am Freitag bereits von den zahlreichen Ehrengästen ausführlich bestaunt worden, machten am Samstagvormittag die Moderatoren **Isabella Krassnitzer** und **Markus Frings** den Auftakt für die insgesamt 80.000 Besucher, die sich an diesem Wochenende auf den 1.000 Quadratmetern Erlebniswelt eine Vorstellung von Tirol machen wollten, die über Schifreuden und Hüttenromantik hinausgeht. Musikalisch begleitet wurde die Eröffnung von der Trachtenmusikkapelle Innervillgraten aus Osttirol, gefolgt von der Südtiroler Gruppe *Nomansland*, die mit ihrer Performance an Bands wie *Muse*, *Placebo* oder *Radiohead* erinnerten und sich darin vom klassischen Bild der Tiroler Folklore abhoben. Bewusst vielfältig gestaltete sich dann auch das weitere Musikprogramm. Auf ein Konzert des Schlagerstars

*Oben:
Wenn wir europäisch denken, haben wir die Möglichkeit zu verwirklichen, wovon wir früher nur träumen konnten, erklärte Südtirols Landeshauptmann Luis Durnwalder in der gemeinsam mit Landeshauptmann Günther Platter und Wiens Bürgermeister Michael Häupl abgehaltenen Pressekonferenz.*

TIROL UND SÜDTIROL GRÜSSEN WIEN

Vor dem Wiener Rathaus bot ein futuristisches Festzelt Platz für insgesamt acht interaktive Themeninseln.

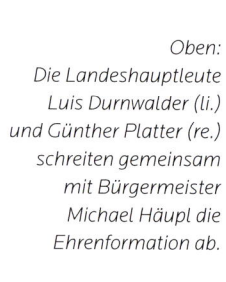

Oben:
Die Landeshauptleute Luis Durnwalder (li.) und Günther Platter (re.) schreiten gemeinsam mit Bürgermeister Michael Häupl die Ehrenformation ab.

Links unten:
Die Marketenderinnen der Musikkapelle Innervillgraten Michaela Wiedemair und Annelies Aigner.

Rechts unten:
Die Bürgerkapelle Lana beim Landesüblichen Empfang vor dem Wiener Rathaus.

TIROL UND SÜDTIROL GRÜSSEN WIEN

Gilbert folgten die Darbietungen der *Marc-Hess-Company* sowie der Südtiroler Gruppe *Titla*, die heimische Volksmusik mit irisch-keltischen Elementen kombiniert.

Am Sonntag wurden Gäste und Gastgeber bei strahlendem Sommerwetter zunächst einmal von der Musikkapelle Lana begrüßt. Am frühen Nachmittag gab die poetisch-visionäre Gruppe *Opas Diandl* Stücke aus ihrem breiten Repertoire von mittelalterlichen Knappengesängen bis hin zu erotischen Balzständchen zum Besten; die Konzerte von **Marc Pircher** und **Gregor Glanz**, der das Publikum mit exzellenten Imitationen von Frank Sinatra, Joe Cocker und Elvis begeisterte, rundeten das Musikprogramm ab. Da gute Stimmung aber nicht nur eine Frage der guten Musik, sondern auch des guten Essens ist, wurde am Wiener Rathausplatz eine schmackhafte Palette an Tiroler Spezialitäten angeboten, wobei die raffinierten, teils schon mediterranen Gerichte aus Südtirol jene einfachen und deftigen Schmankerln ausgezeichnet ergänzten, die vor den Augen der interessierten Besucher in großen Pfannen zubereitet wurden.

Trotz aller Gaumenfreuden lag der Schwerpunkt der von LH **Günther Platter** auch als *Leistungsschau* bezeichneten Festveranstaltung klar auf den Inhalten. Die insgesamt acht interaktiven Themeninseln boten die Gelegenheit, mit allen Sinnen nachzuvollziehen, was Leben in den Bergen bedeutet, bzw. in welchen Bereichen in Tirol und Südtirol geforscht, gelehrt, entwickelt, gehandelt und gewirtschaftet wird. Mit dem Motto *Energiequellen* etwa wollten die Gestalter zunächst noch an die touristischen Erwartungen des sprichwörtlichen Energietankens anschließen, wobei die Elemente Berg, Wasser, Luft und Sonne – nach einem Abstecher ins Heubad oder auf den Wellnessparcours – absichtlich aus dem Bereich des persönlichen Wohlbefindens herausgelöst wur-

Roman Kraler aus Osttirol versorgte das Wiener Publikum mit Tiroler Spatzln.

GROSSVERANSTALTUNGEN IM SOMMER

Auf rund 1.000 Quadratmetern Festgelände zeigten Tirol und Südtirol, dass die Alpenregion mehr zu bieten hat als Naturschönheit und Hüttenromantik.

den. Sonne meint dann Solarenenergie, erlebbar in einem Fuhrpark von Elektrofahrrädern, die zur Spritztour um den Rathausplatz einluden, Berg bedeutet natürliche Ressourcen wie hochwertige Pflegeöle, Wasser wird zu Strom etc.

Abenteuerlich ging es dagegen im Naturgewaltentunnel zu, in dem sich die Stadtmenschen von einer alpinen Gefahr zur anderen weitertasten konnten. Neben dem Nervenkitzel von Sturm, Bergrutsch etc. hatte die Station *Lebensräume* aber auch Sinnliches zu bieten, wie etwa ein 55 m² großes Zirbenlabyrinth, in dem Hobelspäne verschiedenster Baumarten die Gelegenheit gaben, den Naturstoff Holz aufmerksam zu betrachten, zu fühlen und zu riechen. Die Themeninsel *Grenzgebiete* präsentierte sich nicht klassisch im Sinn politisch-historischer Grenzen, sondern begab sich etliche Lichtjahre entfernt in die Grenzgebiete der Astrophysik, um damit einerseits auf die Forschungsbereiche eines aufstrebenden Innsbrucker Institutes aufmerksam zu machen, andererseits aber darauf, dass Grenzen häufig nicht von außen, sondern durch eigenes Denken gesetzt werden. Einzigartig wie das Licht der Berge, zeigten sich weiters die Lichtspiele und *Lichtbilder* des liebevoll angelegten Alpengartens, Tiroler Know-how aus den Forschungsbereichen Lichttechnik und Optik erschlossen ungeahnte visuelle Erlebniswelten.

3-D-Ansichten der Eis-Mumie Ötzi, gewaltige Eisblöcke, aus denen unter dem begeisterten Beifall der Zuschau-

TIROL UND SÜDTIROL GRÜSSEN WIEN

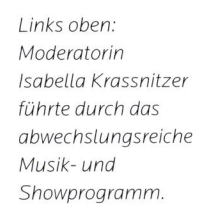

Links oben:
Moderatorin Isabella Krassnitzer führte durch das abwechslungsreiche Musik- und Showprogramm.

Rechts oben:
In den Wasserwelten wurden aus Eis Figuren geschnitzt.

Rechts in der Mitte:
Frisbee-Elektrofahrräder aus Südtirol

Links unten:
Die Wiener Bevölkerung versuchte sich am Mountainbikeparcours mit Mountainbikes aus Tirol und Südtirol.

Rechts unten:
Der Naturgewaltentunnel war ein besonderer Anziehungspunkt.

GROSSVERANSTALTUNGEN IM SOMMER

Links oben:
Landesrat Gerhard Reheis, ÖGB-Präsident Rudolf Hundstorfer, SPÖ-Klubchef Ernst Pechlaner und Stadtrat Walter Peer

Rechts oben:
Der Vizepräsident des Südtiroler Landesverbandes der Handwerker (LVH) Bruno Covi, LVH Direktor Hanspeter Munter und LVH Präsident Walter Pichler

Links in der Mitte:
Schauspieler Tobias Moretti, Nationalrat Hermann Gahr und der stellvertretende Vorsitzende des Südtiroler Kulturinstituts Georg Mühlberger

Rechts in der Mitte:
Unternehmer Karl Handl mit den beiden Hoteliers Günter Singer und Adi Werner

Links unten:
Vizebürgermeisterin Christine Oppitz-Plörer, Landtagsabgeordneter Heinrich Ginther, Landtagsabgeordnete Sonja Ledl und Landesrätin Beate Palfrader

Rechts unten:
Landeshauptmann Günther Platter umringt von jungen Mädchen der Schützenkompanie Lienz

TIROL UND SÜDTIROL GRÜSSEN WIEN

*Links:
Landeshauptmann
Günther Platter, der
Bürgermeister von
Lienz Johannes Hibler,
Wiens Bürgermeister
Michael Häupl und
Landeshauptmann
Luis Durnwalder*

*Rechts:
ORF-Hörfunkdirektor
Kurt Rammerstorfer,
Regisseur Anders
Linder und Geschäftsführer der Tirolwerbung Josef Margreiter*

er Skulpturen geschnitzt wurden, und eine Wasserbar, an der frisches Quellwasser aus den Südtiroler und Tiroler Bergen verkostet werden konnte, machten die Themeninsel *Wasserwerke* zu einem Erlebnis für die ganze Familie. Großen Anklang bei den jungen Besuchern fand aber auch die Station *Höhepunkte*, die neben einer Original-Gondel und viel Wissenswertem zum Thema Seilbahntechnik mit einem Alpenkino aufzuwarten hatte, in dem in spektakulären Filmaufnahmen und ungewöhnlichen Perspektiven der Flug durch die Dolomiten sowie die Stubaier und die Ötztaler Alpen simuliert wurde.

Der Themenbereich *Beweggründe* verband dann bewusst Körper und Geist, setzte Sport und Brauchtum zueinander in Beziehung. Ausgehend von der traditionellen Kleidung der Tiroler Brauchtumsgruppen wurde die Bedeutung der Tradition für junge Menschen reflektiert, Slackline und Mountainbikeparcours lockten die Gäste, nicht nur über Beweggründe nachzudenken, sondern sich tatsächlich auf eine nicht ganz alltägliche Bewegung einzulassen. Nach all diesen Aktivitäten stellte der Hörbereich der achten Themeninsel gewissermaßen einen Ruhepol dar. Mit geschlossenen Augen führte das Gebirgsgeflüster noch einmal in die Welt der Alpen, diesmal aber nicht in die atemberaubende visuelle Wahrnehmung der Höhen und Tiefen, sondern in die unscheinbare Dimension der kleinen und leisen Berggeräusche. Für großen Anklang sorgte schließlich der Jodelautomat, an

dem die – wenngleich der deutschen Sprache durchaus mächtigen – Besucher über die sprachliche Vielfalt und Komplexität der Tiroler Dialekte staunen konnten.

Wenn bei so viel Tiroler Charme, Ideenreichtum und – nicht zuletzt – Witz, der eine oder andere Gast den Beschluss gefasst haben sollte, die unmittelbar vor der Tür stehenden Sommerferien in Tirol zu verbringen, dürfte dies dem Geschäftsführer der Tirol Werbung **Josef Margreiter**, der die Festtage in Abstimmung mit der Tiroler Zukunftsstiftung und der Business Location Südtirol organisiert hatte, durchaus recht gewesen sein. Für alle anderen aber bot der liebevoll gestaltete Shopbereich mit seinen regionalen Qualitätsprodukten und hochwertigen Handwerkserzeugnissen die Gelegenheit, fast wie im Urlaub ein Tirol-Souvenir mit nach Hause zu nehmen.

Nicht weniger *handfest* waren die Eindrücke, die man abseits des Festlärms in den Vortragsräumlichkeiten des Rathauses gewinnen konnte. In über zehn Fachvorträgen gaben junge Forscher und etablierte Professoren einen Einblick in die aktuellen Diskussionen der Wissenschaft in und über Tirol, wobei Betrachtungen zum Jahr 1809 aus einer europäischen Perspektive ebenso präsentiert wurden wie die neuesten Ergebnisse der Quantenmechanik und damit – zum Ausklang des Veranstaltungsreigens – begreifbar machten, dass ähnlich wie das Leben in Tirol auch das Forschen der Tiroler von Vielfalt geprägt ist.

Herz-Jesu-Sonntag in Bozen

21. Juni 2009

War man am Wiener Rathausplatz bemüht, in zwei Tagen und auf 1.000 Quadratmetern ein Land in all seinen Facetten darzustellen, wurde der Herz-Jesu-Sonntag in ganz Tirol begangen und die Erneuerung des Herz-Jesu-Gelöbnisses von 1796 selbst in den kleinsten Gemeinden gefeiert. Wollte *Tirol und Südtirol grüßen Wien* den in die Zukunft hineinwirkenden Forschergeist der Tiroler sowie ihren Wunsch, als geeinte Europaregion die kommenden 200 Jahre Geschichte gemeinsam zu gestalten, in den Mittelpunkt stellen, war das Herz-Jesu-Fest klar vom Rückblick in die Vergangenheit geprägt. Sein Ursprung nämlich geht zurück in den April des Jahres 1796, als Tirol angesichts der heranrückenden Truppen Napoleons in Kriegsbereitschaft versetzt wurde. Waffentaugliche Männer wurden militärisch unterwiesen und bereits nach drei Wochen konnte ein 7.000 Mann starkes Heer in den südlichen Grenzgebieten aufgestellt werden.

Bei der Zusammenkunft einer Abordnung der Tiroler Landstände in Bozen schlug der Stamser Abt **Sebastian Stöckl** Ende Mai desselben Jahres vor, das Land dem *Heiligsten Herzen Jesu* anzuvertrauen und auf diese Weise göttlichen Beistand zu erwirken, ein Gedanke, der sowohl bei den übrigen Delegierten als auch bei der Bevölkerung auf Zustimmung stieß. Im ganzen Land wurde der Herz-Jesu-Schwur geleistet, der Landsturm erfuhr einen nie erlebten Zulauf an Freiwilligen. Auf ähnliche Weise militärisch-strategischer Natur waren die Anfänge der Herz-Jesu-Feuer, zählten die Signalfeuer am Berg damals doch zu den wenigen Möglichkeiten, den Landsturm rasch und zuverlässig einzuberufen. Herz-Jesu-Gelöbnis und Herz-Jesu-Feuer, die in dem unerwarteten ersten Erfolg Andreas Hofers eindrucksvoll Bestätigung zu erfahren schienen, sind daher ein Beispiel dafür, wie politisch-pragmatische Entscheidungen religiös gedeutet und in der Folge religiös wirksam werden können. Vor diesem Hintergrund war es folglich durchaus stimmig, wenn die Bischöfe des Historischen Tirol in ihrem zum Anlass des Herz-Jesu-Festes verfassten Hirtenbrief auf die gegenwärtigen – wenngleich diesmal negativ als Bedrohung der Kirche verstandenen – Wechselwirkungen zwischen Politik und Religion hinwiesen.

Das Wort Religionsfreiheit, so die Kritik der Bischöfe, werde gegenwärtig häufig als laizistischer Vorwand missbraucht, der Verweis auf die Existenz anderer Religionen als Argument dafür herangezogen, religiöses Brauchtum, Symbole oder Feiern aus dem öffentlichen Leben, aus Schulen, Kindergärten oder Krankenhäusern zu verbannen. Religionsfreiheit könne aber gerade da nicht spürbar werden, wo das Religiöse geleugnet und totgeschwiegen wird, sondern ist nur dann zu verwirklichen, wenn jeder Gläubige das eigene Bekenntnis nach außen sichtbar leben darf. Ein solches erkennbares Zeichen jedenfalls gaben bereits Samstagabend die unzähligen Bergfeuer, die in Nord-, Ost- und Südtirol die Gipfel zum Leuchten

*Oben:
Die Herz-Jesu-Prozession führte durch die Altstadt von Bozen.*

brachten und erst in den frühen Morgenstunden des Herz-Jesu-Sonntags langsam verglühten.

Während am Sonntag dann in vielen Gemeinden das Herz-Jesu-Gelöbnis nicht bloß erneuert, sondern in Beziehung zu den Freiheitskämpfen von 1809 und zum Gedenkjahr 2009 gesetzt wurde, fand im Dom von Bozen der offizielle Hauptgottesdienst statt, an dem neben den Erzbischöfen, Bischöfen, Weihbischöfen und Altbischöfen Tirols, den Vertretern der Kirche von Bayern, Sachsen und Frankreich, den Äbten der Tiroler Stifte, den Oberen der in Tirol tätigen Orden und den Vertretern der nicht-katholischen Kirchen in Tirol die Landeshauptleute und Landesregierungen von Trient, Bozen und Innsbruck teilnahmen. Die dreisprachig zelebrierte Festmesse führte unter großer Beteiligung der Gläubigen und vom Domchor kunstvoll begleitet zum Herz-Jesu-Bekenntnis als dem traditionellen Höhepunkt des Hochamtes hin.

Auch der Kerngedanke der Homilie von Diözesanbischof **Karl Golser** bezog sich auf das geöffnete Herz Christi, in dem die Liebe Gottes zu den Menschen offenbar wird. *Christus will, dass wir dankbar auf sein geöffnetes Herz schauen*, predigte der Bischof, *von ihm die Liebe lernen, uns innerlich tränken lassen von dem, was aus der Seitenwunde Jesu entströmt; vom Wasser, das für die Taufe steht, und vom Blut, das die Eucharistie symbolisiert.* Wenig später eröffnete er gemeinsam mit dem Trienter Erzbischof **Luigi Bressan**, dem Erzbischof **Alois Kothgasser** aus Salzburg und dem Innsbrucker Bischof **Manfred Scheuer** die feierliche Herz-Jesu-Prozession, die von der Postgasse über den Dominikanerplatz, den Sernesiplatz, die Leonardo da Vinci-Straße, den Obstmarkt, die Laubengasse und den Kornplatz bis zum Waltherplatz führte.

Das Motto *Im Glauben vereint* spiegelte sich dabei nicht nur in der Gestaltung des Festgottesdienstes und der Prozession wider, sondern war den Bischöfen zugleich Anstoß, sich in ihrem Hirtenbrief mit dem 200-jährigen Gedenken an einen markanten Eckstein der Tiroler Geschichte aus der Sicht des Glaubens auseinanderzusetzen.

*Links:
Die Jungschützen Alexander Corradini und Benjamin Longo vor einer Kopie des historischen Herz-Jesu-Bildes in Bozen.*

*Rechts:
Nach dem feierlichen, mehrsprachigen Gottesdienst setzte sich die Prozession vom Bozner Dom aus in Bewegung. Im Bild die Kompanie Bozen, verstärkt durch die Kompanie Josef Eisenstecken Gries aus Bozen.*

GROSSVERANSTALTUNGEN IM SOMMER

*Oben:
Die Bischöfe des alten Tirol führten die Prozession an: Karl Golser mit Monstranz (Bozen-Brixen), Manfred Scheuer (Innsbruck), Luigi Bressan (Trient) und Alois Kothgasser (Salzburg). Auch zahlreiche Äbte und Priester nahmen an der Feier teil (im Vordergrund Dompfarrer Carlo Moser und der Abt von Neustift Georg Untergaßmair).*

*Unten:
Vertreter der Landtage und Landesregierungen von Innsbruck, Bozen und Trient nahmen an der Herz-Jesu-Prozession teil. In der 1. Reihe der Südtiroler Landesrat Hans Berger, die Landeshauptleute Günther Platter und Luis Durnwalder sowie der Regierungskommissär von Bozen Fulvio Testi.*

HERZ-JESU-SONNTAG IN BOZEN

Am zentral gelegenen Waltherplatz in Bozen wurde zum Abschluss der Prozession das Herz-Jesu-Bundeslied gesungen und der eucharistische Segen gespendet.

Bei aller Bedeutung der Tradition und der besonderen Verbundenheit des Landes Tirol mit dem Herzen Jesu dürfe man die Herz-Jesu-Litanei *Mach unser Herz gleich deinem Herzen* nicht als exklusive, andere Völker und Nationen ausschließende Beziehung deuten. *Das Herz Jesu gehört allen Völkern und Sprachen*. Deshalb aber könne die Hinwendung zum Herzen Jesu gerade nicht bedeuten, mit dessen Hilfe den Gegner im Kampf zu besiegen. Vielmehr *ist Christus unser Friede (vgl. Eph 2,14), denn er hat durch seine hingebende Liebe am Kreuz alle trennenden Wände der Feindschaft überwunden und in seiner Person die Möglichkeit eröffnet, neue Menschen zu werden.*

Vor diesem Hintergrund ermuntern die Bischöfe die Gläubigen schließlich dazu, auch mit den Begriffen Freiheit und Heimat vorsichtiger und differenzierter umzugehen. *Freiheit kann nicht darin bestehen, sich immer alle Möglichkeiten offenzuhalten, sondern sie muss bereit sein, sich in sinnvollen Tätigkeiten zu erfüllen und sich für Bindungen zu entscheiden. Letztlich ist Freiheit auf Liebe hin ausgerichtet* und manifestiert sich in der *Beachtung der Schöpfung und der Umwelt, in die wir hineingestellt sind und für die wir Verantwortung tragen.*

Die Rede von Heimat wiederum sei gerade in einem Land, in dem Menschen unterschiedlicher Kulturen zusammentreffen, durchaus komplex. Zum einen nämlich ist es natürlich gut und richtig, Gefühle und Bindungen zuzulassen, die Heimat zu lieben und sich dafür einzusetzen, dass diese in ihrer Schönheit für die nachfolgende Generation erhalten bleibt. Zum anderen gehört zu dieser Heimatliebe und -pflege ganz wesentlich das Bemühen um Gerechtigkeit und Frieden dazu, die Fähigkeit zuzulassen, *dass Menschen anderer Sprache und Kultur sich bei uns beheimatet fühlen*. Dies gelte noch viel mehr, da Christen sich bewusst sein sollten, dass irdische Güter und folglich auch die irdische Heimat kein letzter Wert sind, sondern *unsere eigentliche Heimat im Himmel ist (vgl. Phil 3,20; Hebr 11,14), wo wir eingehen in die Liebe Gottes, die sich uns im Herzen Jesu erschlossen hat.*

Gedenken zum Hohen Frauentag

15. August 2009

*Oben:
Ehrenoberleutnant
Albin Reinisch
(Schützenkompanie
St. Nikolaus), Fähnrich
Walter Kleinrubatscher
(Schützenkompanie
Hötting) und Leutnant
Harald Pfurtscheller
(Schützenkompanie
Reichenau) begleiten
die Standarte des
Schützenbataillons
Innsbruck.*

*Links unten:
Landesüblicher
Empfang vor der
Hofburg*

*Rechts unten:
Die Vertreter von Stadt
und Land gedachten
in der Hofkirche der
Opfer der Tiroler
Freiheitskämpfe.*

Ähnlich wie der Herz-Jesu-Sonntag verbindet der Hohe Frauentag die historischen Ereignisse von 1809 unmittelbar mit der Gegenwart des religiösen Lebens Tirols. Denn in der Freude und Demut, die Andreas Hofer angesichts des Erfolgs der dritten Bergiselschlacht empfunden haben mag, vertraute dieser seine Heimat am Hochfest der Aufnahme Mariens in den Himmel dem Schutz der Gottesmutter an. Anlässlich des 150-jährigen Gedenkens der Freiheitskämpfe wurde der 15. August im Jahr 1959 dann zum Landesfeiertag erklärt und festigte damit seinen Platz im kirchlichen Jahreskreis ebenso wie in der Gedächtniskultur des Landes Tirol. Gemäß dieser Tradition des feierlichen Erinnerns wurde der Hohe Frauentag im Gedenkjahr 2009 mit dem Landesüblichen Empfang am Rennweg eröffnet, es folgten die Kranzniederlegung beim Andreas-Hofer-Grabmal in der Hofkirche sowie das von Abt **Raimund Schreier** zelebrierte Hochamt in der Jesuitenkirche.

Begleitet vom Orgelspiel des Theologen **Rudolf Pacik** zogen Bischof **Manfred Scheuer**, Abt **Raimund Schreier** und Jesuitenrektor **Severin Leitner** in die Jesuitenkirche ein, nach einem Schubert-Kyrie des Vokalensembles *Vocappella* Innsbruck sprach der Abt die Vergebungsbitte und überließ den Ambo im Anschluss an das Tagesgebet Landtagspräsidenten a. D. **Helmut Mader**, der die Lesung aus der Offenbarung des Johannes vortrug. Standen sowohl diese Vision von der mit Sonne und Mond bekleideten Frau als auch das Evangelium nach Lukas noch ganz im Zeichen der Gottesmutter Maria, widmete sich der Abt in seiner Predigt verstärkt einem modernen und reflektierten Bild des Helden. *Helden*, resümierte **Schreier**, *sind*

GEDENKEN ZUM HOHEN FRAUENTAG

Der Gedenkgottesdienst zum Hohen Frauentag fand in der Innsbrucker Jesuitenkirche statt.

Oben:
Die Geehrten Herbert Peer, Matthias Gerold sen. und Adolf Raitmair mit ihren Gattinnen Margit Peer, Maria Gerold und Lotte Raitmair

Mitte:
Landeshauptmann Günther Platter, der Chefredakteur der Tiroler Krone Walther Prüller und Landeshauptmann Luis Durnwalder

Unten:
Die Lebensretter Jasmin Gross aus Telfs, Karmen Saur aus Oberhofen und Thomas Siess aus Grins

Menschen mit einer Leidenschaft für den Menschen, die nicht für ihre eigenen Interessen kämpfen, sondern sich für andere engagieren. *Eine solche heroische Liebe ist letztlich aber nur möglich, wenn sie Gott als Vorbild hat, ihn, der grenzenlos Liebe schenkt, der stets vergibt und der jeden Menschen bis ins Innerste kennt.*

Mit diesem Charakteristikum des Helden spannte der Abt den Bogen zurück zu Maria, die über sich selbst hinaus auf Christus verweist, aber auch zurück zu Andreas Hofer, der bei aller Menschlichkeit im Glauben tief verwurzelt war und sein Handeln aus der eigenen Gottesbeziehung heraus begründet und verstanden hat. Menschen, die sich nicht für sich selbst einsetzen, standen dann auch im Anschluss an das Hochamt im Mittelpunkt des Feiertages, als die Landeshauptleute **Günther Platter**, **Luis Durnwalder** und Landtagspräsident **Herwig van Staa** sich gemeinsam mit den Vertretern der Landesregierungen in den Congress Innsbruck begaben, um dort die alljährlichen Ehrungen zum Hohen Frauentag durchzuführen.

Was macht Tirol zu einem so schönen Land?, fragte Landeshauptmann **Günther Platter**, bevor er gemeinsam mit seinem Südtiroler Amtskollegen **Luis Durnwalder** die Verdienstkreuze und -medaillen des Landes Tirol, die Lebensrettungsmedaillen und Erbhofurkunden überreichte. *Sind es die Berge, die Seen, die atemberaubend schöne Natur? Es ist mehr als das: Es sind die tausenden Menschen, die hier ehrenamtliche Leistungen erbringen und unser Land mitgestalten! Ob bei Feuerwehr, Rettung, Berg- und Wasserrettung oder bei der Bergwacht. Ob im Sozialbereich oder in Politik und Wirtschaft: Es sind diese ‚Helden des Alltags', die unser Land so schön machen und denen wir für ihren Einsatz danken wollen, der unsere Gemeinschaft stärker und lebenswerter macht. Sie sind das Fundament einer lebendigen und gerechten Gesellschaft.*

Halte die Zukunft fest!

Gesellschaft im Gedenkjahr

Finde deine Phantasie. Finde deine Identität

Jugend im Gedenkjahr

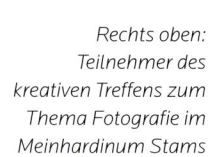

Rechts oben: Teilnehmer des kreativen Treffens zum Thema Fotografie im Meinhardinum Stams

Rechts: Der Fotograf Paul Albert Leitner gab den Schülern einen Einblick in die Basics der Fotografie und verriet dabei auch den einen oder anderen Geheimtipp

Ein Virus hat dir alles genommen. Finde deine Erinnerungen. Finde deine Phantasie. Finde deine Identität. Mit diesen Worten empfängt das Online-Spiel *syndrome09* seine jugendlichen Mitspieler in der virtuellen Welt des Eichhörnchens Flic, eines Orakels in Gestalt eines alten Baumes und eines mutierten Virus, das den Menschen Erinnerungen und Wissen raubt. Wer angesichts der futuristischen Grafik und mitreißenden Action vermuten würde, das Internet-Game sei frisch aus den USA importiert, hat weit gefehlt. Denn Initiator von www.syndrome09.at waren die Heimatpflegeverbände und pädagogischen Institute des historischen Tirol. Anlässlich des Gedenkjahres wollte der Südtiroler Heimatpflegeverband rund um Projektleiter **Josef Oberhofer** eine Informations- und Kommunikationsplattform schaffen, auf der Schüler ab der 5. Schulstufe die Gelegenheit haben würden, ihre

JUGEND IM GEDENKJAHR

Links oben:
Hilfe Flic – Das vorlaute Eichhörnchen Flic leiteten die jungen User durch das Internetspiel syndrome09.

Links unten:
Gemeinsam mit dem spannenden Spielkonzept trugen die ansprechenden Bilder und Grafiken dazu bei, viele Jugendliche und Kinder für syndrome09 *zu begeistern.*

Rechts:
Der Character Editor *konnte individuell erstellt werden.*

Heimat (wieder-) zu entdecken, Menschen, Landschaft und Geschichte zu erkunden, zwischen Vergangenheit und Gegenwart eine Brücke zu schlagen und auf diese Weise zu einem vielschichtigen, auch kritischen Bewusstsein von Heimat zu finden.

Neben Aufgabenstellungen, in denen verstärkt Geschicklichkeit und Reaktionsvermögen gefordert sind, basiert das von *Xtend new media* aufwändig programmierte Spiel im Wesentlichen auf den Eckpfeilern Wissen und Kreativität, wobei diese unterschiedlich stark in Wechselwirkung treten und in der Folge auch unterschiedlich gewichtet und bewertet werden. Wissen wird vermittelt und abgefragt, bleibt dabei aber nie bloß abstrakt, sondern soll und muss in einem eigenen erfinderischen Akt angewendet werden. Während die erste Spielphase, in der primär das Identität zerstörende Virus bekämpft worden war, bereits am 9. Jänner mit einer Zwischenprämierung der Etappensieger abgeschlossen wurde, bot die 2. Spielphase bis zur abschließenden Siegerehrung am 9. Mai Neueinsteigern wie eingefleischten syndrome-Freaks die Gelegenheit, verstärkt die eigene Phantasie spielen zu lassen. Um den Akzent auf der schöpferischen Eigenleistung auch in der Bewertung des Spielverlaufs spürbar zu machen, honorierte die Jury nun nicht in erster Linie die höchste Punktezahl, sondern die Qualität der Beiträge.

Wenngleich das poppige Design und der spannende Spielverlauf an sich wohl schon genug dazu beitrugen, Kinder und Jugendliche an den Computer zu locken, winkten den Siegern, Zwischensiegern und eifrigen Punktejägern nach erfolgreichem Kampf gegen das Virus noch zusätzlich eine große Zahl an attraktiven Preisen wie etwa hoch dotierte Reisegutscheine, Mini-Laptops, Gutscheine für Sportartikel, Bücher, DVDs oder Jahreseintrittskarten für sämtliche Museen des historischen Tirol. Ähnlich reichhaltig beschenkt wurden die Gewinner des Kreativwettbewerbs 2009, der mit über 881 Teilnehmern einen künstlerischen Höhepunkt im Gedenkjahr darstellte. Und ähnlich wie im Fall von *syndrome09* gab es natürlich auch hier bereits im Projektverlauf eine ganze Reihe an Gelegenheiten, einen persönlichen Gewinn zu erzielen.

Oben:
Im Rahmen eines Workshops zum Thema Bildnerisches Gestalten *besuchten Landesrätin Beate Palfrader und Künstlerin Patricia Karg die Schüler vom BRG Wörgl*

Unten:
Musiker und Komponist Franz Hackl beim kreativen Treffen zum Thema Musik *im Landesberufsschülerheim Lohbachufer in Innsbruck*

STATEMENT

>> *I touch the future, I teach.
Das ist ein Dauerauftrag.* <<

Unsere Kinder und Jugendlichen stehen für die Zukunft unseres Landes, darüber sind wir uns einig. Wenn nun die *Geschichte* – wie es das Motto für das Gedenkjahr 1809–2009 vorgegeben hat – *die Zukunft treffen* sollte, dann konnte dieses Ziel nur unter starker Einbindung der Jugend, im Besonderen der Schuljugend erreicht werden.

Zum einen galt es, den Blick auf die eigenen historischen Wurzeln zu schärfen, zum anderen, uns selbst und unserem Nachwuchs zu signalisieren, die Herausforderungen der Zukunft mit Mut und Zuversicht anzunehmen. Denke ich in diesem Zusammenhang an den Jugend-Kreativwettbewerb 2009, bei dem fast 500 Projekte eingereicht wurden, dann war das ein guter Ansatz, dies noch dazu in einem Jahr, das von der Europäischen Union zum *Jahr der Kreativität und Innovation* deklariert wurde.

Ob dies für eine wünschenswerte Nachhaltigkeit im Denken ausreicht oder nur ein Blitzlicht geblieben ist, das wird wesentlich davon abhängen, was unsere Schulen und sonstigen Bildungseinrichtungen daraus machen und weiterentwickeln werden: I touch the future, I teach. Das ist der Dauerauftrag. Ob es uns darüber hinaus gelingt, für unsere Kinder und mit unseren Kindern wirtschaftliche und soziale Rahmenbedingungen zu schaffen, in denen ein Klima des Optimismus, der Hoffnung und Dynamik entstehen kann, das ist die zweite große Herausforderung. Am Selbstbewusstsein fehlt es jedenfalls nicht, das haben gerade die vielen jugendlichen Teilnehmer beim großen Landesfestumzug eindrucksvoll demonstriert.

*Erwin Koler
Präsident des Landesschulrates für Tirol a. D.*

Oben:
Thomas Oblasser, Fabian Venier und Stefan Laube sorgten im Meinhardinum Stams für eine musikalische Einlage – im Hintergrund Landesrätin Beate Palfrader und der Direktor, Abt German Erd

Unten:
Abt German Erd, Landesrätin Beate Palfrader und Fotograf Paul Albert Leitner mit den Schülern des Meinhardinums Stams

Das Gedenkjahr ist, was wir gemeinsam daraus machen, schreibt Landeshauptmann **Günther Platter** in seinem Vorwort zum Folder des Kreativwettbewerbs 2009. Damit aber ist implizit bereits das Hauptanliegen des in Zusammenarbeit mit den Tiroler Schulen durchgeführten Jugendprojektes thematisiert: Aus dem Unterricht und von Erzählungen kennen die Tiroler Jugendlichen die Geschichten vom Freiheitskampf der Tiroler im Jahr 1809. Sie wissen von den gegen die Übermacht der Franzosen und Bayern geführten Schlachten am Bergisel, vom legendären Anführer der Tiroler, Andreas Hofer, seinen Gefährten Josef Speckbacher, Peter Mayr und Pater Haspinger. Und sie wissen auch, dass 2009 ein Gedenkjahr begangen wird. Doch dieses Wissen, das war der ausdrückliche Wunsch des Landeshauptmannes und von Kulturlandesrätin **Beate Palfrader,** sollte nicht rein passiv bleiben, nicht bloß eine sachliche Information, von der sich die jungen Tiroler weder berühren noch zu einer Auseinandersetzung anregen lassen.

Deshalb lud das Land Tirol alle einfallsreichen Teenies von 10 bis 20 Jahren ein, an einem über mehrere Monate angelegten und sich in verschiedene Phasen gliedernden Kreativwettbewerb teilzunehmen und sich unkonventionell und schöpferisch mit dem Gedenkjahr 2009 auseinanderzusetzen. Unterteilt war der von starken Partnern aus der Tiroler Wirtschaft – namentlich der Tiroler Versicherung, SPAR, dem Raiffeisen Club Tirol, TIWAG und Tyrolit – unterstützte Wettbewerb in die Kategorien Bildnerisches Gestalten, Fotografie, (Kurz-)Film, Literatur und Musik. Die formalen Vorgaben wurden dabei bewusst knapp gehalten und dienten lediglich der einfacheren Auswertung, sodass den Schülern kaum Grenzen gesetzt waren, wollten sie sich künstlerisch dem Motto *Geschichte trifft Zukunft* annähern. Nach der Anmeldung und einem ersten eigenständigen Schaffen standen in den verschiedenen Bereichen prominente Schirmherren wie die Malerin und Bildhauerin **Patricia Karg**, der Fotograf **Paul Albert Leitner**, Autor **Felix Mitterer** und Trompeter **Franz Hackl** zur Mithilfe und zum Diskutieren bereit, besuchten die teilnehmenden Schulen und hielten Workshops ab.

Da vermieden werden sollte, dass für die Wahl der Gewinner die technische Ausstattung der Schule oder der Eltern ausschlaggebend sein würde, legte die Jury neben der Umsetzung in Technik und Material besonderes Augenmerk auf die Originalität der Idee bzw. die Umsetzung des Mottos. Und damit die eigene Phantasie nicht an den Barrieren des mangelnden Know-hows scheitert, gaben die Schirmherren in ihren Arbeitstreffen mit den Jugendlichen eine ganze Reihe an Tipps und Tricks preis, die den vielversprechenden jungen Malern, Musikern und Literaten auf die Sprünge helfen sollten. Wie so oft in der Tätigkeit mit Jugendlichen kamen die vier prominenten Künstler dabei zum Schluss, dass der Jugendkreativwettbewerb nicht nur für die Schüler eine Anregung war und dass einer, der den Jungen etwas geben will, leicht selbst zum Empfangenden werden kann.

JUGEND IM GEDENKJAHR

Links oben:
Jurysitzung mit Kulturmanager Robert Renk, Nina Müller von VIA3 Communications e.U., Musiker Hubert Mauracher, Videokünstler Toni Bacak und Fotograf Gerhard Berger

Links unten:
Jurymitglied Hubert Mauracher, Musiker und Produzent

Rechts oben:
Fremde im Land – das Werk von Daniel Regensburger, dem Gewinner des Publikumspreises

Rechts in der Mitte:
Die Jurymitglieder Hubert Mauracher, Toni Bacak, Robert Renk und Gerhard Berger nach getaner Arbeit

Rechts unten:
Corina Müller und Andrea Silberberger – Kategorie Bildnerisches Gestalten (15-20 Jahre) – mit ihren Freunden und ihrem Werk

GESELLSCHAFT IM GEDENKJAHR

Links oben:
Werk von Valentin Goidinger – Kategorie Bildnerisches Gestalten *(10-14 Jahre)*

Rechts oben:
Werk von Flora Goidinger und Lucia Weigand – Kategorie Bildnerisches Gestalten *(10-14 Jahre)*

Rechts unten:
Werk von Andreas Bucher – Kategorie Bildnerisches Gestalten *(10-14 Jahre)*

Ein positives Resümee zogen nach dem Einreichen der rund 500 Beiträge jedoch nicht bloß Jugendliche und Künstler, sondern auch die in der gesamten Laufzeit des Projektes aktiv beteiligte Bildungs- und Kulturlandesrätin **Beate Palfrader**: *Ich freue mich sehr, dass es trotz schulischer Verpflichtungen beinahe 900 Jugendliche geschafft haben, ihre Projekte einzureichen. Die Resultate sind beeindruckend und die Auswahl wird für die Jury eine große Herausforderung darstellen.*
Die Teilnahme am Wettbewerb erfordert Zeit und Interesse, sich mit der Vergangenheit, Gegenwart und Zukunft unseres Landes auseinanderzusetzen, lobte auch Jugendreferentin LR **Patrizia Zoller-Frischauf** und fügte hinzu: *Es sind viele kreative und originelle Werke entstanden. Das persönliche Engagement und die Hingabe unserer Jugend kann ich nur bewundern.*

Auf die Abgabe der Werke Ende Juni 2009 folgte das intensive Beraten der Jury, der neben den Vertretern des Landesschulrates LSI **Kurt Falschlunger**, LSI **Johann Lettenbichler** und LSI **Josef Federspiel** die Journalistin **Liane Pircher**, der Fotograf **Gerhard Berger**, der Videokünstler **Toni Bacak**, der Kulturmanager **Robert Renk** und der Produzent **Hubert Mauracher** angehörten. Während die Jugendlichen nun also abwarten mussten, welche Werke im Rahmen der Landesfesttage im Congress Innsbruck ausgestellt werden würden und wer sich schließlich über den Sieg freuen würde dürfen, lief auf der offiziellen Homepage zum Gedenkjahr unterdessen noch ein Fotowettbewerb weiter, dessen Aufgabenstellung lautete, ein Zukunfts-Symbol im Bild festzuhalten und auf www.1809-2009.eu online zu stellen. Auch hier überraschten Originalität und Anzahl der Beiträge, sodass es nun noch galt, die im Herbst ausstehenden Entscheidungen der Juroren abzuwarten.

Frauen.Sichten

Weibliche Aspekte zu 1809

Emanzipation ist verwirklicht, wenn das spezifisch Weibliche nicht mehr eigens hervorgehoben werden muss, sondern einen selbstverständlichen und dabei doch bewusst gelebten Bestandteil eines ausgewogenen Gesellschaftsgefüges darstellt. In diesem Sinn hat das Gedenkjahr 2009 von gelebter Emanzipation gezeugt, haben doch Frauen in politischen Führungspositionen wie als Leiterinnen von Kulturprojekten, als Teilnehmerinnen oder bloß als Zuschauerinnen am Festjahr teilgenommen, es mitgestaltet und geprägt. Wenn nun entgegen der hier vertretenen These – wonach aufgrund der gemeinsamen Gestaltung durch Frauen und Männer eine gesonderte Erwähnung von Frauen-Veranstaltungen nicht notwendig sein sollte, ja vielleicht sogar kontraproduktiv wäre – dennoch ein eigener Abschnitt weiblichen Aspekten zu 1809 gewidmet ist, liegt dies daran, dass der Veranstaltungsreigen FRAUEN.SICHTEN in seiner Vielschichtigkeit und Komplexität durchaus besondere Aufmerksamkeit verdient hat.

In Tiroler Freiheit, Andreas Hofer und die Sicht der Frauen *machten sich Anita Lackenberger (Buch & Regie) und Gerhard Mader (Kamera) auf die Suche nach Details und Schicksalen von 1809.*

Links oben:
... sogar Weibspersonen wollten diktieren! – Martin Schennach befasste sich mit der Rolle der Frauen während der Erhebung von 1809.

Rechts oben:
Am Samstag, den 21. März 2009 referierte Josef Aigner zum Thema Väter: s' isch Zeit! Männerbilder und Männerkrisen als Herausforderung zukünftiger Vaterschaft.

Links unten:
Sophie Karmasin – Warum ist die Zukunft weiblich?

Rechts unten:
Ellinor Forster – Frauen(rechte) sind eben anders. Die Rechtssituation von Frauen um 1800

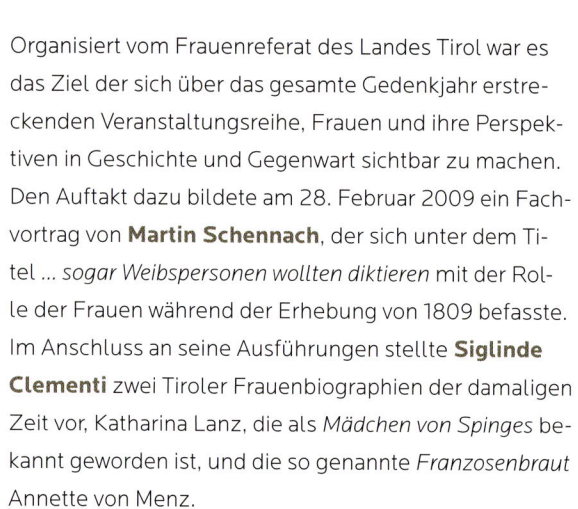

Organisiert vom Frauenreferat des Landes Tirol war es das Ziel der sich über das gesamte Gedenkjahr erstreckenden Veranstaltungsreihe, Frauen und ihre Perspektiven in Geschichte und Gegenwart sichtbar zu machen. Den Auftakt dazu bildete am 28. Februar 2009 ein Fachvortrag von **Martin Schennach**, der sich unter dem Titel *... sogar Weibspersonen wollten diktieren* mit der Rolle der Frauen während der Erhebung von 1809 befasste. Im Anschluss an seine Ausführungen stellte **Siglinde Clementi** zwei Tiroler Frauenbiographien der damaligen Zeit vor, Katharina Lanz, die als *Mädchen von Spinges* bekannt geworden ist, und die so genannte *Franzosenbraut* Annette von Menz.

Einen knappen Monat später referierte **Josef Aigner** *(Väter: s' isch Zeit!)* zum Thema Männerbilder und Männerkrisen als Herausforderung zukünftiger Vaterschaft. Ausgehend von der Situation der Familien im und nach dem Ersten bzw. Zweiten Weltkrieg, in der Frauen und Kinder unter der massiven Abwesenheit der Väter gelitten haben, erläuterte **Aigner**, inwiefern die Abwesenheit der Väter sich heute als psychologisch gesellschaftliches Problem darstellt. Wenngleich der Vortragende selbst für den Abschied von Tapferkeits- und Männlichkeitsklischees plädierte, zeigte er auf, inwiefern der Verlust der klassisch patriarchalischen Vaterrolle zu einer Verunsicherung der Männer führt, nach Standortbestimmung verlangt und ganz besonders nach attraktiven Vater-Modellen für Gegenwart und Zukunft.

Am 18. April standen dann Vorträge zu Fragestellungen der Frauenrechte um 1800 *(Frauen[rechte] sind eben anders)* und zum Thema *Warum ist die Zukunft weiblich?* am Programm. Anfang Juni gab der Historiker **Andreas**

WEIBLICHE ASPEKTE ZU 1809

*Oben links:
Andreas Oberhofer gab in seinem Vortrag* Andreas Hofer und seine Frauen *interessante Einblicke in das familiäre Umfeld des späteren Helden.*

*Oben rechts:
Jeannine Meighörner las aus ihrem Roman* Starkmut. Das Leben der Anna Hofer.

*Unten links:
Podiumsdiskussion im Anschluss an den Film mit TT-Chefredakteurin Irene Heisz, Petra Kofler vom Fachbereich* Frauen und Gleichstellung, *GR Gerti Mayr, Historiker Martin Schennach*

*Unten rechts:
Den Abschluss der Veranstaltungsreihe bildete am 17. Oktober 2009 der Dokumentarfilm* Tiroler Freiheit, Andreas Hofer und die Sicht der Frauen.

Oberhofer *(Andreas Hofer und seine Frauen)* interessante Einblicke in das familiäre Umfeld des Sandwirts, Autorin **Jeannine Meighörner** las aus ihrem jüngsten Werk *Starkmut. Das Leben der Anna Hofer.* Den Abschluss des Projektes FRAUEN.SICHTEN bildete am 17. Oktober schließlich die Präsentation des von **Anita Lackenberger** (Buch, Regie) und **Gerhard Mader** (Kamera) produzierten Dokumentarfilms *Tiroler Freiheit, Andreas Hofer und die Sicht der Frauen.*

Wegen der kargen Quellenlage zur Lebenswelt der Frauen um 1809, aber auch um sich mit dem Stilmittel des Inneren Monologs dem anzunähern, was die Tiroler Freiheitskämpfe für die Tiroler Frauen bedeutet haben mögen, wählt die Historikerin **Anita Lackenberger** im ersten Teil ihrer Produktion eine philosophisch-literarische Sprache. Starke Bilder wie die mit blutigen Füßen durch den Schnee stapfende Anna Ladurner (Hofer) verstärken die Eindrücke und leiten zum zweiten Teil der 30-minütigen Dokumentation über, in der sich der Zuschauer gemeinsam mit der Filmemacherin auf die historische Spurensuche macht und dabei auf interessante Details stößt – wie etwa den Umstand, dass in den Innsbrucker Wohnungen in der Zeit der Erhebung mindestens ebenso viele Kämpfer einquartiert waren, wie sich bereits Bewohner darin befanden. Das letzte Drittel der Dokumentation erzählt von einem traumatisierten Kämpfer, der in Erinnerung an Tod und Morden den Weg zurück in die Normalität nicht mehr findet und damit für die vermutlich große Zahl jener psychisch zerstörten Männer steht, die letztlich nicht bloß sich selbst, sondern auch ihren Frauen eine Bürde gewesen sein dürften.

Wechselspiel der Perspektiven

Bildung und Wissenschaft

Die Frage nach dem Menschen hinter dem Mythos Andreas Hofer wurde im Gedenkjahr quer durch die Gattungen der Kunst, aber auch in zahlreichen Reden, Kommentaren und Grußworten gestellt. Hinter die Fassade blicken, dabei aber nicht so sehr den Sandwirt selbst, sondern die Bedeutung entdecken, die dem *Mythos 1809* in der Geschichte zukam und gegenwärtig zukommt, wollte Rektor **Karlheinz Töchterle** in seinem Eröffnungsvortrag zum dreitägigen internationalen Symposion *Triumph der Provinz – Geschichte und Geschichten 1809–2009*, welches vom fakultätsübergreifenden Schwerpunkt *Politische Kommunikation und die Macht der Kunst* veranstaltet wurde. Erklärt sich das ungebrochene Interesse an 1809 dadurch, dass es sich bei der Überlieferung der Freiheitskämpfe um einen Ursprungsmythos handelt, der Identität schafft und Läuterung ver-

*Oben:
Die Musikwissenschaftlerin Sandra Hupfauf spricht einleitende Worte zum Live-Konzert des Vokalensembles Vocappella.*

Historikerin Brigitte Mazohl bei der Tagung Triumph der Provinz, im Rahmen derer sich international renommierte Wissenschaftler mit Geschichte und Geschichten 1809–2009 auseinandergesetzt haben.

BILDUNG UND WISSENSCHAFT

spricht? Oder lässt sich die Beliebtheit der Gedächtnisfeierlichkeiten auf das ebenso alte Bedürfnis nach *circenses*, nach Spiel, Spaß und Unterhaltung reduzieren? Mit diesen Fragen führte Rektor **Töchterle** sein aus politischen Ehrengästen, Wissenschaftlern und Studierenden zusammengesetztes Publikum in die als offizieller Beitrag der Universität zum Jubiläumsjahr 2009 geplante Tagung ein, im Rahmen derer die Organisatoren **Johann Holzner**, **Brigitte Mazohl** und **Markus Neuwirth** neben einem vielfältigen Reigen an kritischen historischen Referaten auch die Kunst und ihre Rezeption nicht zu kurz kommen ließen.

Ungewohnte Fragestellungen zum Jahr 1809 warf weiters das Symposium des Tiroler Landesarchivs *1809. Neue Forschungen und Perspektiven* auf; insbesondere die Beiträge **Martin Schennachs**, der einerseits die europäische Dimension der so genannten *traditionalistischen Aufstände* thematisierte, andererseits die bis in das 16. Jahrhundert zurückzuverfolgende Geschichte von Unruhen in Tirol sowie – in einem zweiten Vortrag – *Französische Sicht(en) auf den Tiroler Aufstand von 1809*. Anhand von militärischen Dokumenten und den schriftlichen Hinterlassenschaften französischer Soldaten zeigte der Historiker auf, dass die Tiroler Widerstandskämpfer von ihren Gegnern in erster Linie als ungebildete und von der österreichischen Monarchie in die Irre geführte Masse wahrgenommen wurden, was dem *peuple ignorant plutôt que coupable* (vielmehr unwissenden als schuldigen Volk) zu einer im Vergleich mit anderen Aufstandsregionen deutlich unblutigeren Befriedung verholfen hatte.

Außenperspektiven zu 1809 waren auch das Thema eines in den Räumlichkeiten des Ferdinandeums ausgetragenen gleichnamigen Kongresses, der in Zusammenarbeit zwischen dem interdisziplinären Frankreichschwerpunkt der Universität und dem Privatinstitut für Ideengeschichte veranstaltet wurde. Weniger mit den politischen Ereignissen zu Beginn des 19. Jahrhunderts als mit einem gerade für die Tiroler Freiheitskämpfe relevanten Teilbereich der Kulturgeschichte befasste man sich im Rahmen der Tagung *Im Gleichschritt – Fortschritt – Marsch!*, bei der die Entwicklung des heimischen Blasmusikwesens nachgezeichnet wurde bzw. im Speziellen die rasante Veränderung des Instrumentenbaus, die mit der Einführung der Ventilinstrumente und der Industrialisierung einherging.

Das Vocalensemble Vocappella präsentiert Lieder der Freiheit. Die gleichnamige CD ist unter der musikalischen Leitung von Bernhard Sieberer bzw. der wissenschaftlichen Leitung von Brigitte Mazohl und Thomas Nußbaumer entstanden.

GESELLSCHAFT IM GEDENKJAHR

Der Klagenfurter Historiker Reinhard Stauber, die Innsbrucker Professorin Brigitte Mazohl und der Direktor des Tiroler Landesarchivs Richard Schober anlässlich der Eröffnung der Tagung 1809. Neue Forschungen und Perspektiven *im April 2009*

Unter der Leitung von **Roman Siebenrock** und Dekan **Józef Niewiadomski** wurde an der theologischen Fakultät schließlich ein Symposium mit dem Titel *Martyrium als religiös-politische Herausforderung* abgehalten, welches sich gegliedert in drei Schwerpunkte dem religionspolitischen Erbe des Jahres 1809 anzunähern suchte. Ausgehend von der Aussage des Propstes Manifesti, Hofer sei *wie ein unerschrockener Märtyrer* in den Tod gegangen, analysierten die Theologen die Art und Weise, wie das gewaltsame Ende des Landeskommandanten nach dem 20. Februar 1810 überliefert worden ist. Durch die mehr oder weniger bewusste Verflechtung der Begriffe Opfer, Souveränität und Unrecht reihte sich die Hofer-Überlieferung von Anfang an in die traditionell-christliche Vorstellung des Märtyrers ein. Für die Tiroler aber nahm die eigene Geschichte das Interpretationsmuster der Passion Christi an, die bis hinein in die Dornenkrone ikonographisch spürbar und lebendig geblieben ist. Da Tirol in seinen modernen Gründungsmythos also gewissermaßen Elemente einer Klagereligion eingearbeitet hat, fühlt man sich gerne als Opfer, die eigene Täterschaft rückt in den Hintergrund oder entzieht sich gar der Wahrnehmung, insbesondere dort, wo man sich vor dem Blick von außen verschließt.

Perspektivenwechsel wie diese prägten weiters die verschiedenen wissenschaftlichen Projekte, die – obzwar im Vergleich zu den Fachtagungen weniger umfassend – interessante und bisher wenig beachtete Details zum Jahr 1809 hervorhoben, untersuchten und auswerteten. Der Zusammenarbeit zwischen dem Innsbrucker Zeitungsarchiv, dem Brenner-Archiv und dem Institut für Geschichte etwa entsprang das Projekt *Der Tiroler Freiheitskampf im Spiegel der Literatur und Literaturkritik*. Stellte man die Ereignisse von 1809 – so das Fazit – vor dem Ersten Weltkrieg großteils patriotisch dar, bediente man

BILDUNG UND WISSENSCHAFT

sich später häufig der konservativen Ideologie der Widerstandskämpfer, um für den Erhalt der Monarchie zu argumentieren. Auch Deutschnationalismus und Nationalsozialismus griffen in ihren Schriften gerne das Motiv vom *unbeugsamen Volk* der Tiroler auf, erst in der Postmoderne wendet sich das Blatt; die humoristischen Bearbeitungen der Gegenwart gefallen und missfallen zugleich und zeigen damit allein schon auf, dass ein unreflektiertes Verständnis des Tiroler Freiheitskampfes 200 Jahre nach Andreas Hofer kaum mehr möglich ist.

Mit *Grenzgängen* bzw. der *Kulturanalyse von Orten des Durch- und Übergangs* setzten sich darüber hinaus Mitarbeiter und Studierende des Faches Europäische Ethnologie auseinander. Indem sie die Bedeutung der Grenze nicht allein aus einer kulturwissenschaftlichen, volkskundlichen Sicht heraus beleuchteten, sondern die Bewohner der betreffenden Ortschaften selbst um ihre Meinung fragten, kamen sie – wie auch die Projektgruppe der Universitäts- und Landesbibliothek *Alltag 1809* – letztlich jenen Menschen näher, die Geschichte erlebt haben, aber nicht als Helden in sie eingegangen sind. Solche Menschen vor die Kamera stellen wollte schließlich die Filmemacherin und Gründerin des Österreichischen Zeitzeugenarchivs **Ruth Deutschmann**, die gemeinsam mit dem Kameramann **Benjamin Epp** und dem Dramaturgen **Ekkehard Schönwiese** in ihrem virtuellen Haus der Geschichte hunderte Stunden von Lebenserinnerungen filmisch festgehalten hat. Wie ein Fenster in die Vergangenheit eröffnet das Internetportal www.virtuelles-haus-der-geschichte-tirol.eu neue, wenngleich nicht gerade bis 1809 zurückreichende Sichtweisen zu Schlagworten wie Heimat, Freiheit, Flucht oder Verlust und zählt damit zu jenen 2009-Projekten, die ungeachtet ihrer wissenschaftlichen Basis ganz besonders das nicht-universitäre Publikum ansprechen wollten.

Weniger multimedial als das Chronisten-Projekt von **Ruth Deutschmann** präsentierten sich das Tiroler Bildungsforum und das Katholische Bildungswerk, welche die gerade in der Erwachsenenbildung bewährte Form des klassischen Vortrags gewählt hatten, ihre Anliegen zum Gedenkjahr zu transportieren. Unter dem Leitgedanken *Glaube und Heimat* organisierten das Katholi-

*Oben:
Im Rahmen des Forschungsprojektes Der Tiroler Freiheitskampf im Spiegel der Literatur und der Literaturkritik wurde auch das Bild von 1809 in bayerischen Medien 100 Jahre nach den historischen Ereignissen untersucht. Abgebildet ist das Titelblatt der Münchner Wochenschrift Jugend aus dem Jahr 1909 nach einem Gemälde von Leo Putz.*

*Unten:
Beginn eines Fortsetzungsromans über den Tiroler Aufstand in der Zeitschrift Das Bayerland von 1909.*

Podiumsdiskussion Was blieb von 2009? Am Pult Wolfgang Meighörner, am Podium Richard Schober, Hannes Obermair, Brigitte Mazohl, Benedikt Sauer, Uschi Schwarzl und Benedikt Erhard

sche Bildungswerk und der Tiroler Schützenbund über 70 Vorträge quer durch die Tiroler Bezirke, zu denen vorwiegend Universitätsprofessoren eingeladen wurden, aber auch prominente Gastredner wie Bischof **Manfred Scheuer**, Altbischof **Reinhold Stecher**, Abt **Raimund Schreier** oder Caritasdirektor **Georg Schärmer**.

Mit der Vortragsreihe *Wa(h)re Geschichte* dagegen bemühte man sich seitens des Tiroler Bildungsforums aufzuzeigen, wie die Ereignisse des Jahres 1809 über 200 Jahre weitergegeben und zum Teil auch politisch missbraucht worden sind. Unter Verzicht auf Theorien und wissenschaftliche Detailarbeit wurde in den Impulsreferaten deutlich, dass Geschichte nicht etwas Gegebenes ist, sondern sich in jedem Moment verändert, da auch nur ein Aspekt geschönt, verschwiegen oder im eigenen Interesse uminterpretiert wird. Einmal gefestigt, sind Mythen nur schwer zurechtzurücken, viele kleine Anstöße sind notwendig, soll die eigene (wahre) Vergangenheit nicht zur Ware verkommen. Manch einen solchen Anstoß haben die Veranstaltungen des Bildungsforums mit Sicherheit gegeben, ganz besonders aber die im Zeitplan großzügig eingeplanten Diskussionsrunden, die lebendig werden ließen, worauf Wissenschaft und Forschung letztlich abzielen: den Diskurs, der das Denken weitertreibt und darin noch höher einzuschätzen ist als eine einmal festgelegte Wahrheit, auch wenn sie noch so unumstößlich zu sein scheint.

STATEMENT

>> *Die Wissenschaft hat zu allen Jubiläen ihren Beitrag geliefert. 1984 und 2009 wurde ihr Tenor zunehmend kritischer.* <<

Während das Andenken an Andreas Hofer in den Jahren nach seinem Tod bei den Behörden auf Misstrauen, bei der Bevölkerung auf wenig Interesse stieß, begannen in der zweiten Hälfte des 19. Jahrhunderts dessen Nutzung für politische Zwecke und mit der Hundertjahrfeier 1909 die Reihe der großen Jubiläen, auf deren letztes wir nun zurückblicken. Die Wissenschaft hat zu allen ihren Beitrag geliefert, anfänglich schritt sie zumeist affirmativ voran, erst 1984 und nun 2009 wurde ihr Tenor zunehmend kritischer.

Zuletzt konnte man vor allem zwei Stoßrichtungen ausmachen: einmal ein erneutes Bemühen um eine modernen historischen Standards entsprechende Aufarbeitung der Geschehnisse von und um 1809, zum andern ein Aufzeigen der Antriebe und Mechanismen, die den Wandel des Hofer-Bildes durch den Lauf der Zeiten und das Phänomen eines Bicentenniums in dem erlebten Ausmaß erklärlich machen. Jenes zeitigte bereits einige beachtliche Ergebnisse, kann aber noch wesentlich weiter auf neue Kontexte und neue Perspektiven ausgreifen. Dieses kann sich heute auf zahlreiche neue Erkenntnisse zur Genese von Elementen des kulturellen Gedächtnisses und des kollektiven Bewusstseins stützen. Wenn nun allenthalben vom *Mythos* Andreas Hofer die Rede und damit zumeist lediglich ein Insistieren auf historische Korrektheit gemeint ist, sollte man im Gegensatz dazu auch die Errungenschaften moderner Mythentheorien heranziehen, um die Genese und die aktuellen Funktionen dieses Mythos – wenn es denn einer ist – in angemessener wissenschaftlicher Distanz zum Gegenstand einer Untersuchung zuzuführen.

Karlheinz Töchterle
Rektor der Leopold-Franzens-Universität

„… so leicht khombt mir das sterben vor, das mir nit die augen nasß werden"

Publikationen

Des vielen Bücherschreibens ist kein Ende, heißt es im biblischen Buch Kohelet (Koh 12,12), das gegenwärtig in die hellenistische Zeit des 3. Jahrhunderts vor Christus datiert wird. Der nüchterne Kommentar des Predigers aber lässt sich auch auf die Buchproduktionen in und um das Gedenkjahr anwenden. Von Dokumentationen zu Teilveranstaltungen wie Ausstellungen, Theaterstücken oder dem Landesfestumzug einmal abgesehen, reicht die weite Palette der 2009-Publikationen vom zynisch satirischen Hofer-Comic *Die Insurgenten – Widerstand wider Willen* über **Franz-Heinz von Hyes** Studie zu den Tiroler Adlerwappen bis hin zu einer detailgenauen, in Kooperation zwischen Universitätsbibliothek, Landesbibliothek und der Bibliothek des Ferdinandeums entstandenen *Bibliographie zur Geschichte des Tiroler Freiheitskampfes von 1809*. Trotz der Fülle an Literatur begegnet man quer durch all diese Veröffentlichungen der Feststellung, ja bisweilen Klage, dass über den Menschen Andreas Hofer und sein unmittelbares Umfeld relativ wenige sichere historische Quellen überliefert seien.

Das Bedürfnis der Menschen, ihr Denken festzuhalten, zu verschriftlichen, reicht bis in den Ursprung der Zivilisation zurück. Wo diesem Denken – verhältnismäßig – wenig Material geboten wird, antworten Autoren auf unterschiedliche Art und Weise. Manche von ihnen relativieren den Mangel an Fakten, indem sie ein gegenüber der Geschichtsschreibung freieres Sprachspiel wählen und literarische Werke verfassen, wie dies **Jeannine Meighörner** mit ihrem Roman *Starkmut. Das Leben der Anna Hofer* getan hat. Ausgehend von den spärlichen zum Leben der Anna Hofer überlieferten Fragmenten lässt sie in eindringlichen Bildern das Porträt einer Liebenden entstehen, die vom Triumph des Gatten keinen Glanz gekostet, wohl aber die dunkelsten Stunden mit ihm geteilt hat. Den dramaturgischen Dreh- und Angelpunkt der Erzählung bildet dabei der Entschluss der 45-jährigen Ehefrau und Mutter, nach der Erschießung ihres Mannes nach Wien zu reisen und vom Kaiser das Gespräch zu fordern. Eine weitere belletristische Bearbeitung des Lebens von Andreas und Anna Hofer stellt das Kinderbuch *Als ich Ander Hofer traf* dar. Dank Zauberstein und kindlicher Phantasie reisen die jungen Leserinnen und Leser in die Welt der Tiroler Freiheitskämpfe, wo sie von den Autorinnen

Oben: Wer sich zum Gedenkjahr mit Lesestoff eindecken wollte, konnte 2009 an einem reich gedeckten Büchertisch Platz nehmen

PUBLIKATIONEN

Sonja Ortner und **Verena Wolf** nicht bloß mit Spannung, sondern mit vielen historischen Hintergrundinformationen versorgt werden.

Ein anderer Versuch, mit einer unvollständigen Quellenlage umzugehen, besteht darin, vom gesicherten Boden der vorhandenen Dokumente ausgehend jedes noch so kleine überlieferte Detail zu sammeln und ohne Rücksicht auf bereits bestehende Legenden bzw. unwissenschaftliche Vorannahmen auszuwerten. In vorbildlicher Art und Weise tat dies der Südtiroler Historiker **Andreas Oberhofer**, der in seinem 645 Seiten starken Werk *Weltbild eines ‚Helden'. Andreas Hofers schriftliche Hinterlassenschaft* eine beeindruckende Edition aller verfügbaren Briefe, Notizen, Rundschreiben, Laufzettel und Kundmachungen Andreas Hofers geschaffen hat. Vom Ehevertrag mit Anna Ladurner 1789 bis zum letzten Brief am Todestag hat Oberhofer sowohl die eigenhändigen Schriften Hofers als auch die seiner Kanzlei gesammelt, wo dies möglich war, den jeweiligen Aufenthaltsort des Kommandanten während der Kämpfe rekonstruiert und verschiedene Feinheiten wie die vereinzelten Fälschungen von Hofers Unterschrift aufgezeigt. Wenngleich die rund 700 Dokumente umfassende Gesamtedition als Grundlage für andere Historiker dienen soll und wird, unternimmt der Autor selbst bereits eine erste Auswertung, wenn er im einleitenden Teil eine Kurzcharakteristik des Bauernführers und seiner Gefährten bietet. Das Leben des Andreas Hofer vor 1809, seine Kindheit, seine Lehr- und Wanderjahre, aber auch das Ergehen seiner Frau Anna und der fünf Kinder nach dem 20. Februar 1810 beleuchtet **Oberhofer** dann in seinem weiterführenden Kommentar *Der Andere Hofer. Der Mensch hinter dem Mythos*.

Eine *rücksichtslose* und folglich wissenschaftliche Analyse betreiben weiters **Brigitte Mazohl**, **Bernhard Mertelseder**, **Martin Schennach** und **Helmut Reinalter**, wobei Letzterer in seinem Sammelband *Anno Neun: 1809–2009* kritische Studien und Essays zusammengestellt hat, die sich u. a. mit oppositionellen Stimmen zu Andreas Hofer und dem Aufstand von 1809 befassen, wie sie besonders vom liberalen Bürgertum der Städte, intellektuellen Kreisen, aber auch vom gemäßigten Klerus mancher Dorfgemeinschaften zu hören waren. Diese nicht auf die Städte beschränkten Konflikte hinterfragte auch **Martin Schennach** in einer Veröffentlichung des Tiroler Landesarchivs, die den Titel *Revolte in der Region. Zur Tiroler Erhebung 1809* trägt. Ausgehend von der Fragestellung, wann und wie sich der Mythos vom *Heldenzeitalter Tirols* gebildet hat, dokumentiert er den Wandel der geschichtswissenschaftlichen Sichtweise auf das Jahr *1809*, zeigt Konfliktlinien innerhalb der ländlichen Gemeinden auf und scheut nicht davor zurück, sich mit den dunkeln Seiten der Freiheitskämpfe auseinanderzusetzen wie den Plünderungen in Innsbruck, den Tiroler Beutezügen nach Oberbayern, den im Brand von Schwaz kulminierenden Gewaltexzessen im Mai 1809 oder der prekären Situation der Tiroler Mädchen und Frauen.

Brigitte Mazohls und **Bernhard Mertelseders** Sammelband *Abschied vom Freiheitskampf? Tirol und 1809 zwischen politischer Realität und Verklärung* schließlich deutet bereits im Titel die Stoßrichtung der einzelnen Beiträge an. Entgegen der landläufigen Meinung, die Geschehnisse im Tirol des beginnenden 19. Jahrhunderts seien historisch klar umrissen, war es das Anliegen der Herausgeber, die ihrerseits kritisch reflektierende Arti-

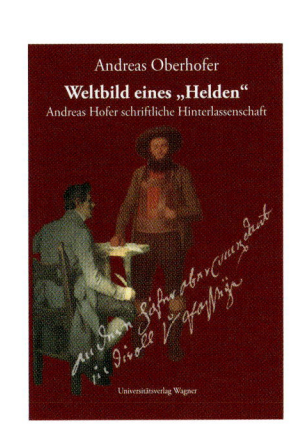

Bei Andreas Oberhofers Werk Weltbild eines Helden *handelt es sich um eines jener fünf wissenschaftlichen Buchprojekte, die vom Land Tirol in Auftrag gegeben worden sind und vom Landesarchiv geleitet wurden. Zu diesem Forschungsauftrag zählen noch: Selma Krasa-Florian, Johann Nepomuk Schaller, Brigitte Mazohl – Bernhard Mertelseder,* Abschied vom Freiheitskampf?, *Markus Sandtner, Joseph Anton Koch und* Der Landsturm anno 1809 *und Martin Schennach,* Revolte in der Region.

Oben:
Die Bücherei Widerin war bis auf den letzten Sitzplatz gefüllt, als Helmut Reinalter den wissenschaftlichen Sammelband Anno Neun: 1809–2009 *präsentierte*

Unten:
Günther Lieder liest aus dem Werk Anno Neun: 1809–2009. Kritische Studien und Essays

kel beigesteuert haben, 1809 in den historischen Diskurs rückzuführen und auf diese Weise zu gewährleisten, dass Fragen – wieder – gestellt und neue Erkenntnisse gewonnen werden können. Sowohl **Martin Schennach** als auch die Herausgeber **Mazohl** und **Mertelseder** betreiben jedoch nicht nur eine historische Analyse, sondern reflektieren darüber hinaus die Wirkungsgeschichte eines Andreas Hofer und führen uns damit zu einer wieder anderen Art von Literatur zum 200-jährigen Gedenken des Jahres 1809. Ein weiterer Ansatz, der Vergangenheit gerecht zu werden, besteht nämlich darin, sich auf gesichertes Wissen zu beschränken, auf die unsichere Rekonstruktion der vergangenen Ereignisse zu verzichten und sich vielmehr mit der literarischen, aber auch künstlerischen Rezeption jener Ereignisse zu befassen, sprich Kulturgeschichte zu schreiben.

Dies geschieht einmal in **Markus Sandtners** Bildband *Joseph Anton Koch und ‚Der Landsturm anno 1809'*, in dem der Autor Einblicke in die Entstehung des Gemäldes sowie dessen Kontext im Gesamtwerk Kochs gibt und damit jenem Beginn der künstlerischen Ausein-

PUBLIKATIONEN

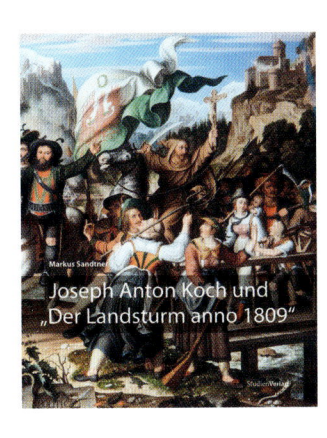

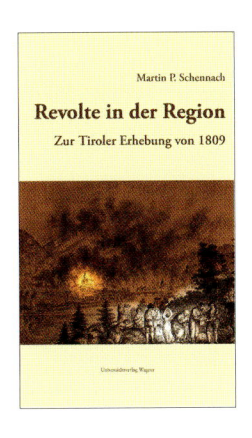

andersetzung mit der Tiroler Erhebung gewissermaßen ein Denkmal setzt. Die Kunsthistorikerin **Selma Krasa-Florian** dagegen widmet ihren Band Johann Nepomuk Schaller der darstellenden Kunst und zwar jenem Bildhauer, der das Grabdenkmal für Andreas Hofer in der Hofkirche geschaffen hat und dessen Werk den Übergang vom strengen Klassizismus zu einer romantisch gefärbten, weicheren Variante der plastischen Durchdringung des Materials markiert. *Schluss mit dem Hofertheater!*, fordert dann der als Theaterexperte bekannte **Ekkehard Schönwiese**, der im Gedenkjahr 2009 nicht nur Hofer-Theater geschrieben hat und spielen hat lassen, sondern in seinem *Streifzug durch 200 Jahre Tiroler Heldenmythos* die letzten zwei Jahrhunderte Hofertheater, welches sich nicht notwendig auf der Bühne abspielen musste – sondern in den Köpfen, Heldenmythen und Freiheitslegenden –, kommentiert und ironisch aufbereitet. *Wir haben nie den ersten Stein geworfen. Nur Steine den Berg hinunterdonnern lassen*, fasst **Schönwiese** zusammen, nachdem er seine Leser von Liebesgeschichten anno 1809 über den Sexualmord an der Speckbacher-Nichte bis hin zum Heldengedenken des Malers Egger-Lienz geführt hat.

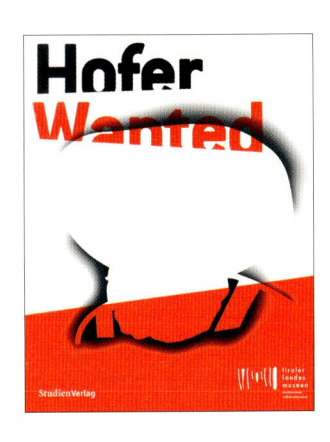

Stellt Andreas Hofers Fort-Wirken in der Tiroler Kulturgeschichte – wie **Ekkehard Schönwiese** überzeugend beweist – bereits ein ergiebiges Themenfeld dar, gilt dies umso mehr für Andreas Hofer als Wirtschaftsfaktor bzw. als *Tourismusheld*, wie sich die beiden Ethnologen **Paul Rösch** und **Konrad Köstlin** ausdrücken, die das wissenschaftliche Sammelwerk *Andreas Hofer. Ein Tourismusheld?* als Herausgeber betreut haben. Als Tagungsband eines gleichnamigen Symposiums konzipiert und als Grundlage für die Ausstellung *Der mit dem Bart ...* auf Schloss Trauttmansdorff herangezogen, befasst sich das zweisprachige Werk mit Schlachtfeldtourismus, Mail Art, regionalen Hofer-Produkten, Hotelnamen und dem touristischen Aufstieg des Passeiertals ebenso wie mit der Frage, ob erfolgreicher Tourismus Helden braucht. Mit diesen und anderen Werken also bewegt sich die Kultur- und Gesellschaftsgeschichte im Bereich der verifizierbaren Aussagen und vermeidet somit eine (Neu-)Positionierung gegenüber all dem, was an 1809 nicht überliefert und ungewiss ist.

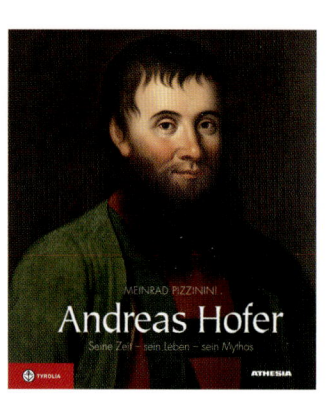

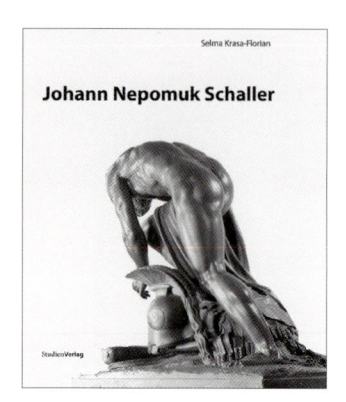

Die vorbehaltlose Auseinandersetzung mit einer ständig auf ein Neues festzulegenden Vergangenheit vermeiden aber auch jene Autoren, deren Anliegen nicht so sehr der wissenschaftliche Diskurs ist, sondern das vermeintlich Sichere der Geschichte einem breiten Publikum zugänglich zu machen. Wenngleich natürlich mit dem Werkzeug eines Historikers vertraut, werden hier die von anderen Forschern gerade gesuchten Brüche eher geglättet bzw. die eine oder andere offene Frage unter Rücksicht auf eine harmonische Gesamtdarstellung durchaus einmal ausgeblendet.

In seinem Werk *Tirol unter dem bayerischen Löwen* beleuchtet der Historiker und Jurist **Reinhard Heydenreuter** auf spannende Art und Weise die Beziehungen zwischen den Ländern Tirol und Bayern von der bajuwarischen Landnahme im 6./7. Jahrhundert bis zum gegenwärtigen Zusammenwachsen der beiden Nachbarn im geeinten Europa, wobei ein expliziter Schwerpunkt auf den Jahren 1805–1814 liegt. Bereits im November 1767 dagegen, dem Geburtsmonat des Landeskommandanten, setzt die historische Dokumentation **Meinrad Pizzininis** ein, der mit einer Vielzahl an geschichtlichem Bildmaterial, Quellenzitaten und seinem kurzweiligen Erzählstil ein beeindruckendes populärwissenschaftliches Werk zu *Andreas Hofer. Seine Zeit – sein Leben – sein Mythos* geschaffen hat.

Während die einen – so könnte man zusammenfassen – Mythenbildung in Geschichtsschreibung und Kunst reflektieren und die anderen eben diese Heldenbilder zersetzen, schreiben wieder andere Heldengeschichte(n) weiter und haben damit dazu beigetragen, dass der interessierte Leser, ganz gleich wonach er gesucht haben mag, im reichhaltigen Reigen der Publikationen zum Gedenkjahr gewiss fündig geworden ist. Gewiss ist aber auch, dass den meisten Menschen leicht verständliche Werke über den Volkshelden Hofer lieber sind als die detailgenaue Feinarbeit jener Historiker, die der Realität von 1809 näherkommen wollten. Dennoch braucht es beides: eine Geschichte, mit der eine Gemeinschaft leben will, und eine Geschichtsschreibung, die – ständig mahnend und dabei nicht immer gehört – die Entwicklung dieser Geschichte vorsichtig lenkt und damit der Gefahr extremer Vereinnahmungen vorbaut.

Tirol feiert und tagt

Großveranstaltungen im Herbst

Innsbruck feiert

18. und 19. September 2009

Wenngleich schon beim ersten Nachdenken über das Gedenkjahr 2009 klar war, dass der Landesfestumzug mit seinen tausenden Teilnehmern der Höhepunkt des Veranstaltungsjahres sein würde, war ebenso klar, dass man das 200-Jahr-Gedenken über das Feiern hinaus mit aktuellen Themen füllen wollte. Ganz gleich ob in den Großveranstaltungen des offiziellen Tirol oder in den vielen kleinen Initiativen der Gemeinden und Vereine, waren diese Inhalte auch stets präsent; im Spannungsfeld zwischen Tradition und Innovation wurde der Blick auf die Gegenwart geschärft, entstanden Impulse für einen gemeinsamen Weg der Landesteile und Generationen in die Zukunft.

Von daher überraschte es nicht, dass das unter dem Motto *Innsbruck feiert* gestaltete Drei-Tages-Programm der Landeshauptstadt neben Elementen des Feierns auch inhaltliche Akzente setzte und sich der Tiroler Gesellschaft von damals wie heute aus einer kritischen Perspektive heraus näherte. Besondere Bedeutung erfuhr dabei das Moment der Gemeinschaft und des Gemeinsamen, wie die Bürgermeisterin der Stadt Innsbruck, **Hilde Zach**, betonte: *Das Gedenkjahr soll uns Anlass sein, Beziehungen zu stärken und Freundschaften zu knüpfen. Deshalb steht beim Innsbrucker Stadtfest der Brückenschlag zwischen den Menschen aus allen Landesteilen im Mittelpunkt.*

Gleich mehrere Brückenschläge vollbrachten am Freitagabend die Akrobaten des Zirkus Meer, die vor der Hofburg auf überdimensionalen Holzrad–Spiralen-Konstruktionen ihre Körperbeherrschung bewiesen. Von Scheinwerfern verfolgt wurden aber nicht nur die Artisten, sondern der in ein Kasermandl verwandelte **Florian Adamski**, welcher – von einem Kran in die Lüfte gehoben – sein Publikum vor die Frage stellte, ob sich hinter dem legendären Senner der Umbrüggler Alm ein verschrobener Waldschrat oder ein tiefblickender Alpenphilosoph verbirgt. Da beim offiziellen Opening der Landesfesttage aber nicht bloß Einheimische, sondern auch zahlreiche Touristen die eigens für den Landesfestumzug aufgebaute Tribüne bevölkerten, beschränkte **Marc Hess** sein Eröffnungsspektakel nicht auf einen deutsch-tirolerischen Kasermandl-Monolog, sondern sorgte mit viel Musik, Farben, Lichtern und Showeffekten dafür, dass der Brückenschlag zwischen Tradition und Moderne auch ohne Worte nachvollziehbar wurde. Die Musikkapelle Mieming traf auf das Jazz Orchester Tirol, die Volksmusik-Interpretationen der Gruppe *Akkosax* auf den klassischen Gesang einer Sabine Kent. Besonders begeisterten Applaus erntete das Tiroler Künstlerensemble für eine Schuhplattlereinlage, die von Mitgliedern des Landestrachtenverbandes und der *next step percussion group* gemeinsam bzw. im Kontrast zueinander gestaltet wurde.

*Oben:
Florian Schrotter mit
seinen Schuhplattlern*

INNSBRUCK FEIERT

Links oben:
Sarah Crepaz am Leonardo-Ring

Rechts oben:
Daniel Rechberger am Pendelring

Mitte links:
Andreas Schiffer und die Percussiongruppe No Limits

Mitte rechts:
Die Hofburg als Kulisse für ungewöhnliche Lichtspiele

Links unten:
Florian Adamski als Kasermandl

Rechts unten:
Sabine Kent-Soucek begeisterte das Publikum mit ihrem keltischen Gesang.

Modegeschichte trifft Tradition – 200 Jahre bewegte Mode

Musikalische und philosophisch-heitere Brückenschläge also bot der Eröffnungsabend zur Genüge. Da aber nicht nur die Liebe, sondern auch das gegenseitige Kennen- und Verstehen-Lernen durch den Magen geht, galt die Aufmerksamkeit am Samstag nicht nur Kunst allein. In Anlehnung an eine mittelalterliche *Fressgass* bot das *Kulinarium* am Marktplatz die einmalige Gelegenheit, Schmankerln von Tirol bis zum Trentino zu verkosten und sich von längst vergessenen, gewissermaßen historischen Köstlichkeiten aus anno dazumal verwöhnen zu lassen. Eine kleine Bühne inmitten der *Fressgass* eröffnete Künstlern aus allen Teilen des historischen Tirol zudem die Möglichkeit, ihr musikalisches Schaffen drei Tage lang dem ständig wechselnden Publikum zu präsentieren.

Musikalisch anspruchsvoll ging es ebenso wenige Meter weiter in der Altstadt zu, wo am Nachmittag des 19. Septembers um 14, 16 und 18 Uhr eine Modeschau mit dem Titel *Modegeschichte trifft Tradition – 200 Jahre bewegte Mode* aufgeführt wurde. Zwar war die Idee, junges Design mit traditionellem Kunsthandwerk zu verbinden, an sich nicht neu – haben doch Trachten Modeschöpfer wie Jean-Paul Gaultier, Christian Lacroix oder Willy Bogner in den vergangenen Jahrzehnten immer wieder zu avantgardistischen Kreationen inspiriert –, ungewöhnlich war aber die Idee, Mode zu entwerfen, die Geschichte erzählt. Damit dieses Erzählen wenngleich wortlos, so doch nicht stumm erfolgen würde, hatten die Schülerinnen der Innsbrucker HBLA für Modedesign im Vorfeld Musikstücke aus den vergangenen 200 Jahren ausgewählt, die technisch anspruchsvoll an die Gegenwart angepasst wurden und die Präsentation der jungen Designer begleiteten.

Nicht nur die Mode, auch das Spielen ist ein grundlegendes Element einer Kultur, weshalb das Innsbrucker Stadtfest neben Kulinarium und Mode den Kindern große Aufmerksamkeit schenkte. Diese sollten nicht mit den herkömmlichen Attraktionen wie Hüpfburg, Karussell & Co. unterhalten und auch nicht von lauter Musik und grellem Licht in ihrer Wahrnehmung abgestumpft werden, sondern einander auf der Straße begegnen und gemeinsam ihre Phantasie entdecken. Zu diesem Zweck war der als **Professor Guixot** bekannte Spiele-Künstler aus Barcelona angereist und verwandelte die Maria-Theresien-Straße für einige Stunden in eine Spielestraße der besonderen Art. *Mit unseren selbst erfundenen Spielen möchten wir die Vorstellungskraft der Kinder und Erwachsenen stärken und sie dazu anregen, nicht nur das Spielen, sondern auch einer den anderen neu zu entdecken*, erklärte **Guixot** bei der Österreich-Premiere seiner aus Abfällen recycelten Spiele. Unterstützung in der Anregung der Phantasie erhielt er vom Spielbus der Jungschar, die mit einem großen Repertoire an alten Spielen wie Bockspringen, Steckenpferdreiten, Doz'nhacken oder Tschonggelen zeigte, dass nicht nur Martell oder Hasbo wissen, was

INNSBRUCK FEIERT

Links oben:
Übergroße Lernspiele des Prof. Guixot aus Barcelona

Rechts oben:
Emilio, der Riese, besuchte die Innsbrucker Altstadt.

Links in der Mitte:
Spielbus der Jungschar mit vielen Spielen für Groß & Klein

Rechts in der Mitte:
Die besonderen Spiele aus Spanien gaben Raum zum Experimentieren.

Links unten:
15 Schülerinnen der Tiroler Fachberufsschule für Bautechnik und Malerei (Absam) und der HTL für Bau und Kunst – Fachschule für angewandte Malerei (Innsbruck) erstellten Samstagnachmittag vor der Hofburg in Innsbruck gemeinsam ein Andreas-Hofer-Porträt.

Rechts unten:
Riesenseifenblasen beim Spielefest Mittendrin

*Links oben:
Schauspieler
Florian Adamski, die
Geschäftsführerin
des Stadtmarketings
Sigrid Resch, Landesrätin Beate Palfrader,
Bürgermeisterin
Hilde Zach und Choreograph Marc Hess*

*Rechts oben:
Die Moderatoren
Daniel Gruber und
Benny Hörtnagl*

Kinderträume wahr werden lässt. Zum Träumen verführten schließlich die Gaukler- und Artistengruppe Zirkus Meer mit ihrem geheimnisvollen Riesen, aber auch jene Akrobaten, die bei den Eröffnungsfeierlichkeiten am Abend zuvor schon die Eltern der jungen Gäste ins Staunen versetzt hatten.

Eine Spur ernster wurde Kunst unterdessen am Landestheatervorplatz und im Congress Innsbruck dargeboten, wo jene Jugendlichen, die sich am Kreativwettbewerb 2009 beteiligt hatten, die Möglichkeit erhielten, ihre Werke auszustellen, fertig zu stellen oder vorzuführen. Hatte die offizielle Jury ihre Entscheidungen zu diesem Zeitpunkt natürlich längst getroffen, konnten am Jugendtag Eltern, Freunde und Interessierte die in den fünf Kategorien Bildnerisches Gestalten, Fotografie, (Kurz-)Film, Literatur und Musik nominierten Arbeiten sehen bzw. hören und im Anschluss daran ihren persönlichen Lieblingsbeitrag wählen. Die dieses Finale abschließende abendliche Galaveranstaltung wurde dann angefangen von den Mitwirkenden selbst bis hin zum Publikum ganz von der Jugend dominiert.

Mit viel Aufwand und mit vielen Ideen hatten die Schülerinnen und Schüler der HTBLA Imst, der HTL Bau und Kunst Innsbruck, der Tiroler Fachberufsschule für Holztechnik Absam, der Tiroler Fachberufsschule für Bautechnik und Malerei Absam, der HTBLA Fulpmes, der Glasfachschule Kramsach und der Tiroler Fachberufsschule für Garten, Raum und Mode die Gestaltung des Congress Innsbruck selbst in die Hand genommen. Gemeinsam mit dem eingespielten Team der Fachberufsschule für Tourismus Absam, welches für die Bewirtung der Gäste und die Präsentation der Speisen zuständig war, bewiesen sie in der facettenreichen Tischgestaltung, dass fachliche Perfektion und Kreativität keine Widersprüche sind, ja die Jugend von heute nicht nur in der Lage ist, sich überlieferte Traditionen anzueignen, sondern auch diese nach ihren eigenen Vorstellungen umzusetzen und für ein junges Publikum zu adaptieren.

Hatten die erwachsenen Zuschauer, allen voran die Ehrengäste Landeshauptmann **Günther Platter**, Bildungsreferentin LR **Beate Palfrader** und Jugendreferentin LR **Patrizia Zoller-Frischauf**, also bereits im Hinblick auf die Dekoration allen Anlass zur Hochachtung gegenüber den jungen Köpfen des Landes, wurden sie in der nun folgenden Gala von einem künstlerischen Highlight zum anderen geleitet. Für gute Stimmung sorgten dabei nicht nur das ausgezeichnete Menü und die musikalischen Beiträge der fünf nominierten Musikprojekte, sondern ganz besonders das Strahlen der Gewinner – **Delia Thöni**, **Corina Müller**, **Andrea Silberberger** (Bildnerisches Gestalten), **Angela Spiss**, **Kathrin Konrad**, **Elias Stern** (Fotografie), der **Klasse 3b der HS 2 Jenbach**, **Christopher Hosp**, **Nicole Alber** (Kurz-Film), **Eva Golas**, **Nadine Isser** (Literatur) und der **Sparkling Tunes** (Musik) –, die sich neben einem nagelneuen Apple MacBook über die wirklich verdiente Anerkennung seitens Juroren, Politikern und Publikum freuen durften.

INNSBRUCK FEIERT

Links oben:
Nadine Isser – Kategorie Literatur (15–20 Jahre)

Rechts oben:
Der Vorstand der Tiroler Versicherung Franz Mair, die Schüler der Klasse 3b, HS 2 Jenbach – Kategorie Kurz-Film (10–14 Jahre) und Schauspieler Tobias Moretti

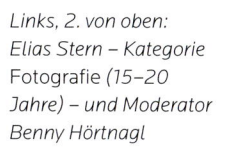

Links, 2. von oben:
Elias Stern – Kategorie Fotografie (15–20 Jahre) – und Moderator Benny Hörtnagl

Rechts in der Mitte:
Schriftsteller Felix Mitterer, Eva Golas – Kategorie Literatur (10–14 Jahre) –, SPAR-Werbeleiterin Barbara Moser und Moderator Benny Hörtnagl

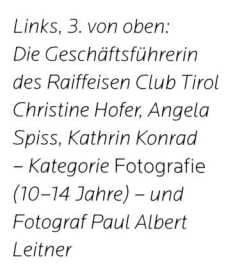

Links, 3. von oben:
Die Geschäftsführerin des Raiffeisen Club Tirol Christine Hofer, Angela Spiss, Kathrin Konrad – Kategorie Fotografie (10–14 Jahre) – und Fotograf Paul Albert Leitner

Links unten:
Daniel Regensburger, der Gewinner des Publikumspreises, und Landesrätin Beate Palfrader

Rechts unten:
Corina Müller und Andrea Silberberger – Kategorie Bildnerisches Gestalten (15–20 Jahre)

Landesfestumzug

20. September 2009

*Oben:
1809–2009. Geschichte trifft Zukunft. Landesfestumzug – Über ihre farbenprächtigen Trachten, schwungvollen Musikstücke und exakten Choreographien hinaus gaben sich die Teilnehmer große Mühe bei der Gestaltung der mitgetragenen Fahnen und Banner.*

400 zusätzliche Busse und 50 zusätzliche Züge, 1.500 Mitarbeiter, 5 km an die Teilnehmer verteilte Würstel und 30.000 Scheiben Brot, die allein in der Innsbrucker Messe über die Theke gegangen sind – der Landesfestumzug 2009 war mit seinen 30.000 Aktiven und 70.000 Zuschauern nicht nur auf Grund dieser Zahlen der Höhepunkt des Gedenkjahres, sondern auch vom logistischen Arbeitsaufwand betrachtet, den es zu bewältigen galt. Denn neben dem Angelpunkt der An- und Abreise, wo 14.300 zusätzliche Bus- und Bahnkilometer im Kernbereich Schwaz-Nassereith-Seefeld, Shuttle-Dienste und ein großzügiges Freifahrten-Konzept für einen reibungslosen Ablauf sorgten, mussten natürlich auch in den Bereichen Sicherheit und Verpflegung umfangreiche Vorbereitungen getätigt werden. Die ersten Gespräche zu Planung und Koordination des Landesfestumzuges fanden daher bereits fünf Jahre vor dem 200-jährigen Gedenken der Tiroler Freiheitskämpfe statt, die Intensivphase dauerte dann ein Jahr und wurde im Wesentlichen von einem Organisationsteam – bestehend aus dem Projektleiter Protokollchef **Herbert Gassler**, seinem Assistenten **Andreas Payer** und den Mitarbeitern der Abteilung Repräsentationswesen – sowie den Tiroler Institutionen – insbesondere dem österreichischen Bundesheer und der Freiwilligen Feuerwehr – bestritten.

Was die Gestaltung der Festveranstaltung betraf, wurde in den Besprechungen mit dem Traditionsforum und seinen elf Traditionsverbänden rasch klar, dass man sich im Unterschied zum Gedenkjahr 1984, bei dem eine große Zahl an Berufsgruppierungen und Sportlern mitmarschierte, im Hinblick auf die Teilnehmerzahl beschränken und auf die Tradition konzentrieren wollte. Nach einer ersten Zusammenstellung der Blöcke musste eine Marschreihenfolge erarbeitet werden, eine Datenbank wurde angelegt, mithilfe derer man An- und Abreise, Aufstellung sowie Verpflegung der Vereine koordinieren konnte. Zur Planung, Organisation und Umsetzung des Großprojektes wurden die Arbeitsbereiche Infrastruktur, Transport, Teilnehmer, Besucher und Ehrengäste, Mitarbeiter, Sicherheit und Rettung, Verpflegung, Programm und Ablauf, Nebenveranstaltungen sowie Marketing und Medien eingerichtet. Insbesondere die letzten Wochen vor dem Landesfestumzug verlangten den Organisatoren neben Fachkompetenz vor allem Belastbarkeit und Nervenstärke ab. Letztendlich belohnten das scheinbar selbstverständliche Ineinandergreifen von Anreise, Umzug, Fest und Aufräumarbeiten sowie das große Lob der Gäste am Ende des Tages nicht nur die Organisatoren, sondern auch all jene Mitarbeiter und Ehrenamtlichen, die sich – sei es im Bereich der Logistik, sei es auf der Seite der teilnehmenden Vereine – für ein gelungenes gemeinsames Fest eingesetzt hatten.

Die Zeit der Vorbereitung, die für jede einzelne der über 170 mitwirkenden Gruppierungen arbeitsreich und intensiv

LANDESFESTUMZUG

war, sollte jedoch nicht nahtlos in Musik, Tanz und Applaus des beinahe fünf Stunden dauernden Festumzuges übergehen und so zelebrierte Bischof **Manfred Scheuer** in Anwesenheit zahlreicher ehrwürdiger Geistlicher aus Tirol, Südtirol und Bayern am Morgen des gerade anbrechenden strahlenden Spätsommertages ein nachdenkliches und dabei nicht minder festliches Pontifikalamt, bei dem die Worte des Bischofs im Dom zu St. Jakob ebenso nachklangen wie die Uraufführung der von Stiftsorganist **Kurt Estermann** eigens komponierten Liedkantate *Auf zum Schwur, Tiroler Land*. Passend zum Herz-Jesu-Gelöbnis und dem knappe zwei Stunden später beginnenden Landesfestumzug, sprach der Bischof vom Selbstverständnis und Freiheitsdrang der Tiroler, einem starken Ich, das weder Sünde noch Fehler sei, sondern eine Stärke, die ihre wahre Qualität im Umgang mit dem anderen zeige. Das selbstbewusste Ich der Tiroler müsse achtsam sein, keine Feindbilder zu schaffen, ein soziales Wir zu pflegen und den Jugendlichen Raum zu geben, selbst wenn diese den Erwachsenen nicht immer – wie an einem Festtag – schön gekleidet und wohl erzogen begegnen, sondern Anstoß erwecken und zur Auseinandersetzung herausfordern.

Selbstbewusst nahm der Bischof auch zu den zahlreichen Diskussionen Stellung, die im Vorfeld des Festumzuges im Hinblick auf die Ereignisse von 1809, die Sinnhaftigkeit und Ausrichtung einer Gedenkkultur, aber auch Detailfragen wie das Mittragen der Dornenkrone betreffend geführt worden sind. Dabei relativierte er die immer wieder geäußerte Kritik, Andreas Hofer habe, indem er sich gegen Aufklärung und Moderne stellte, gerade nicht für Freiheit gekämpft, sondern für den Erhalt einer reaktionären, rein katholischen, bäuerlich geprägten Gesellschaft. Die Französische Revolution, gab der Bischof zu bedenken, sei den Tirolern *nicht von ihren Idealen Freiheit, Gleichheit, Brüderlichkeit her erfahrbar geworden, sondern in ihren kolonialistischen, imperialistischen und militärischen Konsequenzen*. Daher haben sich die Freiheitskämpfer von 1809 auch nicht in erster Linie gegen abstrakte Ideale gewandt, die in der Situation der Besatzung kaum spürbar gewesen sein dürften, sondern gegen ganz konkret erlebtes Unrecht und Unterdrückung wie die Umbenennung des Landes in Südbayern oder die Zwangsrekrutierung durch das napoleonische Heer, der Tausende Tiroler zum Opfer gefallen sind.

Hatte Bischof **Paulus Rusch** sich 1959 noch klar gegen das von Bühnenbildner **Lois Egg** entworfene Symbol der Dornenkrone ausgesprochen, ließ Bischof **Manfred Scheuer** die Frage, ob es nicht blasphemisch sei, das Leiden Christi auf die Tiroler Geschichte zu übertragen, in seiner Predigt offen, lobte jedoch die ansprechende Neugestaltung durch die Südtiroler Künstlerin **Margit Klammer**, welche die Dornenkrone mit 2009 roten Rosen verziert und somit dem Zeichen seine Härte genommen hatte. Für einen katholischen Bischof durchaus überraschend zitierte Scheuer Martin Luther und deutete mit ihm die Rosen als *Merkzeichen* dafür, dass allein der Glaube an Jesus Christi selig macht.

Dem Symbolcharakter der Rosen einiges abgewinnen konnten auch die 14 Mitglieder jener Fachjury, die im Rah-

Oben:
Bischof Manfred Scheuer zelebrierte den Festgottesdienst im Dom zu St. Jakob.

Unten:
2009 rote Rosen schmückten beim Landesfestumzug 2009 die Dornenkrone und verliehen ihr damit eine neue Bedeutung.

sondern zugleich das Ende einer zum Teil durchaus emotional geführten Auseinandersetzung um die Dornenkrone.

Anlass der Debatte war die Absicht der Südtiroler Schützen, die Dornenkorne beim Festumzug mittragen zu wollen, die dem klaren Nein der Landeshauptleute, die für Tirol negative politische Konsequenzen befürchteten, gegenüberstand. Argumentierten die einen, das Symbol der Dornenkrone sei in einer Zeit der europäischen Integration und des Zusammenwachsens der Länder Tirol, Südtirol und Trentino zu einer zukunftsorientierten Europaregion nicht mehr zeitgemäß, konterten die anderen, beim Mittragen der Dornenkrone ginge es nicht um politische Aktualität, sondern um die Erinnerung an Leiden und Schmerz der Vergangenheit, die viele der Teilnehmer selbst noch miterlebt haben. Trotz der sehr gegensätzlichen Positionen überwog schlussendlich der Wille, den 20. September gemeinsam zu gestalten. Die Rosen von **Margit Klammer** boten einen ästhetisch ansprechenden Kompromiss und erlaubten es dem Betrachter – die eigene Deutung im Herzen –, dem neuen alten Kunstwerk einen Applaus zu schenken. Die öffentliche Diskussion zur Dornenkorne hatte dem Landesfestumzug schlussendlich nicht, wie von vielen befürchtet, die Stimmung verdorben, sondern im Gegenteil dazu beigetragen, dass der Gedenktag vor dem Hintergrund einer nicht totgeschwiegenen, sondern offen ausgetragenen Kontroverse umso selbstbewusster begangen wurde.

Ähnliches gilt für all die anderen Fragen, die im Vorfeld der Großveranstaltung in den Regierungsbüros, Printmedien und Internetforen ebenso diskutiert worden waren wie in Wirtshäusern oder zu Hause vor dem Fernseher. Im Jahr 2009 konnte und durfte der Landesfestumzug nicht unhinterfragt bleiben. Dem Mut seiner Initiatoren aber, sich den gegensätzlichen, teils extremen Ansichten zu stellen, war es zu verdanken, dass ein Prozess der Meinungsfindung stattfinden konnte, der letztlich bewiesen hat, dass das Hinterfragen von Bräuchen nicht notwendig zu deren Aufhebung führen muss, sondern im Gegenteil bewirken kann, dass die reflektierte Tradition noch bewusster gelebt und gefeiert wird.

Nach den logistisch aufwändigen Vorbereitungen, nach den Gesprächen und Diskussionen rund um Andreas Ho-

Oben: Landeschützenkommandant Major Otto Sarnthein, die Landeshauptleute Lorenzo Dellai, Luis Durnwalder, Günther Platter und Bundespräsident Heinz Fischer schritten die Ehrenfront ab, im Hintergrund die Bundesstandarte

Unten: Landeshauptmann Günther Platter und Standartenträger Oberleutnant Michael Zagrajsek (Schützenkompanie Mühlau)

men eines auf Initiative des Industriellen **Arthur Thöni** ins Leben gerufenen Künstlerwettbewerbes aus 51 eingereichten Projekten den Entwurf von **Margit Klammer** als Siegerprojekt ausgewählt hatten. Südtirols Landeshauptmann **Luis Durnwalder** etwa begrüßte die Rosen, weil *sie aufzeigen, dass Südtirol heute ein blühendes Land ist*, und Landeshauptmann **Günther Platter** betonte, die auf diese Weise umgedeutete Dornenkrone würde den Blick nach vorne und die Hoffnung auf eine friedvolle gemeinsame Zukunft versinnbildlichen. *Ein umstrittenes Symbol hat ein neues Gesicht erhalten, das zudem einfach zu deuten ist*, freute sich auch der Sprecher der Fachjury **Anton Christian**, bewirkten die 2009 Rosen, die im Anschluss an den Landesfestumzug an die Gäste verteilt wurden, doch nicht nur eine neue Aussage für ein historisches Mahnmal,

LANDESFESTUMZUG

Die Ehrenkompanie Breitenbach nahm vor der Hofburg Aufstellung.

Links oben: Vor dem Jugendblock marschierten die Präsidenten, Obleute und Fahnenträger der Traditionsverbände.

Rechts oben: Die Kulturlandesrätinnen Beate Palfrader, Sabina Kasslatter Mur und Bürgermeisterin Hilde Zach

Links unten: Das Bataillon Sonnenburg feuerte 21 Salutschüsse aus historischen Kanonen ab.

fer, das Gedenkjahr wie den Festumzug, trat um 11 Uhr vormittags, als die Ehrenformationen von der Triumphpforte aus die Maria-Theresien-Straße entlangmarschierten, all das in den Hintergrund und der Landesfestumzug war von seinem Auftakt bis zu seinem Ausklingen am späten Nachmittag das, was er sein sollte: ein gemeinsamer Gedenktag für die Europaregion und ihre Nachbarn, ein verbindendes Fest für Jung und Alt, das rückblickend auch von vielen gewürdigt wurde, die sich mit Schützenwesen und Trachten nicht von vornherein identifizieren können oder wollen.

Dies ist mein erster Festumzug, gestand Bundespräsident **Heinz Fischer,** und: *Die Stimmung gefällt mir gut. Ich bin überrascht, wie viel Zukunft, Jugend und Optimismus in diesem Festumzug erkennbar sind.* Von einer beeindruckenden Veranstaltung, welche *die Stärken der Region aufzeigt,* sprach auch Bundeskanzler **Werner Faymann**, der gemeinsam mit Bundespräsident **Heinz Fischer**, Vizekanzler **Josef Pröll**, den Landeshauptleuten **Günther Platter**, **Luis Durnwalder**, **Lorenzo Dellai**, den Koordinatorinnen des Gedenkjahres LR **Beate Palfrader** und LR **Sabina Kasslatter Mur** sowie Bürgermeisterin **Hilde Zach** auf der Ehrentribüne stand, als das Bataillon Sonnenburg 21 Salutschüsse aus historischen Kanonen abfeuerte und durch Landeskommandanten **Otto Sarnthein** die Meldung zum Landesüblichen Empfang erfolgte. Gemeinsam mit dem Bundespräsidenten schritten **Platter**, **Durnwalder** und **Dellai** die Ehrenfront ab und applaudierten kurz darauf zusammen mit den zahlreich erschienenen Vertretern aus Politik und Wirtschaft der Ehrensalve der Schützenkompanie Breitenbach am Inn. Die durch das Los bestimmte Schützenkompanie hatte natürlich auch ihre Marketenderinnen mitgebracht, die gemeinsam mit den Marketenderinnen des Bataillons Wipptal und der Südtiroler Musikkapelle Peter Mayr Pfeffersberg die Ehrengäste mit dem traditionellen Schnapserl versorgten, nachdem zuvor noch die Bundesstandarte und die Landesfahnen des Südtiroler und Welschtiroler Schützenbundes mit den Fahnenbändern des Landesfestumzugs versehen worden waren.

Jugend und Brauchtum

Im Einklang mit dem Motto *Geschichte trifft Zukunft* stand der 20. September 2009 ganz im Zeichen der Jugend. Wie bei keinem anderen Landesfestumzug zuvor führte eine Jugendformation von 3.000 Kindern und Jugendlichen den Landesfestumzug an. Unmittelbar also nach der Ehrenformation, die sich aus der Ehrenmusikkapelle Peter Mayr Pfeffersberg, der Ehrenkompanie Breitenbach am Inn und den Präsidenten, Obleuten sowie Fahnenabordnungen der Traditionsverbände zusammensetzte, marschierten die Jugend des Blasmusikverbandes, Fahnenschwinger und Fahnenträger. Das bunte Bild war geprägt von den unterschiedlichen Trachten der verschiedenen Traditionsverbände, den roten Trainingsanzügen der Jugend des Landesschützenbundes, dem Lachen der Kinder und einer ganzen Reihe origineller Choreographien, die vom Brauchtum mit Tänzen und Marschmusik bis zu einer Bearbeitung für Blasmusik der Latin-Rock-Gruppe Santana reichten. Viel Mühe hatte man sich aber auch mit jenen Symbolen gegeben, welche die Kinder und Jugendlichen auf ihrem 1,7 Kilometer langen Marsch von der Maria-Theresien-Straße bis in die Universitätsstraße mitgetragen haben.

Während die Oberländer Jungschützen dem Publikum stolz ihren aus 2.000 Dahlien gesteckten Tiroler Adler präsentierten, hatte der Landestrachtenverband einen traditionellen vier Meter hohen Bandlbaum vorbereitet, dessen 27 Bänder für die 27 EU-Mitgliedsstaaten standen. Da der Landesfestumzug 2009 der erste Festumzug war, den Tirol innerhalb der EU beging, und da die Jugend von heute jene Generation ist, die von der europäischen Integration in der nahen Zukunft am meisten profitieren wird, war der Europagedanke in der Jugendformation durchgehend präsent. Nicht nur der Bandlbaum der Trachtler, auch die von 27 Kindern aus unterschiedlichen Verbänden getragene EU-Fahne verkörperte die Worte von Landeshauptmann **Günther Platter**, der die gegenwärtige Situation der Länder Tirol, Südtirol und Trentino in seiner Festrede mit den Worten *Europa hat das historische Tirol zusammengeführt!* beschrieb.

Da die Gestalt dieses Europa und seiner Regionen aber nicht bloß vom Verhandlungsgeschick der Politiker abhängt, sondern nur dort Lebensqualität erhält, wo sich Menschen über das Notwendige hinaus und ohne auf den eigenen Nutzen zu achten für den Nächsten einsetzen, durfte natürlich auch die Jungfeuerwehr der Europaregion nicht fehlen. Denn bei der Jugendarbeit der Feuerwehr, von der allein im Bundesland Tirol 1.400 Mädchen und Burschen zwischen elf und 15 Jahren profitieren, wird neben dem Augenmerk auf eine solide feuerwehrtechnische Ausbildung besonderer Wert darauf gelegt, die Jugendlichen zu kameradschaftlicher Zusammen-

Jugendmusik Tirol Mitte

Oben:
Die Fahnenschwinger der Europaregion marschierten zu Beginn der Jugendformation.

Unten:
Der Landestrachtenverband hatte einen traditionellen vier Meter hohen Bandlbaum vorbereitet, dessen 27 Bänder die 27 Staaten Europas symbolisierten.

dition erleben bewusst aktiv formuliert war, wollte man dem Publikum doch einerseits das ganze Spektrum dieser Institutionen vorstellen, andererseits aber beim einen oder anderen Zuschauer das Interesse wecken, sich selbst in einer der Tiroler Gruppierungen zu engagieren, die sich neben Instrumentalmusik, Gesang, Tanz und Brauchtum nicht minder der Denkmalpflege, der Dorferneuerung oder dem Umweltschutz widmen.

Soziale Zielsetzungen in einer Zeit der Entsolidarisierung verfolgen darüber hinaus der Tiroler Kameradschaftsbund und seine angeschlossenen Verbände, die insgesamt an die 15.000 Mitglieder – unter ihnen die Tiroler Landeshauptleute – zählen. Beim Landesfestumzug trugen die Vertreter des Kameradschaftsbundes, dessen Ursprung bis in das Jahr 1820, die Zeit der Gründung der ersten Veteranenvereine, zurückreicht, ihre 2004 restaurierte historische Standarte mit, die – als sie die Ehrentribüne passierte – von ihrer Standartenpatin **Luise van Staa** einen besonderen Applaus erntete.

Weit zurück gehen auch die Wurzeln des Musikblocks Wipptal, der dem Tiroler Landesschützenbund mit seinen erfolgreichen Sportlern voranmarschierte. 1820 gegründet, handelt es sich bei der Musikkapelle Stilfes um eine der ältesten Kapellen Südtirols, noch weiter zurück liegt der Beginn des – derselben Formation zugeordneten – Tiroler Kaiserjägerbundes, dessen Vorgänger, das Jägerbataillon Nr. 9, im Rahmen des k.k. Tiroler Korps unmittelbar an den Freiheitskämpfen von 1809 beteiligt war. Da die Erinnerung an die Kaiserjäger aber gegenwärtig nicht nur im Tiroler Traditionsforum aufrechterhalten wird, sondern auch vom Bundesheer und seinen Jägerbataillonen 23 (Bludesch), 24 (Lienz) sowie der 6. Jägerbrigade (Absam), bildeten die Kaiserjäger inhaltlich eine Brücke zu der auf die Vertreter des Tiroler Kaiserschützenbundes folgende vierte Großformation *Österreichisches Bundesheer*.

Wenngleich mit rund 400 Mann eine eher überschaubare Formation, sorgte das österreichische Bundesheer sowohl optisch als auch akustisch für Aufmerksamkeit. Von der einfachen Exerzieruniform bis zur Winterausrüstung wurden die unterschiedlichen Adjustierungen gezeigt, die Haflinger der Tragtierstaffel brachten Abwechslung in die Marschreihen und wurden vor allem von den jungen Zu-

arbeit und zu einem unentgeltlichen Dienst am Nächsten zu motivieren. Einen ähnlich starken Block bildeten weiters die Jungbauern Nord-, Ost- und Südtirols, die mit insgesamt 28.000 Mitgliedern die größte Jugendorganisation Tirols bilden und mit ihren prächtigen Bezirksfahnen lautstarken Applaus ernteten. Begeistert empfingen die den Wegverlauf säumenden Zuschauer auch die Jugendblasorchester aus allen Landesteilen, die auf hohem musikalisch-künstlerischem Niveau sinfonische Blasorchesterliteratur zum Besten gaben.

Unmittelbar auf die Jugend folgten die Traditionsverbände, wobei das Motto der Formation *Tradition leben – Tra-*

LANDESFESTUMZUG

schauern mit Applaus begrüßt. Den richtigen Takt schlug den Soldaten die Militärmusik Tirol und Vorarlberg, die sich trotz ihres reichhaltigen Repertoires an die an alle Musikgruppen ergangene Vorgabe hielt, während des gesamten Festumzuges nur ein einziges Stück zu spielen.

Unmittelbar auf das Bundesheer folgten die Studentenverbindungen, unterteilt in Innsbrucker Cartellverband, Tiroler Mittelschulverband, Einzelverbindungen und Innsbrucker wehrhafte Korporationen. Zwar sind Aufkommen und Blüte der Studentenverbindungen deutlich nach 1809 anzusiedeln, jedoch bestanden im Rahmen der Freiheitskämpfe durchaus Bemühungen, Studentenkompanien aufzustellen. Aufgrund der kritischen Haltung der Universitätsdozenten hielt sich der Erfolg dieser Aktivitäten aber in Grenzen und auch jene Studenten, die sich tatsächlich den Widerstandskämpfern angeschlossen hatten, verließen schon nach wenigen Tagen das Schlachtfeld.

Die Formation der Partisanergarden, namentlich jene aus Hall, Thaur, Volders und Schwaz, wurde dann vom Musikbezirk Seefelder Hochplateau angeführt, ein Musikblock, für den das Motto des Gedenkjahres *Geschichte trifft Zukunft* wie geschaffen schien. Denn mit den in den Jahren 1804 und 1813 gegründeten Musikkapellen Scharnitz und Leutasch marschierten im Seefelder Block zwei der ältesten Tiroler Blaskapellen mit; die Musikkapelle Reith dagegen ist mit einem Durchschnittsalter von 31 Jahren, einer Obfrau und einer Kapellmeisterin, die beide unter 30 sind, eine sehr junge Kapelle. Die Partisanergarden selbst haben ihren Ursprung im 16. Jahrhundert und hatten den Auftrag, das Allerheiligste bei Prozessionen mit der Waffe vor Übergriffen zu schützen. Heute rücken die Gardisten zu repräsentativen Auftritten besonders im kirchlichen Jahreskreis aus und wirken darüber hinaus in verschiedenen Bereichen am Leben der Pfarrgemeinde mit. Den Namen Partisanergarde erhielten sie von ihrer Waffe, der Partisane, die von Generation zu Generation weitergegeben wird. Die Trachten dagegen stammen aus der jeweiligen Gründungszeit, weshalb – um ein Beispiel zu nennen – die Haller Partisanergarde aus dem Jahr 1523 beim Landesfestumzug die Spanische Hoftracht trug, schlichte Eleganz in schwarzen Seidenbrokatstoffen, breitkrempigem Hut mit Straußenfeder und weißer Halskrause.

Weniger elegant, aber nicht minder auffällig war die nächste Formation der Landsturmgruppen. Während von den zahlreichen gegenwärtig aktiven Schützenvereinen lediglich ein Teil bis in die Anfänge des 19. Jahrhunderts zurückreicht, haben die am 20. September von den Musikbezirken St. Johann und Landeck-Pontlatz begleiteten Landsturmgruppen alle historische Berührungspunkte zum Jahr 1809.

Der Tradition entsprechend schritten die grimmigen Landstürmer mit ihren Sensen, Knüppeln und Morgensternen nicht in Formation durch die Innsbrucker Innenstadt, sondern im so genannten Landsturmhaufen, trugen ein Kreuz vorneweg und feuerten immer wieder ihre Kanonen ab. Eine weitere Besonderheit in der Landsturm-Abordnung stellten die Telfer Schwegler dar, eine 1982 ins Leben gerufene Gruppierung von Trommlern, die in Abwesenheit der Musikkapelle die Schützenkompanie dabei unterstützen soll, im geordneten Schritt zu marschieren. In Anknüpfung an historische Abbildungen, die Pfeifer inmitten des Schlachtgetümmels zeigen, wurde die Einheit noch erweitert und durfte sich ob ihres mitreißenden Rhythmus beim Landesfestumzug des Beifalls sicher sein.

Die Oberländer Jungschützen trugen einen aus 2.000 Dahlien gesteckten Tiroler Adler mit sich.

Schützen der Europaregion Tirol

Mit einem Trommelwirbel machte dann auch die Schützenformation auf sich aufmerksam, deren erste Einheit von den Trommlern der Ötztaler Schützen bis zur Talschaft Paznaun 30 Blöcke umfasste. Auf eine Abordnung der Bundesleitungen folgten die Historischen Fahnen, die Schildhofbauern und die Innsbrucker Schützen, die mit dem Säbel Andreas Hofers und seiner von Kaiser Franz verliehenen Ehrenmedaille zwei Exponate des Ferdinandeums mit sich trugen. Gegen Ende der Formation marschierten dann die Vertreter der Talschaft Pontlatz, die im Jahr 2009 neben den Schlachten am Bergisel vor allem der eigenen Kämpfe in der Pontlatzer Enge zwischen Landeck und Prutz gedacht haben, wo die heimischen Schützen die Bayern am 8. August besiegt und den sich zurückziehenden Truppen mit Steinlawinen den Rückzugsweg abgeschnitten haben.

Ausgeprägt ist die Erinnerung an 1809 auch bei den sieben Kompanien des der zweiten Schützenformation zugeteilten Bataillons Petersberg. Mit Josef Marberger nämlich stellte die Silzer Kompanie in der Zeit der Freiheitskämpfe einen der führenden Hauptmänner des Oberlandes, von dem zeitweise das gesamte Oberinntal angeführt wurde. Aufgrund seines Anführers von besonderer Bedeutung war darüber hinaus das Schützenbataillon Passeier, dem Andreas Hofer, bereits bevor er Landeskommandant der Schützen wurde, als Hauptmann vorstand. Unmittelbar im Anschluss an die Passeirer Schützen wurde die mit Rosen verzierte Dornenkorne getragen, wobei jene Schützen, die ihr das Geleit gaben, nicht einem einzigen Bataillon angehörten, sondern aus verschiedenen Kompanien von Tirol, Südtirol und dem Trentino stammten.

Die mitgetragene Europafahne machte deutlich, dass die Bedeutung des Mottos Geschichte trifft Zukunft über die Grenzen Tirols hinausgeht

LANDESFESTUMZUG

*Oben:
Da ein Großteil der Teilnehmer dem Aufruf gefolgt war, mit Bahn und Bus anzureisen, konnte ein Verkehrschaos vermieden werden*

*Links unten:
Trentiner Musikanten*

*Rechts unten:
Welschtiroler Schützenbund*

Es folgten die Talschaft Ulten, der Musikblock Bruneck und der Bezirk Burggrafenamt, der insofern erwähnenswert ist, als vom Burggrafenamt in der Phase der Wiedergründung des Südtiroler Schützenwesens wichtige Impulse ausgingen. Denn obwohl die Ursprünge des Tiroler Schützenwesens bis ins Spätmittelalter zurückreichen und die Schützen über lange Zeit Träger der Tiroler Wehrfreiheit waren, schien es für die Südtiroler Schützen nach 1919 zunächst keine Zukunft zu geben. Nach dem Zweiten Weltkrieg gelang es ihnen allmählich, wieder ans Tageslicht zu treten, und erst im Jahr 2000 erhielten die Südtiroler Schützen die Erlaubnis, entschärfte historische Waffen zu tragen. Ein Zugeständnis mit Einschränkungen, das dem Landesfestumzug zu einer heiteren Episode am Rande der Feierlichkeiten verholfen hat: Während die Osttiroler Schützen großteils über Südtirol nach Innsbruck gelangten, durften ihre Waffen Italien nicht passieren, sondern mussten getrennt durch den Felbertauerntunnel angeliefert werden.

Eine glücklichere Verbindung zwischen den Landesteilen stellt der Bezirk Wipptal dar, dessen insgesamt 16 Kompanien auf beiden Seiten des Brenners beim Landesfestumzug der Tradition entsprechend vereint auftraten. Der auffällige Beiname des Nordtiroler Schützenbataillons *Wipptal-Eisenstecken* stammt von Andreas Hofers Adjutanten Josef Eisenstecken, der in Matrei am Brenner geboren worden war – wie übrigens auch Andreas Hofers Mutter, die Metzgerstochter Maria Aigentler. In Eintracht präsentierte sich weiters das Bataillon Stubai, das mit seinen hohen Schuhen, weißen Stutzen, grünweißen Hut-Kokarden, braunen Joppen und grünen Aufschlägen bereits um das Jahr 1822 herum als eine der ersten Talschaften eine Einheitstracht eingeführt hatte. 1809 eben-

Fahnen des Landestrachtenverbandes

falls in die Freiheitskämpfe verwickelt war das Bataillon Hörtenberg, das anlässlich des 200-Jahr-Gedenkens mit Pferden ausrückte, wie nach ihnen noch die Zillertaler Schützen, die der dritten und letzten Formation angehörten und zu denen die Reiter auch bei weniger bedeutenden Umzügen unverzichtbar dazugehören.

Den Auftakt der dritten Formation bildeten aber nicht prächtige Kaltblüter, sondern der Haller Speckbacherblock. Der 1767 beim *Unterspeckhof* in Gnadenwald als drittes von acht Kindern geborene Josef Speckbacher nämlich wurde als begabter Stratege und Mitstreiter Andreas Hofers bekannt und ist allein im Schützenbezirk Hall Namensgeber von sieben Kompanien. Nach *Katharina Lanz*, einer ähnlich bedeutenden historischen Persönlichkeit, benannt wurde die Schützenkompanie Spinges vom Schützenblock Brixen, der beim Landesfestumzug eine als *Mädchen von Spinges* verkleidete Marketenderin voranschritt und eine Heugabel, das Symbol der Katharina Lanz, mit sich trug.

Einen Bogen zwischen dem Osten und dem Süden spannten schließlich die letzten Schützenblöcke, wobei das Bataillon Kufstein mit seinen 22 Kompanien und rund 1.240 aktiven Mitgliedern mittlerweile einen wesentlichen Beitrag zum Kulturleben in der Region leistet. Noch vor dem den Abschluss der Schützenformation bildenden Bezirk Südtiroler Unterland marschierte der Musikblock Bozen mit den Kapellen Mölten, Wangen und Sarnthein. Das Wirken der Musikkapelle Sarnthein wurde urkundlich zum ersten Mal im Jahr 1809 festgehalten, als man die in Richtung Bergisel aufbrechenden Sarner Schützen mit einem Musikstück verabschiedete. Das Südtiroler Unterland selbst war 1809 zwar eher ein Nebenschauplatz der Freiheitskämpfe, erlitt durch die Besetzungen und Durchzüge der Franzosen jedoch großen Schaden. Deshalb war es den dortigen Schützen am Festsonntag auch ein Anliegen, mit ihren beiden historischen Fahnen aus Neumarkt und Tramin auf ihre Vergangenheit aufmerksam zu machen, mit ihrem Transparent aber auf die noch immer schmerzlich erlebte Trennung vom Bundesland Tirol.

LANDESFESTUMZUG

Nachbarn und Gäste

Politische Transparente wie diese taten der Atmosphäre des Landesfestumzuges jedoch keinen Abbruch und es wird – neben dem anhaltenden Sonnenschein – wohl auch die gute Stimmung dafür verantwortlich gewesen sein, dass die 70.000 Gäste auch nach den Schützenformationen und den mittlerweile langen Stunden des Stehens immer noch lautstark Beifall spendeten, als mit den Nachbarn Vorarlberg, Salzburg, Kärnten und Bayern die vorletzte Formation an der Ehrentribüne vorbeidefilierte. Und das zu Recht: Denn die gezeigten Vorarlberger Trachten sind mit ihren typischen Kopfbedeckungen und Überbekleidungen die historisch ältesten Trachten im deutschsprachigen Raum und die in 200 Jahren zu Freunden gewordenen Bayern hatten es sich trotz der zeitgleichen Eröffnung des Oktoberfestes nicht nehmen lassen, Vertreter aus allen bayrischen Kompanien nach Innsbruck zu entsenden. Auf ein stilles Jubiläum im Jubiläum ist im Salzburger Marschblock hinzuweisen, dessen 1809 gegründete Landwehrgruppe Wals 2009 einen runden Geburtstag feierte.

Die Formation der Gäste schließlich führte eine Abordnung aus Freiburg an, Innsbrucks Partnerstadt, aus der 1809 einige Studenten nach Tirol gekommen waren, um an der Seite der Tiroler gegen die napoleonischen Truppen zu kämpfen. Im Anschluss an den Liechtensteiner Block *Konkordia Mauren*, die Schützenbruderschaft *Andreas Hofer Gladbeck* und die Schützengesellschaft *Schötmar* marschierte eine Gruppierung aus Rumänien, wohin Josef Speckbacher 1810 mit rund 15 Familien aus-

Oben:
Die Vorarlberger Trachten zählen zu den ältesten historischen Kleidungen im deutschsprachigen Raum.

Rechts:
Die große Beteiligung an Gastabordnungen zeigte die Bedeutung Andreas Hofers über die Landesgrenzen hinaus.

Links:
Eine Gästeformation aus dem rumänischen Dorf Tirol

gewandert war und in der Region Banat das Dorf Tirol gegründet hatte. Hatten die 3.000 Jugendlichen aus dem historischen Tirol den Festumzug mit viel Schwung beginnen lassen, trommelte an der letzten Stelle der Gäste-Formation die Drumband Kettenis aus Belgien energisch das Ende des viereinhalb Stunden langen Marsches herbei.

Es war ein unvergesslicher Tag heute hier in Tirol, resümierte Landeshauptmann Günther Platter. *Ich freue mich, dass so viele Menschen dabei waren und dass es uns gemeinsam gelungen ist, eine Verbindung zwischen Tradition und Moderne zu schaffen und den Blick in die Zukunft der Europaregion Tirol zu richten. Noch wichtiger ist mir in diesem Augenblick aber ‚Vergelt's Gott' zu sagen: allen, die diesen Festumzug organisiert haben, und allen TeilnehmerInnen.*

Auch Südtirols Landeshauptmann Luis Durnwalder lobte in seinem Abschlussstatement gegenüber der Presse den Ablauf des Landesfestumzugs: *Wir sind heute in Italien eine Minderheit, die nicht sterbend ist, sondern einmal mehr gezeigt hat, wie lebendig sie Kulturarbeit betreibt.*

Heute war der Höhepunkt im Gedenkjahr. Es gab keine der im Vorfeld gefürchteten Störaktionen. Aus der Dornenkrone von 1959 sind Rosen herausgewachsen, die eine positive Entwicklung symbolisieren: die Entwicklung hin zur Autonomie. Und Durnwalders Amtskollege aus dem Trentino, Lorenzo Dellai, ergänzte: *Was die Teilnehmer hier vereint, ist der Respekt vor unserer gemeinsamen, auch bewegten Geschichte und die Überzeugung, dass der Blick nach vorne gehen muss. Am heutigen Tag haben wir einen Blick in die Geschichte und Zukunft unserer drei Länder geworfen.*

*Oben:
Schützengesellschaft Schötmar*

*Unten:
Teilnehmer aus dem rumänischen Dorf Tirol*

STATEMENT

>> *Der Festumzug war eine Visitenkarte unseres Landes nach innen und außen.* <<

Es gibt kaum etwas im Zusammenhang mit diesem Gedenkjahr, das nicht aus der *Sicht der Landespolitik* – zu der ich gebeten wurde, dieses knappe Statement zu verfassen – betrachtet werden kann und muss. Daher kann ich nur beispielhaft und zusammenfassend auszudrücken versuchen, was mir dieses Gedenkjahr für das Land und seine Bürger so wertvoll gemacht hat.

Die aktuellen Akteure in Landesregierung und Landtag, deren Vorgänger und hervorragende Beamte analysierten, sorgten vor, dachten nach und planten. Sie initiierten Projekte ebenso wie ein Bewusstsein in allen Bereichen der Tiroler Gesellschaft – hartnäckig, geduldig argumentierend, leidensfähig, ausdauernd und an Nachhaltigkeit orientiert. Dabei war die Ausgangsbasis in einer emotional stumpferen Zeit und bei sinkendem Geschichtsbewusstsein eine überaus schwierige. Das Motto *Geschichte trifft Zukunft* wurde verstanden, spornte an, bewirkte Ideen, glich Gegensätze aus, fing Befürchtungen vor nur einseitigen Betrachtungsweisen ein und drückte ungeheuer flexibel aus, was man diesmal zum Ziel hatte. Dass man sich dabei schlussendlich selbst noch übertreffen sollte, war nicht vorhersehbar. Der Festumzug mit einer Rekordzahl an begeisterten Teilnehmern und Zuschauern entlang des Weges und Rekordquoten für TV-Übertragungen war eine Visitenkarte unseres Landes nach innen und außen, die uns selbst tief berührte. Dabei zog in den fast fünf Stunden – mit Ausnahme der rosengeschmückten Dornenkrone und vereinzelten Transparenten zum Thema Südtirol – nichts vorbei, was wir in Tirol, Südtirol und im Trentino nicht an jedem Sonn- und Feiertag, verteilt im Jahreskreis, auch zu erleben gewohnt sind. Eine exakte Organisation ließ das alles nur wieder einmal an einem Tage sichtbar werden. Eine erfreulich große Zahl neuer historischer und politischer Bücher angesehener Autoren bereichert die Sicht auf unsere Vergangenheit ebenso wie eine unerwartete, fast flächendeckende Zahl neuer Theaterstücke (u. a. zwei von Felix Mitterer). Diese teilweise mit großer Anteilnahme von Laiendarstellern aus der Bevölkerung präsentierten Geschichtsbilder halfen die damalige Zeit, Andreas Hofer und seine Mitkämpfer besser zu verstehen sowie neues örtliches und regionales Geschichtsverständnis zu erlangen. Blasmusikstücke eigens zum Gedenkjahr, wie *Tirol terra fortis* runden die Nachhaltigkeit beeindruckend ebenso ab wie die Neugestaltung des Bergisel und die politischen Zukunftsvereinbarungen der Landtage und Regierungen in der Europaregion, die in Bozen sogar ein eigenes Büro zur administrativen Stützung erhalten soll.

Unsere Gesamttiroler Identität, die Zusammenarbeit mit unseren Nachbarn, unser Geschichtsbewusstsein, die bewährte Tiroler Tradition, das Heimatgefühl und auch das notwendige Bekenntnis zu föderaler Struktur als Voraussetzung für möglichst selbstbestimmte Zukunftssicherung in Freiheit und Frieden – sie alle haben einen spürbaren positiven Schub erhalten.

Alle, die an diesem Gedenkjahr mitgestaltet haben – in welchem Ausmaße und an welcher Stelle auch immer – bitte vor den Vorhang. Tirol dankt!

Helmut Mader
Landtagspräsident a. D.

Marschreihenfolge

Ehrenformation

Ehrenmusikkapelle Peter Mayr Pfeffersberg
Ehrenkompanie Breitenbach am Inn
Präsidenten und Obleute der Traditionsverbände
Fahnenabordnungen der Traditionsverbände

Unsere Jugend – Unsere Zukunft

Jugend Blasmusikverband
Fahnenschwinger
Fahnenträger
Fahnenschwinger
Landesjugendblasorchester Tirol
Jungschützen Oberland
Jugendmusik Oberland
Jugend Landestrachtenverband
Jugendmusik Tirol Mitte
Jugend Tiroler Sängerbund
Wiltener Sängerknaben
Jugendmusik Tiroler Jungbauernschaft
Jugend Tiroler Jungbauernschaft
Jugend Landesschützenbund
Jungschützen Südtirol, Osttirol und Unterland
Jugendmusik Unterland
Jugend Landestrachtenverband
Jugendmusik Außerfern
Jugendfeuerwehr der Europaregion Tirol
Landesjugendblasorchester Südtirol
Jungschützen Tirol Mitte

Tradition leben – Tradition erleben

Musikbezirk Silz – Inntal Petersberg
Landestrachtenverband Tirol
Corpo Musicale Cortina d'Ampezzo
Trachten Ladinien Anpezo / Fodom
Trachten Südtirol
Trachten Trentino
Musikbezirk Außerfern – Reutte Rheintal
Tiroler Sängerbund
Südtiroler Sängerbund
Musikblock Wipptal
Tiroler Landesschützenbund
Südtiroler Sportschützenbund
Musikbezirk Innsbruck Stadt
Tiroler Kameradschaftsbund
Musikbezirk Brixental
Tiroler Kameradschaftsbund
Andreas Hofer Bund – Tirol
Südtiroler Freiheitskämpfer
Original Tiroler Kaiserjägermusik
Tiroler Kaiserjägerbund
Historische Abordnungen
Tiroler Kaiserschützenbund

Österreichisches Bundesheer

Militärmusik Tirol / Vorarlberg
Österreichisches Bundesheer

Oben: Einsatzbesprechung der Ablaufregler des Bundesheeres und der Feuerwehr

Studentenverbindungen

Innsbrucker Cartellverband
Tiroler Mittelschulverband
Studentenverbindungen
Innsbrucker wehrhafte Korporationen

Partisanergarden

Musikbezirk Seefelder Hochplateau
Partisanergarde zu Hall in Tirol
Partisanerbund zu Thaur
Partisanerbund zu Volders
Salva Guardia zu Schwaz

Landsturmgruppen

Musikbezirk St. Johann in Tirol
Landsturmgruppe Hart im Zillertal
Landsturmgruppe *Letztes Aufgebot 1809 Sölllandl*
Landsturmgruppe Westendorf
Landsturmgruppe *Letztes Aufgebot 1809* Hopfgarten
Landsturm 1809 Bad Häring
Musikbezirk Landeck – Pontlatz
Schwazer Landsturm
Landsturmgruppe 1809 Kitzbühel
Landsturmgruppe 1809 Kössen
Landsturmgruppe Senseler Volders
Telfer Schwegler
Oberländer Landsturm Silz

Schützen der Europaregion Tirol

Trommlerblock der Ötztaler Schützen
Bundesleitungen
Historische Fahnen
Schildhofbauern
Musikblock Bozen
Bataillon Innsbruck
Musikbezirk Innsbruck Stadt
Bezirk Bozen
Musikblock Fassatal/Trentino
Welschtiroler Schützenbund
Musikblock Trentino
Welschtiroler Schützenbund
Musikblock Trentino
Welschtiroler Schützenbund
Musikblock Ladiner
Schützenblock Ladiner
Musikbezirk Lienzer Talboden
Bataillon Lienzer Talboden
Bataillon Oberes Iseltal
Musikbezirk Oberland Pustertal
Bataillon Oberland Pustertal
Musikblock Bruneck
Bezirk Pustertal
Musikblock Bruneck
Bezirk Pustertal
Trommlerblock Pontlatz
Talschaft Pontlatz
Musikbezirk Landeck – Stanzertal
Talschaft Stanzertal
Talschaft Paznaun

Die freiwilligen Helfer der Feuerwehr mit ihren Vortragetafeln

*Links:
Mitglieder der Bundesleitungen der Schützen Tirols, Südtirols und des Trentino*

*Rechts:
Bataillon Vorderes Zillertal*

Musikbezirk Landeck – Paznaun
Talschaft Landeck
Musikblock Vinschgau
Bezirk Vinschgau
Musikbezirk Imst – Starkenberg
Bataillon Starkenberg
Musikbezirk Imst – Pitztal
Bataillon Pitztal
Musikbezirk Außerfern – Unteres Lechtal
Bataillon Ehrenberg
Bataillon Lechtal
Musikbezirk Silz – Ötztal
Bataillon Ötztal
Bataillon Petersberg
Musikblock Meran
Schützenbataillon Passeier
Talschaft Ulten
Musikblock Bruneck
Bezirk Burggrafenamt
Musikbezirk Wipptal/Stubai – Wipptal
Bataillon Wipptal-Eisenstecken
Bezirk Südliches Wipptal
Musikbezirk Wipptal/Stubai – Stubaital
Bataillon Stubai
Musikbezirk Telfs
Bataillon Hörtenberg
Musikbezirk Innsbruck Land
Bataillon Sonnenburg
Musikbezirk Innsbruck Land
Bataillon Sonnenburg

Musikbezirk Hall – Speckbacherblock
Schützenbezirk Hall
Musikbezirk Hall – Rettenberger Block
Schützenbezirk Hall
Bataillon Rettenberg
Musikblock Brixen

Schützenbezirk Brixen
Musikblock Brixen
Schützenbezirk Brixen
Musikbezirk Zillertal – Mittleres Zillertal
Bataillon Mittleres Zillertal
Musikbezirk Zillertal – Oberes Zillertal
Bataillon Oberes Zillertal
Musikbezirk Zillertal – Vorderes Zillertal
Bataillon Vorderes Zillertal
Musikbezirk Schwaz
Bataillon Schwaz
Musikbezirk Schwaz
Bataillon Schwaz
Musikbezirk Kufstein
Bataillon Kufstein
Musikbezirk Kufstein
Bataillon Kufstein
Musikbezirk Rattenberg
Bataillon Kufstein
Sturmlöder Wildschönau
Musikbezirk Iseltal
Bataillon Wintersteller
Musikblock Bozen
Bezirk Südtiroler Unterland

INNSBRUCK FEIERT

Unsere Nachbarn

Bundesland Vorarlberg
Bundesland Salzburg
Bundesland Kärnten
Freistaat Bayern

Unsere Gäste

Freiburg
Liechtenstein – Konkordia Mauren
Schützenbruderschaft *Andreas Hofer Gladbeck*
Schützengesellschaft Schötmar
Rumänien
Eupen – Drumband Kettenis

Links oben:
Corpo Musicale Cortina d'Ampezzo

Rechts oben:
Historische Kanone einer Landsturmgruppe

Rechts in der Mitte:
Trentiner Musikblock umringt von Zuschauern

Links unten:
Verpflegung der Teilnehmer im Messegelände

Rechts unten:
Abschlussveranstaltung der freiwilligen Helfer der Feuerwehr und des Bundesheeres

GROSSVERANSTALTUNGEN IM HERBST

Landeskommandant Major Otto Sarnthein mit vier Marketenderinnen

Bundesstandarte mit Begleitern

LANDESFESTUMZUG

*Ehrenmusikkapelle
Peter Mayr Pfeffersberg*

*Fahnenabordnungen
der Traditionsverbände*

GROSSVERANSTALTUNGEN IM HERBST

*Bataillonskommandant
Major Anton Pertl
mit einer Abordnung
historischer Kanonen*

*Jugend
Blasmusikverband*

LANDESFESTUMZUG

*Landesjugend-
blasorchester Tirol*

*Jungschützen
Oberland*

GROSSVERANSTALTUNGEN IM HERBST

Jugendmusik Oberland

Die Jugend des Tiroler Sängerbundes

LANDESFESTUMZUG

Wiltener Sängerknaben

Jugendmusik Tiroler Jungbauernschaft

GROSSVERANSTALTUNGEN IM HERBST

*Jungbauern aus dem
Bezirk Kufstein*

*Jugend
Landesschützenbund*

LANDESFESTUMZUG

Jungschützen Südtirol, Osttirol und Unterland

Jugendmusik Unterland

GROSSVERANSTALTUNGEN IM HERBST

Jugendmusik Außerfern

Landesfeuerwehrverband – Jugendfeuerwehr der Europaregion Tirol

LANDESFESTUMZUG

*Landesjugend-
blasorchester Südtirol*

*Jungschützen
Tirol Mitte*

GROSSVERANSTALTUNGEN IM HERBST

*Musikbezirk
Silz – Inntal
Petersberg*

Trachten Ladinien

LANDESFESTUMZUG

Trachten Südtirol

Trachten Trentino

*Musikbezirk Außerfern
Reutte Rheintal*

Tiroler Sängerbund

LANDESFESTUMZUG

Musikblock Wipptal

Landesschützenbund

GROSSVERANSTALTUNGEN IM HERBST

*Musikbezirk
Innsbruck Stadt*

*Tiroler Kamerad-
schaftsbund*

STATEMENT

>> *Die nicht zu beschreibende positive Stimmung des Landesfestumzuges muss Auftrag dafür sein, die Europaregion Tirol in Zukunft mit mehr Leben zu füllen.* <<

Geschichte trifft Zukunft war das Thema, das sich in der Vielfalt der kirchlichen, politischen, wissenschaftlichen, wirtschaftlichen und kulturellen Veranstaltungen zum 200-jährigen Gedenken an die Freiheitskämpfe von 1809 widerspiegelte.

Für die Tiroler Schützen brachte es eine fundierte Analyse der Ursachen, die zur Erhebung der Tiroler Bevölkerung gegen die damaligen Besatzer führten, wie auch eine durchaus kritische Betrachtung der ruhmreichen, wenn auch letztendlich verlorenen Kämpfe für die eigene Freiheit.

Der im Jubiläumsjahr geschlossene Allianzvertrag zwischen den Bischöfen und den Bürgermeistern des Landes sowie den Schützenkompanien des Bundes der Tiroler Schützenkompanien gibt eine zukunftsorientierte Richtung der Schützen vor, nämlich sich in den Dörfern für kirchliche, kulturelle wie auch soziale Belange einzubringen

Das gemeinsame Projekt *Glaube und Heimat* mit den katholischen Bildungswerken der Diözesen Salzburg und Innsbruck war ein voller Erfolg. Bei 106 Veranstaltungen, davon 85 in der Diözese Innsbruck und 21 in der Erzdiözese Salzburg, waren 160 Schützenkompanien und 145 Pfarren beteiligt und haben insgesamt 7.412 Personen daran teilgenommen.

Mit den weiteren zahlreichen Gedenkfeiern und Projekten im gesamten historischen Tirol und der Teilnahme am Höhepunkt, dem Landesfestumzug, haben die Schützen und alle andere Traditionsverbände in eindrucksvoller Weise ihren Beitrag hiezu geleistet.

Die nicht zu beschreibende positive Stimmung der Besucher wie Teilnehmer des Landesfestumzuges und die dort demonstrierte Zusammengehörigkeit des ganzen Landes muss Anlass und Auftrag dafür sein, dass die Europaregion Tirol in Zukunft mit mehr Leben und Inhalt gefüllt wird.

Otto Sarnthein
Landeskommandant des Bundes
der Tiroler Schützenkompanien

GROSSVERANSTALTUNGEN IM HERBST

Musikbezirk Brixental

Tiroler Kameradschaftsbund

LANDESFESTUMZUG

Links:
Andreas Hofer Bund

Rechts:
Südtiroler Freiheitskämpfer

Original Tiroler
Kaiserjäger Musik

GROSSVERANSTALTUNGEN IM HERBST

*Tiroler
Kaiserjägerbund*

*Historische
Abordnungen*

LANDESFESTUMZUG

Kaiserschützenbund Tirol

Militärmusik Tirol und Vorarlberg

GROSSVERANSTALTUNGEN IM HERBST

Österreichisches Bundesheer

Tiroler Mittelschülerverband

LANDESFESTUMZUG

Musikbezirk Seefelder Hochplateau

Links: Partisanergarde zu Hall

Rechts: Partisanerbund zu Thaur

GROSSVERANSTALTUNGEN IM HERBST

*Links:
Salva Guardia
zu Schwaz*

*Rechts:
Partisanerbund
zu Volders*

*Musikbezirk
St. Johann*

LANDESFESTUMZUG

*Landsturmgruppe
Hart im Zillertal*

*Musikbezirk Landeck
Pontlatz*

GROSSVERANSTALTUNGEN IM HERBST

Telfer Schwegler

*Oberländer
Landsturm*

LANDESFESTUMZUG

*Trommlerblock
Ötztaler Schützen*

*Die Landeskommandanten (v. l. n. r.)
Paul Bacher,
Karl Steininger,
Otto Sarnthein und
Carlo Cadrobbi*

Schildhofbauern aus dem Passeiertal

Musikblock Bozen

LANDESFESTUMZUG

Bataillon Innsbruck

Musikbezirk Innsbruck Stadt

Bezirk Bozen

Musikblock Trentino

LANDESFESTUMZUG

Welschtiroler Schützenbund

Musikblock Ladiner

GROSSVERANSTALTUNGEN IM HERBST

Schützenblock Ladiner

*Musikbezirk
Lienzer Talboden*

LANDESFESTUMZUG

Bataillon Lienzer Talboden

Bataillon Oberes Iseltal

GROSSVERANSTALTUNGEN IM HERBST

*Musikbezirk
Oberland Pustertal*

*Bataillon
Oberland Pustertal*

LANDESFESTUMZUG

Musikblock Bruneck

Bezirk Pustertal

GROSSVERANSTALTUNGEN IM HERBST

Musikblock Bruneck

Bezirk Pustertal

LANDESFESTUMZUG

Trommlerblock Pontlatz

Talschaft Pontlatz

Musikbezirk Landeck Stanzertal

Talschaft Stanzertal

LANDESFESTUMZUG

Talschaft Paznaun

*Musikbezirk
Landeck Paznaun*

Talschaft Landeck

Musikblock Vinschgau

LANDESFESTUMZUG

Bezirk Vinschgau

Musikbezirk Imst Starkenberg

GROSSVERANSTALTUNGEN IM HERBST

Bataillon Starkenberg

Musikbezirk Imst Pitztal

LANDESFESTUMZUG

Bataillon Pitztal

*Musikbezirk Außerfern
Unteres Lechtal*

GROSSVERANSTALTUNGEN IM HERBST

Bataillon
Ehrenberg

Bataillon Lechtal

LANDESFESTUMZUG

*Musikbezirk Silz
Ötztal*

Bataillon Ötztal

Bataillon Petersberg

Musikblock Meran

LANDESFESTUMZUG

Schützenbataillon Passeier

Talschaft Ulten

Musikblock Bruneck

Die als Rosenkrone umgestaltete Dornenkrone

STATEMENT

>> Die Tiroler haben gezeigt, dass sie trotz konträrer Meinungen sehr kultiviert streiten können. <<

Geschichte trifft Zukunft – unter diesem Motto stand das Gedenkjahr 2009, und *keine Rose ohne Dornen* – unter diesem Motto entstand ein neues Symbol für ein gemeinsames Tirol, *die Rosenkrone*. Diese war das Siegerprojekt eines Künstlerwettbewerbes, welche als sichtbares Zeichen für die Bewältigung der schmerzhaften Vergangenheit, aber auch als klares Signal für eine gemeinsame Zukunft für alle Tiroler in einem friedlichen Europa stehen soll. 2009 Rosen, eingebettet in die Dornenkrone, getragen von den Schützen aus Tirol sowie dem Trentino und flankiert von den drei Landesfahnen. Ein starkes Signal des Aufbruchs in eine neue und zukunftsorientierte Region in Europa. Diese Zielsetzung wurde aus meiner Sicht am Höhepunkt dieses Jubiläums, beim Festumzug am 20. September nicht nur erreicht, für viele wurden die Erwartungen übertroffen.

Alle Beteiligten, und vor allem die Jugend, haben für einen unvergesslichen Tag gesorgt. Die Tiroler haben gezeigt, dass sie trotz konträrer Meinungen sehr kultiviert streiten können und sich ihrer Verantwortung bewusst sind. Angekündigte Störaktionen blieben aus, das Zusammengehörigkeitsgefühl der verschiedenen Landesteile war demonstrativ zu spüren. Was wir jetzt brauchen, sind Taten, die wir an ihren Ergebnissen messen können. Wir müssen die bereits weit geöffnete Tür zu einer neuen gemeinsamen Zukunft unserer Heimat endlich wahrnehmen. Durch Initiativen auf allen Ebenen und in allen Bereichen, von der Wirtschaft über die Kultur bis hin zum Sport, muss die Vielzahl der Chancen genutzt werden. Es liegt an uns allen, eine gute Zukunft für unser Heimatland zu schaffen und gemeinsam eine reiche Ernte einzubringen. Rückblickend glaube ich, dass wir mit Stolz behaupten können, im Gedenkjahr 2009 traf die Geschichte die Zukunft und es war eine gute Begegnung.

KR Arthur Thöni
Industrieller

GROSSVERANSTALTUNGEN IM HERBST

Bezirk Burggrafenamt

Musikbezirk Wipptal

LANDESFESTUMZUG

Bataillon Wipptal

Bezirk Südliches Wipptal

GROSSVERANSTALTUNGEN IM HERBST

Musikbezirk Stubai

Bataillon Stubai

LANDESFESTUMZUG

Musikbezirk Telfs

Bataillon Hörtenberg

*Musikbezirk
Innsbruck Land*

Bataillon Sonnenburg

LANDESFESTUMZUG

*Musikbezirk
Innsbruck Land*

*Musikbezirk Hall
Speckbacherblock*

Schützenbezirk Hall

Musikbezirk Hall
Rettenberg

LANDESFESTUMZUG

Musikblock Brixen

Bezirk Brixen

GROSSVERANSTALTUNGEN IM HERBST

Musikblock Brixen

*Musikbezirk Zillertal
Mittleres Zillertal*

LANDESFESTUMZUG

Kommandant des Regimentes Zillertal

Bataillon Mittleres Zillertal

*Musikbezirk
Zillertal
Oberes Zillertal*

*Bataillon
Oberes Zillertal*

LANDESFESTUMZUG

Musikbezirk Schwaz

Bataillon Schwaz

Musikbezirk Schwaz

Bataillon Schwaz

LANDESFESTUMZUG

Musikbezirk Kufstein

Bataillon Kufstein

Bataillon Kufstein

Musikbezirk Rattenberg

LANDESFESTUMZUG

Bataillon Kufstein

Sturmlöder Wildschönau

GROSSVERANSTALTUNGEN IM HERBST

Musikbezirk Iseltal

Bataillon Wintersteller

LANDESFESTUMZUG

Musikblock Bozen

Bezirk Südtiroler Unterland

GROSSVERANSTALTUNGEN IM HERBST

Bundesland Vorarlberg

Bundesland Salzburg

LANDESFESTUMZUG

Bundesland Kärnten

Freistaat Bayern

GROSSVERANSTALTUNGEN IM HERBST

Freiburg

*Liechtenstein
Konkordia Mauren*

LANDESFESTUMZUG

*Schützenbruderschaft
Andreas Hofer
Gladbeck*

*Eupen Drumband
Kettenis*

Gemeinsame Erklärung der Regierungen von Tirol, Südtirol und dem Trentino

15. Oktober 2009

*Oben:
Die Landeshauptleute Lorenzo Dellai, Günther Platter und Luis Durnwalder*

*Rechts:
Landeshauptmann Günther Platter: Heute ist ein guter Tag für die Europaregion Tirol. Den Feierlichkeiten und Festreden zum heurigen Gedenkjahr folgen nun konkrete politische Weichenstellungen, mit denen wir die Achse Innsbruck-Bozen-Trient weiter vertiefen und eine dynamische Entwicklung der Europaregion Tirol-Südtirol-Trentino sicherstellen wollen.*

Heute ist ein guter Tag für die Europaregion Tirol. Den Feierlichkeiten und Festreden zum heurigen Gedenkjahr folgen nun konkrete politische Weichenstellungen, mit denen wir die Achse Innsbruck-Bozen-Trient weiter vertiefen und eine dynamische Entwicklung der Europaregion Tirol-Südtirol-Trient sicherstellen wollen. Mit diesen Worten eröffnete LH **Günther Platter** knapp einen Monat, nachdem 30.000 Tiroler, Südtiroler und Trentiner gemeinsam durch Innsbruck marschiert waren, das Arbeitstreffen der Landesregierungen. Schon von Beginn des Gedenkjahres an war es der ausdrückliche Wunsch der Landeshauptleute **Günther Platter**, **Luis Durnwalder** und **Lorenzo Dellai** gewesen, dass das Jahr 2009 nicht allein aufgrund des Landesfestumzugs und der zahlreichen Beiträge aus den Bereichen Kultur und Wissenschaft in Erinnerung bleiben würde, sondern ganz besonders im Hinblick auf die reale politische Zusammenarbeit in der Europaregion sichtbare Spuren hinterlassen sollte.

Um die *Marschrichtung, in die sich die Europaregion Tirol weiterentwickeln soll,* klare Formen annehmen zu lassen, hatten die Landesregierungen bereits im Vorfeld des Zusammentreffens intensive Vorarbeiten geleistet und eine gemeinsame Erklärung verfasst, die dann am 15. Oktober im Beisein der Presse feierlich unterzeichnet wurde. Diese Deklaration, welche, in neun Schwerpunkte gegliedert, grenzüberschreitende Maßnahmen in den Gebieten Bildung, Kultur, Energie, Verkehr, Umwelt, Gesundheit, Forschung, Wirtschaft, Entwicklung und Berglandwirtschaft festlegt, steht in der Tradition der Madrider Konvention sowie des Rahmenabkommens zwischen den Republiken Österreich und Italien über die grenzüberschreitende Zusammenarbeit der Gebietskörperschaften 1993 und der 2001 in San Michele all´Adige unterfertigten Alpendeklaration.

Da Italien jedoch die Zusatzprotokolle der Madrider Konvention von 1995 und 1998 bislang noch nicht ratifiziert hat, waren die Möglichkeiten, die Inhalte der Konvention umzusetzen, lange Zeit begrenzt. Der Vertrag von Lissabon vom 13. Dezember 2007 schuf schließlich eine

GEMEINSAME ERKLÄRUNG DER REGIERUNGEN VON TIROL, SÜDTIROL UND DEM TRENTINO

Grundlage für neue Rechtsinstrumente, die eine Aufwertung der regionalen Kooperation mit sich bringen und eine ständige Zusammenarbeit gewährleisten sollten. Um die Projekte der Europaregion schwungvoll vorantreiben zu können, sind neben diesen Rechtsinstrumenten Formen der permanenten Zusammenarbeit notwendig, welche am 15. Oktober in der Gründung eines gemeinsamen Büros in Bozen konkrete Gestalt angenommen haben. Diese am 23. Dezember feierlich eröffnete Koordinationsstelle wurde dem Amt der Südtiroler Landesregierung zugeordnet und von ihrer Struktur her bewusst schlank gehalten, sodass die zahlreichen grenzüberschreitenden Initiativen in Zukunft noch effizienter koordiniert und durchgeführt werden können.

Was die inhaltliche Stoßrichtung des Übereinkommens betrifft, wird quer durch die Themenbereiche ein klares Bekenntnis zur gemeinsamen gesellschaftlichen und kulturellen Tradition spürbar. Die in der Zugehörigkeit zum Gebiet Alttirols begründete Zusammenarbeit soll zu einer stärkeren Vertretung der Interessen und Rechte der Menschen gegenüber den Nationalstaaten bzw. der Europäischen Union führen und letztlich im Interesse der Bevölkerung ein Mehr an sozialer Solidarität bewirken, aber auch ein strukturiertes wirtschaftliches Wachstum. Da die Lebensqualität der Europaregion ganz wesentlich davon abhängen wird, welche Werte in ihr gelebt werden, und da Bildung die Etablierung gemeinsamer Werte fördert, wurden die im Bereich der schulischen Erziehung geplanten Maßnahmen gleich zu Beginn der Erklärung behandelt. Neben einer Vertiefung der spezifischen Lehrerfortbildung sollen bilinguale Schulprojekte und Schulpartnerschaften weiter ausgebaut werden, sodass – vermittelt durch das Erlernen der Sprache und das Kennenlernen der Kultur – schon von der Grundschule an Beziehungen zwischen Kindern und Jugendlichen der unterschiedlichen Sprachgruppen entstehen.

Lange noch bevor durch ARGE ALP und Dreierlandtag gemeinsame politische Projekte die Grenzen zu relativieren versuchten, waren kulturelle Initiativen die ersten vorsichtigen Versuche, die gemeinsame Identität von Tirol, Südtirol und dem Trentino zu wahren. Daher ist es durchaus stimmig, wenn mit der Deklaration vom 15. Oktober 2009 ein länderübergreifender Kulturpreis zur Förderung der zeitgenössischen bildenden Kunst ins Leben gerufen wurde und die Fortsetzung der bis jetzt überaus positiv rezipierten Plattform einer gemeinsamen Landesausstellung zum Beschluss kam. Zur Intensivierung von Museumskooperationen soll nicht nur die Durchführung vernetzter Ausstellungen gefördert werden, sondern eine zweisprachige Homepage entstehen, deren tagesaktueller Kulturkalender den Kunstliebhaber quer durch das historische Tirol führen wird.

Deutlich jünger als die bereits in der Nachkriegszeit einsetzenden länderübergreifenden Kulturinitiativen ist das gemeinsame Bewusstsein dafür, dass Tirol, Südtirol und Trentino in einer ökologisch sensiblen Region der Alpen liegen, um deren Bestand man mit zunehmender Beanspruchung durch den Menschen durchaus fürchten muss. Aus diesem Grund wurden die Bereiche Energie, Verkehr und Umwelt in der Arbeitssitzung nicht als voneinander getrennte Themenbereiche behandelt, sondern zueinander in Beziehung gesetzt. Um eine verantwortliche, nachhaltige und dabei ebenso günstige wie sichere Energieversorgung sicherzustellen, ist es einerseits erforderlich, in neue Umwelttechnologien zu investieren, andererseits die heimische Ressource der Wasserkraft optimal auszunützen. Zu diesem Zweck soll die von der italienischen Regierung zu Beginn der 60er Jahre getrennte Transitleitung über den Brenner wiederhergestellt, aber auch die Vernetzung der drei Landesenergieversorger TIWAG, SEL AG und Dolomiti Energia AG im Allgemeinen verbessert werden. Neben der Integration der Strom- und Gasnetze nördlich

Nach den Feierlichkeiten des Landesfestumzugs nutzten die Regierungsmitglieder das Arbeitstreffen in Innsbruck dazu, gemeinsame politische Zielsetzungen und deren Realisierbarkeit zu diskutieren.

und südlich des Brenners wird der Elektromobilität verstärkte Aufmerksamkeit gewidmet werden, in Zusammenarbeit mit den Energieunternehmen der drei Länder soll eine koordinierte Umsetzung bzw. Weiterentwicklung der bisher vorhandenen technischen Möglichkeiten erfolgen. Im Bemühen, ökologische Erfordernisse und wirtschaftliche Interessen in Einklang zu bringen, haben die Landeshauptleute **Platter**, **Durnwalder** und **Dellai** weiters eine ganze Reihe voneinander abhängiger Maßnahmen beschlossen, die dazu beitragen sollen, einen *Grünen Brenner-Korridor* zu realisieren. Explizit genannt werden u. a. die Abstimmung verkehrslenkender Maßnahmen, die Förderung schadstoffarmer Lastkraftwägen, das schrittweise Verbot von Langstreckentransporten bahnaffiner Güter auf der Straße oder die Sicherstellung der Verfügbarkeit alternativer Antriebsstoffe entlang des Brennerkorridors. Neben diesen umweltpolitischen Bestrebungen wollen sich die Landesregierungen verstärkt um die Verkehrssicherheit bemühen, grenzüberschreitende mehrsprachige Informationskampagnen in Auftrag geben, aufeinander abgestimmte Schwerpunktkontrollen während der Reisezeit durchführen und spezifische Programme für die Risikogruppen Kinder, Jugendliche und Motorradfahrer erarbeiten.

Um den Schwerpunkt Umwelt nachhaltig zu verankern, wurde im Rahmen des Zusammentreffens beschlossen, im Abstand von zwei Jahren eine gemeinsame Klimakonferenz abzuhalten, bei der man Bestimmungen zum Klimaschutz erlassen und die Klimaentwicklung bzw. die Effizienz der in der vergangenen Arbeitsperiode umgesetzten Konzepte auswerten wird. Bei dieser Tagung soll auch ein *Climate-Award* für die beste Klimaschutz-Initiative bzw. die klimafreundlichste Gemeinde verliehen werden. Ein weiterer Kerngedanke des Protokolls befasst sich mit den geologischen Bewegungen des Alpenraums,

Das Arbeitstreffen der Landesregierungen war vom Geist der Gemeinschaft und der Zusammenarbeit geprägt.

GEMEINSAME ERKLÄRUNG DER REGIERUNGEN VON TIROL, SÜDTIROL UND DEM TRENTINO

Links:
Südtirols Landeshauptmann Luis Durnwalder: Wenn Trennendes überwunden wird, kommt dies auch einem gemeinsamen Europa zugute. Unser künftiges Büro in Bozen dient diesem Zweck. Experten aus jedem unserer drei Länder werden dort miteinander an der Umsetzung der heute beschlossenen Ziele arbeiten!

Rechts:
Landeshauptmann-Stellvertreter, Hannes Gschwentner: Mir als Tiroler Umweltreferenten ist der Grüne Brennerkorridor ein besonderes Anliegen und soll zugunsten der Gesundheit der Bevölkerung dies- und jenseits des Brenners realisiert werden. *Neben ihm Landeshauptmann-Stellvertreter Anton Steixner; im Hintergrund Landesrätin Patrizia Zoller-Frischauf.*

die über lange Zeit zurück verfolgbar oft schon massive soziale und wirtschaftliche Schäden verursacht haben. Zur besseren Einschätzung des Gefährdungspotenzials und zur Ermöglichung vorbeugender Maßnahmen soll ein geologischer Ereigniskataster Felsstürze, Geländesackungen etc. geografisch verorten sowie den zeitlichen Verlauf und die Wiederholungshäufigkeit der Ereignisse darstellen. Last but not least wurde das Braunbären-Wiederansiedelungs-Projekt der Provinz Trient behandelt, an dem sich Tirol und Südtirol insofern beteiligen werden, als wissenschaftliche Daten und Ergebnisse ausgetauscht und ein koordiniertes Konfliktmanagement entwickelt werden soll.

Ähnlich komplex wie der Themenkreis Umwelt gestaltet sich der Bereich Gesundheit. Um angesichts bzw. trotz der steigenden Lebenserwartung einen sozial gerechten Zugang zur medizinischen Versorgung gewährleisten zu können, muss bei gleichzeitiger Kostenreduktion die Effizienz des Gesundheitswesens gesteigert werden, eine nicht geringe Herausforderung, die nach grenzüberschreitender Zusammenarbeit verlangt. Wurde am 15. Oktober im Hinblick auf medizinische Forschung, Ärztefortbildung und Projektentwicklung zur Fehlervermeidung ein klares Bekenntnis zum Schulterschluss geleistet, wird künftig insbesondere der Prävention vermehrt Aufmerksamkeit gewidmet. Länderübergreifende Präventionskampagnen sollen möglichst viele Menschen erreichen und durch Synergieeffekte Kosten einsparen, so wie dies auch im Hinblick auf die Krankenkassen geplant ist, die verstärkt angehalten werden, zu überprüfen, ob bzw. wo der gemeinsame Einkauf die finanzielle Belastung reduzieren kann. Eine ganze Reihe an sowohl ökonomisch als auch inhaltlich erfolgreichen Kooperationen besteht bereits im Aufgabenkreis der Wissenschaft, weshalb die Forschungsallianz *Euregio Tirol* noch intensiviert, das zwischen Südtirol und Trient abgeschlossene Förderabkommen für eine nachhaltige Bauwirtschaft auf Tirol ausgeweitet und ein universitärer Schwerpunkt zur regionalen Geschichtsforschung etabliert werden sollen.

Die Erklärung zum Thema Wirtschaft greift in der Folge einen der Höhepunkte des Gedenkjahres 2009 auf, nämlich die Veranstaltung *Tirol und Südtirol grüßen Wien*, im Rahmen derer die beiden Länder am Wiener Rathausplatz den Wirtschafts-, Tourismus- und Bildungsstandort Tirol und Südtirol präsentiert haben. Angeregt durch den Erfolg der von rund 80.000 Menschen besuchten Veranstaltung haben die Landeshauptleute bei ihrer Zusammenkunft in Innsbruck beschlossen, den in den Bereichen Sachgütererzeugung, Handel und Tourismus spezialisierten Wirtschaftsstandort Europaregion vermehrt gemeinsam zu vermarkten und neben Imageaufbau bzw. -pflege auch die noch nicht ausgenützten Potenziale der wirtschaftlichen Kooperation auszuschöpfen.

Die Erfahrung der Weltwirtschaftskrise hat darüber hinaus gezeigt, wie wichtig der Grundsatz der Nachhaltigkeit für die langfristige Sicherung und Entwicklung der Wettbewerbsfähigkeit ist. Aus diesem Grund wollen Tirol, Südtirol und Trentino versuchen, ein Projekt auszuarbeiten, dessen Ziel in der freiwilligen Zertifizierung nachhaltig wirtschaftender Unternehmen besteht. Ein Augenmerk

Im Anschluss an das Arbeitstreffen unterzeichneten die Landeshauptleute Lorenzo Dellai, Günther Platter und Luis Durnwalder im Beisein zahlreicher Medienvertreter eine gemeinsame Erklärung.

auf die Qualität wird schließlich im Bereich der Berglandwirtschaft gelegt, wo – in Anlehnung an die *Resolution Berglandwirtschaft* vom Juli 2009 – eine ausreichend hohe Abgeltung der erbrachten Gemeinwohlleistungen gewährleistet werden muss, will man die alpine Kulturlandschaft erhalten und Abwanderungstendenzen entgegenwirken.

In einem Moment also, so könnte man zusammenfassen, da das Gedenkjahr sich bereits allmählich seinem Ende zuneigt, haben die Landeshauptleute **Günther Platter**, **Luis Durnwalder** und **Lorenzo Dellai** ein ebenso dichtes wie ausgewogenes Maßnahmenpaket geschnürt, das über Feierlichkeiten, Gedenken und Reflektieren hinaus in die Zukunft weist, die Länder Tirol, Südtirol und Trentino noch näher zusammenführen und die hohe Lebensqualität der Europaregion sicherstellen bzw. sogar verbessern will.

Da jedoch der Genuss von Freiheit und Wohlstand allein nicht Kriterium einer in einem umfassenden Sinn reichen Gesellschaft ist, sondern das eigene Wohlergehen stets eine soziale Verpflichtung beinhaltet, schließt die Deklaration mit einem länderübergreifenden Entwicklungsprojekt, im Rahmen dessen die Grenzregion Uganda-Tansania unterstützt werden soll. Schwerpunkte sind die Lebensmittelversorgung, die Bereitstellung von sauberem Trinkwasser in zumutbarer Nähe, eine flächendeckende Gesundheitsvorsorge und das Setzen wirtschaftlicher Impulse. Mit diesem gemeinsamen Engagement für eine strukturell benachteiligte Partnerregion aber schließt sich der Kreis zu jenen, in die Tat umgesetzten Werten, die im Bereich Bildung vermittelt werden sollten und auf die es letztlich ankommt, will sich das historische Tirol zu einer über die Erinnerung an die Vergangenheit hinausreichenden gemeinsamen Identität bekennen.

Dreierlandtag in Mezzocorona

29. Oktober 2009

Das Unterzeichnen einer gemeinsamen Erklärung, die Präsentation des Standortes Tirol und Südtirol in Wien, eine Vielzahl an grenzüberschreitenden Projekten – all dies ist für uns gegenwärtig eine Selbstverständlichkeit. Dem war jedoch nicht immer so. Aufgrund seiner besonderen geografischen Lage seit jeher Drehscheibe der Kulturen, war Tirol nach dem Zweiten Weltkrieg außenpolitisch weitgehend isoliert. Die kriegsverschonte, neutrale Schweiz war vorsichtig, mit den österreichischen Nachbarn allzu intensive Kontakte aufzunehmen, mit Bayern war die Möglichkeit der Zusammenarbeit wegen der angeblichen *Wiederanschlussgefahr* begrenzt und zwischen Italien und Österreich herrschten angesichts des ungelösten Südtirol-Problems starke Spannungen. Die ersten bilateralen Kontakte bedienten sich der Kultur als Vehikel, das zähe Bestreben der damaligen Landesväter, welche die eigenen regionalen Außenbeziehungen selbst in die Hand nehmen und nicht länger als exklusive Angelegenheiten der Außenministerien von Rom und Wien betrachten wollten, zeigte allmählich Erfolg.

Im Juni 1970 fand auf Betreiben der Landtagspräsidenten **Alois Lugger** und **Robert von Fioreschy** sowie der Landeshauptleute **Eduard Wallnöfer** und **Silvius Magnago** in Bozen ein offizielles Treffen statt, an dem erstmals nach über 50 Jahren Abgeordnete von Tirol und Südtirol teilnahmen. Knapp zwei Jahre später traf man sich in Innsbruck im historischen Sitzungssaal des Alten Landhauses. 1991 wurden auch das Trentino und Vorarlberg einbezogen, wobei der so genannte Viererlandtag bereits 1996 durch das freiwillige Ausscheiden Vorarlbergs, das in der Folge einen Beobachterstatus einnahm, auf einen Dreierlandtag reduziert wurde, der seit damals in regelmäßigen Abständen zusammentritt, um grenzüberschreitende Anliegen zu diskutieren und an die Landesregierungen Lösungsvorschläge zu unterbreiten. Zwar handelt es sich beim Dreierlandtag weder um ein gesetzgebendes Organ, noch kann er die Landesregierungen zur Durchführung seiner Beschlüsse verpflichten oder ein Kontrollrecht ausüben. Dennoch weist die hohe – knapp 80 Prozent betragende – Umsetzungsrate seiner Beschlüsse den Dreierlandtag klar als Erfolgsprojekt aus.

Die Erfahrung der vergangenen Jahrzehnte, wonach der Dreierlandtag an strukturelle Grenzen stößt, sich nichtsdestotrotz aber gerade in Sachfragen großer Akzeptanz erfreut, war dann auch ausschlaggebend dafür, dass sich der Dreierlandtag im Gedenkjahr 2009 zunächst mit der rechtlichen Aufwertung der Europaregion Tirol-Südtirol-Trentino befasste. Konkret wurde diskutiert, welche Vorteile und Chancen die Schaffung eines Europäischen Verbundes für territoriale Zusammenarbeit beinhalten würde und unter welchen Vorzeichen ein EVTZ *Euroregion Südtirol/Alto Adige, Tirol und Trentino* zu realisieren wäre. Das Instrument des EVTZ ist ein Ergebnis der jüngeren Rechts-Aktivitäten der EU und zielt – mit Verordnung (FG) Nr. 1082/2006 eingeführt – darauf ab, Schwierigkeiten in der Durchführung und Verwaltung

*Oben:
Am 29. Oktober 2009 war die Gemeinde Mezzocorona im Etschtal Gastgeber für den Dreierlandtag der Länder Tirol, Südtirol und Trentino.*

von Aktionen der territorialen Kooperation zu überwinden, die sich aufgrund von unterschiedlichen nationalen Vorschriften und Verfahren ergeben. Aus einer Übereinkunft zwischen den Mitgliedern und einer Satzung bestehend, verfügt der EVTZ über eine eigene Rechtspersönlichkeit und kann daher seinen Mitgliedern, den EU-Institutionen und Dritten gegenüber direkt handeln.

Eine weitere strukturelle Maßnahme, die in Mezzocorona getroffen wurde, stellt die Gründung einer Landesjugendvertretung, namentlich eines *Jugend-Dreierlandtages* dar, wobei das von den drei Ländern beschickte Gremium nicht nur einen Querschnitt der gesamten Bevölkerung unter 30 Jahren darstellen, sondern Jugendliche aus einer möglichst großen Zahl an Vereinen, Verbänden und Parteien umfassen soll. In Anbetracht dessen, dass Jugendliche zwar prinzipiell politikinteressiert sind, sich jedoch aufgrund mangelnder politischer Organe und eines infolge der sinkenden Geburtenraten ungünstigen Mehrheitsverhältnisses kaum in die politischen Abläufe einbringen können, weicht bei vielen das Interesse der Gleichgültigkeit. Dem entgegenzuwirken war das erklärte Ziel der Landtagspräsidenten **Herwig van Staa**, **Dieter Steger** und **Giovanni Kessler**, als sie den Beschluss der Einrichtung eines Jugend-Dreierlandtages unterzeichneten, welcher in Zukunft im Vorfeld des Dreierlandtages zusammenkommen und die gemeinsamen Anliegen thematisieren bzw. diskutieren wird.

Was die inhaltlichen Beschlüsse der Konferenz betrifft, lassen sich quer durch die teils eher theoretischen, teils sehr konkreten Papiere verschiedene Schwerpunkte feststellen, die im Wesentlichen den Bereichen Wirtschaft, Gesellschaft, Kultur, Bildung und Sicherheit zugeordnet werden können. Ausgehend von den Erfahrungen der Wirtschaftskrise wurde zunächst die Sinnhaftigkeit einer Finanztransaktionssteuer diskutiert, die wissenschaftlichen Prognosen zufolge zu einer Verringerung der Schwankungen von Wechselkursen, Rohstoffpreisen und Aktienkursen beitragen würde. Davon abgesehen könnten die Einnahmen aus der Versteuerung kurzfristiger Finanztransaktionen zur Refinanzierung jener Mehrausgaben herangezogen werden, die den Staaten bei der Eindämmung der Folgen einer Finanzkrise entstehen. Im Beschluss Nr. 4 des Dreierlandtages wurde daher der Wunsch bekundet, Italien und Österreich mögen sich für die Umsetzung einer europaweit einheitlichen Finanztransaktionssteuer und eine rasche Verabschiedung einer europäischen Banken-Richtlinie einsetzen, um auf diese Weise eine umfassende Regulierung und Kontrolle von Akteuren und Instrumenten der Finanzmärkte zu erreichen.

Ein klarer Appell an die nationale Ebene erging auch im Hinblick auf die Berggebiete, die aufgrund ihrer Benachteiligung am freien Markt politische Sondermaßnahmen brauchen, wenn die Besiedelung des ländlichen Raums, die Versorgung der Bevölkerung mit Lebensmitteln und agrarischen Rohstoffen sowie der Schutz des Bodens vor Erosion, Lawinen, Hangrutschungen oder Überschwemmungen gewährleistet werden sollen. Als mögliche Instrumente wurden verschiedene Prämienmodelle erörtert, Transportkostenzuschüsse für die Milchwirtschaft vorgeschlagen, bzw. eine finanzielle Unterstützung beim Ankauf von Spezialmaschinen. Weiters wollen die Länder Tirol, Südtirol und Trentino durch Direktvermarktung und

*Links:
Landeshauptmann Günther Platter im Gespräch mit Elmar Pichler-Rolle*

*Rechts:
Die Landeshauptleute Günther Platter, Lorenzo Dellai und Luis Durnwalder*

Förderung kleiner Lebensmittelunternehmen einheimischen Produkten neue Absatzmöglichkeiten eröffnen, die ländliche Nahversorgung wieder stärker etablieren, in öffentlichen Einrichtungen wie Krankenhäusern, Schulen und Mensen vermehrt auf regionale Erzeugnisse zurückgreifen bzw. in Ausschreibungen weniger den Preis als vielmehr Qualitätsmerkmale und Umweltkriterien als Zuschlagskriterien vorschreiben.

Da neben der Landwirtschaft – mit ihrem sozialen Aspekt bzw. ihrer Schutz- und Erhaltungsfunktion gegenüber der Umwelt – auch der alpine Tourismus eine Tätigkeit von öffentlichem Interesse darstellt, haben die Vertreter der Europaregion in Mezzocorona beschlossen, die Weichen für eine einheitliche und gemeinsame Tourismuswerbung zu stellen. Dafür ist es jedoch unerlässlich, Tourismus und Umwelt besser in Einklang zu bringen, die Gäste für die Ökologie des Alpenraumes zu sensibilisieren und ihnen die Gelegenheit zu geben, das heimische Naturerbe in seiner Vielfalt zu erleben. Neben diesem Fokus auf Umwelt und Natur soll die gemeinsame Urlaubsregion aber auch in historischer, künstlerischer, kultureller und sprachlicher Hinsicht als spannendes, facettenreiches und schließlich überzeugendes Produkt präsentiert werden. Synergien sind darüber hinaus im Bereich der Energieeffizienz zu erwarten, insbesondere in Anbetracht der Tatsache, dass seit dem letzten einschlägigen Beschluss des Dreierlandtages vom 18. April 2007 gerade im Hinblick auf Einsparungspotenziale im Haushalt, energieeffiziente Beschaffungspraktiken und eine gesteuerte Entwicklung des Energieverbrauchs bereits beachtliche Erfolge erreicht werden konnten.

Eine andere Problemstellung, die für die Zukunft der Europaregion von Bedeutung sein wird, ist der Brennerkorridor, der nach wie vor die Hauptlast des alpenquerenden Transitverkehrs trägt. In Anlehnung an den *Aktionsplan Brenner 2009–2022* einigten sich die drei Länder auf eine ganze Reihe von Maßnahmen, die eine Verlagerung des Güterverkehrs auf die Schiene nach sich ziehen sollen und jede für sich ein Schritt in die richtige Richtung eines grünen Brennerkorridors ist. Neben einem deutlichen Ja zum Brenner-Basistunnel und seinen Zulaufstrecken beschlossen die politischen Interessensvertreter u. a. die Vereinheitlichung des Umwelt- und Gesundheitsmonitorings, die Förderung des unbegleiteten kombinierten Verkehrs und die Harmonisierung der Straßenbenützungsgebühren und die Errichtung der ersten europäischen Wasserstoff-Meile, aber auch Nachtfahrverbot und die Einführung abgasarmer Lastkraftwägen standen auf der Tagesordnung. Will man die Bahn gegenüber der Straße aufwerten, sind – von den politischen Impulsen im Bereich des Güterverkehrs einmal abgesehen – Neuerungen und Verbesserungen im Personenverkehr unerlässlich, wie etwa eine Vereinheitlichung des Tarifsystems zwischen Nord-, Ost- und Südtirol, die Schaffung attraktiver Zeitintervalle auf der Strecke München–Verona, die Gewährleistung moderner und sau-

Links:
Lorenzo Dellai, Landeshauptmann des Trentino:
Ich bin überzeugt, dass keiner den außergewöhnlichen Wert dieser gemeinsamen Sitzung bezweifelt. Zunächst da wir auf diese Weise die stärkste Kooperation zwischen Trient, Bozen und Innsbruck realisieren können, zugleich aber, weil hier versucht wird, einen soliden politischen und institutionellen Rahmen für unsere Zusammenarbeit zu schaffen.

Rechts:
Neben wichtigen politischen Richtungsentscheidungen wurden auch sehr konkrete Fragestellungen diskutiert und zur Abstimmung gebracht.

Landtagspräsident Herwig van Staa mit den Landtagspräsidenten von Südtirol, Dieter Steger, und dem Trentino, Giovanni Kessler.

berer Zuggarnituren oder die Einführung länderübergreifender Vergünstigungen für Schüler und Studenten.

Diese letzte Initiative jedenfalls führt von der Wirtschaft in den Aufgabenkreis des Sozialen bzw. der Gesellschaft, wo neben der Ausweitung des Bahntickets *Abo plus* auf das Bundesland Tirol in erster Linie zweckmäßige Hilfestellungen zur Entspannung des Arbeitsmarktes in der Region diskutiert wurden. Abgesehen von dem in Beschluss Nr. 21 gefassten Appell an die Landesregierungen, ein Konzept zur Verbesserung der Beschäftigungssituation zu erarbeiten, sollen grenzüberschreitende, dauerhafte Kooperationen zwischen AMS, AMG und den entsprechenden Partnerorganisationen in Südtirol und dem Trentino zu einer Abstimmung des Stellenmarktes führen, wobei eine solche sich in der Folge positiv auf die Nutzung der neuen und flexiblen Arbeitsformen auswirken bzw. dazu beitragen würde, dass die Dynamik der sich beständig öffnenden Schere zwischen Reich und Arm unterbrochen oder zumindest verlangsamt werden kann.

Im Unterschied zu diesen grundsätzlichen Richtungsentscheidungen gestaltete sich der Gedankenaustausch in Mezzocorona dort sehr konkret, wo es um die Vertiefung der Zusammenarbeit in den Bereichen Universität und Schule ging. Denn sowohl im Hinblick auf den Austausch zwischen Wissenschaftlern und Studenten, aber auch im Hinblick auf Schulpartnerschaften, Schüleraustausch und bilinguale Schultypen dürfen Tirol, Südtirol und Trentino bereits auf eine große Zahl an erfolgreichen Projekten zurückblicken, die sich über die Jahre bewährt haben und deren stetiges Wachsen es heute und morgen zu begleiten bzw. zu koordinieren gilt. Nicht zuletzt sollen diese Initiativen nicht als Einzelphänomene betrachtet werden, sondern in ihrem Stellenwert innerhalb einer kulturpolitischen Gesamtvision des historischen Tirol begriffen werden.

Eine solche Gesamtvision verlangt auf der einen Seite nach Distanz und theoretischer Reflexion, auf der anderen Seite nach der Wahrung der kulturellen Besonderheiten wie der Minderheitensprachen. Diese Zielsetzungen vor Augen unterzeichneten die Landtagspräsidenten **Herwig van Staa**, **Dieter Steger** und **Giovanni Kessler** am 29. Oktober die Beschlüsse Nr. 2, 3 und 20, in denen

es um die Stärkung der Lokalsprachen (Nr. 3), die Erarbeitung einer Überblicksdarstellung der Geschichte Tirols, Südtirols und des Trentino (Nr. 20) sowie die Neubelebung der gemeinsamen Vergangenheit in Gesellschaft und Kultur (Nr. 2) geht.

Zurück zu den oftmals banalen Notwendigkeiten des politischen Alltags, schnürten die Abgeordneten des Dreierlandtages schließlich ein Maßnahmenpaket zum Überbegriff Sicherheit. Darin wurden Gefahrenquellen der Arbeitswelt ebenso behandelt wie die Möglichkeit, Verkehrs- und Freizeitunfällen vorzubeugen. Der alpine Tourismus und der Trend zum sportlichen Ausgleich führen immer mehr Menschen in die Alpen. Da diese zum Teil mit den Gefahren der Berge nicht vertraut sind, wird es in Zukunft zunehmend von Bedeutung sein, das alpine Wegenetz vorbildlich zu warten, einheitlich zu beschildern und zu markieren bzw. mit aussagekräftigen Schwierigkeitseinteilungen zu versehen. Häufig unterschätzt werden weiters die Gefahren des Skisports, weshalb sowohl Sensibilisierungskampagnen als auch Sicherheits-Standards und das Anwenden von Sanktionen länderübergreifend eine größere Wirkung erzielen könnten. Ähnliches gilt für die Verminderung von Verkehrsunfällen unter Alkoholeinfluss bzw. für durch Unwissenheit oder Unachtsamkeit verursachte Arbeitsunfälle.

Damit aber schließt der Dreierlandtag von Mezzocorona, der in seinem Wechselspiel von Theorie und Praxis gezeigt hat, dass es den Politikern der Europaregion im Gedenkjahr 2009 nicht an konkreten Plänen fehlt, wo die Phase der Orientierung bereits abgeschlossen ist, und nicht an Visionen, wo die Summe der Initiativen nach Struktur und theoretischer Distanz verlangt.

>> *Die Geschichte schien durch all die kritischen Forscher nahezu entblößt. Übrig blieben die menschlich meist tragischen Schicksale von damals.* <<

Zunächst war aufgefallen, dass die Geschichte sehr viel schlanker und auch weniger auffällig gekleidet daherkam als früher. Der meiste Popanz der vergangenen zwei Jahrhunderte war verschwunden. Die Geschichte schien durch all die kritischen Forscher nahezu entblößt. Die vielen unnützen Kleider, in die man den Andreas Hofer und die Seinen im Laufe der Zeit gesteckt hatte – vom tapferen und Franzosen verachtenden Barbone bis zum vorrevolutionären Helden in den Marxismusausstellungen der DDR und sonst wo –, sind wohl endgültig auf dem Müllplatz der Geschichte gelandet. Übrig blieben die menschlich meist tragischen Schicksale von damals.

Die Zukunft hingegen konnte es nicht lassen, schamlos zu übertreiben und sich nach dem Motto *Was kostet die Welt?* zu gerieren. Sie gefiel sich in der Rolle, Tirol als den Nabel der Welt und die TirolerInnen als ein Volk von strotzendem Selbstbewusstsein zu beschreiben. Kein Wunder, dass dann 100.000 Leute aufmarschierten, um sich selbst zu zelebrieren. Dennoch war der Landesumzug ein farbenprächtiges Spektakel, das in nah und fern großes Aufsehen erregte.

Die Geschichte war dann auch ein wenig niedergeschlagen, dass sie von der Zukunft kaum ernst genommen wird und wenig Bereitschaft besteht, von ihr zu lernen, wie man verhindern könnte, bekannte Fehler ein zweites Mal zu machen. Dennoch war sie nicht frustriert, weil sie durchaus die vielen kleinen Lichter wahrnahm, die von Künstlern, kritischen Geistern, jungen und einfachen Leuten angezündet wurden, um der Zukunft auf den richtigen Weg zu leuchten.

Schließlich geht es ja darum, diesem Land in der Mitte Europas eine viel versprechende Rolle zu geben, die vorhandenen Chancen zu nützen und sich auf das, was da kommen könnte, vorzubereiten. Tirol bleibt ein Passland und Pässe sind Verbindungen, nicht Grenzen, wie man es am Ende des Ersten Weltkrieges suggerierte. Das Passland Tirol hat daher die Chance, statt unter schlecht gebauten Verkehrsverbindungen zu leiden, Wirtschaftsräume miteinander zu verknüpfen, als Vermittler zwischen Nord und Süd aufzutreten, die romanische mit der germanischen Kultur zu befruchten und umgekehrt, mitzuhelfen, dass Europa an der Naht, die durch Tirol verläuft, zusammenwächst. Wenn das gelingt, dann haben wir uns den Namen *Europaregion* auch redlich verdient.

Mal sehen, was sich die beiden Damen bei ihrem nächsten Treffen zu erzählen haben werden.

Franz Fischler
EU-Kommissar a. D.

Abschluss und Ausblick

Auf den Spuren Andreas Hofers

19. Februar 2010

Mit der Dauerausstellung *Helden + Hofer* wurde im Museum Passeier bereits ganz zu Beginn des Gedenkjahres ein Raum geschaffen, der historische Informationen und philosophische Fragestellungen sichtbar, hörbar und nachvollziehbar aufbereitete und es somit nicht nur dem Historiker ermöglichte, sich auf Spurensuche nach Andreas Hofer zu begeben. Für all jene aber, die in diesem Gedenkjahr nicht die Möglichkeit haben würden, nach St. Leonhard in Passeier zu kommen, haben die Museumsleitung und das Südtiroler Landesamt für Kultur eine Initiative der Erwachsenenbildung ins Leben gerufen, die ihresgleichen sucht: Gefüllt mit zweisprachigen Faltblättern, Büchern, Shopartikeln und – vor allem – engagierten Mitarbeitern, die gerne ihr Wissen

*Seite 221:
Der Kulturlandesrat des Trentino Franco Panizza und die Landeshauptleute Luis Durnwalder und Günther Platter vor der am 20. Februar 2010 enthüllten Andreas-Hofer-Stele*

Am Ende der Bildungsfahrt auf den Spuren Andreas Hofers erreichten der Andreas-Hofer-Bus, sein Team und die rund 60 Teilnehmer den Palazzo d´Arco von Mantua.

AUF DEN SPUREN ANDREAS HOFERS

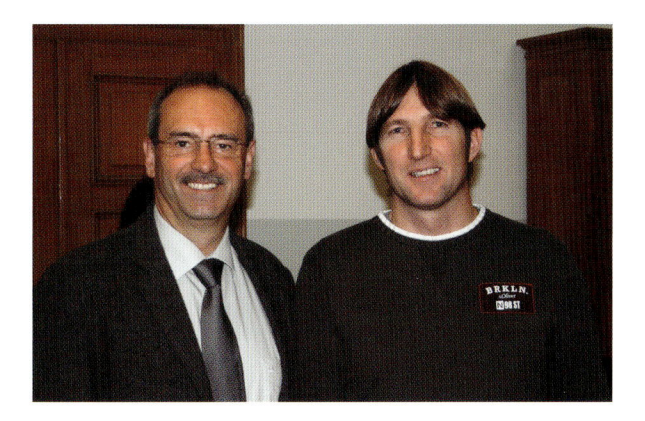

Links oben:
Verlosungen mit attraktiven Preisen waren besonders für die jungen Andreas-Hofer-Bus-Gäste ein beliebter Höhepunkt. Im Bild Heidi Pixner beim Ziehen der Lose

Links in der Mitte:
Die Referenten Albin Pixner und Werner Graf

Links unten:
Tourstart in Wien im Jänner 2009: Museumsobmann Albin Pixner, Nationalratsabgeordneter Hermann Gahr, Nationalratspräsident a. D. Andreas Khol, Bürgermeister von St. Leonhard Konrad Pfitscher und der Bürgermeister von St. Martin Hermann Pirpamer

Rechts oben:
Nach der letzten Fahrt des Gedenkjahres wurde die bunte Klebefolie vom Andreas-Hofer-Bus wieder abgezogen.

Rechts unten:
Der Andreas-Hofer-Bus auf Zwischenstopp in Neumarkt

Nicht nur Kinder begeisterten sich für die Fotowand, auch Bürgermeister und Museumsdirektoren ließen sich mit Hofer-Bauch und Haspinger-Bart ablichten.

weitergaben bzw. sich bereitwillig in die eine oder andere Diskussion einließen, tourte der Andreas-Hofer-Bus quer durch das historische Tirol.

Über 70 Routen und rund 15.000 Kilometer hat der Andreas-Hofer-Bus vom 20. Jänner 2009 bis zum 20. Februar 2010 bewältigt. Dabei wurden in erster Linie jene Stätten angefahren, an denen sich Andreas Hofer vor 200 Jahren aufgehalten hat. Hier standen Vorträge zu den geschichtlichen Ereignissen vor Ort, Exkursionen, Besuche von Schulklassen, Quizspiele und Verlosungen sowie die Zusammenarbeit mit zahlreichen kulturellen Einrichtungen und Vereinen im Vordergrund. Zugleich bot das Team des auffällig gestalteten Kleinbusses Abendvorträge zu diversen, in Zusammenhang mit den Freiheitskämpfen von 1809 stehenden Themen an. Ein reichhaltiges Angebot an lebendiger und moderner Geschichtsvermittlung also, das insgesamt über 3.000 Interessierte wahrgenommen haben.

Gelungener Höhepunkt und gleichzeitiger Abschluss des Projektes war die letzte Fahrt des Busses nach Mantua, im Rahmen derer von der Gefangennahme auf der Pfandleralm bis zur Hinrichtung Hofers die letzten Stationen seines Lebens aufgesucht wurden. Ausgehend vom Sandhof in St. Leonhard wurde bei jeder dieser Stationen – Meran, Bozen, Neumarkt, Ala, Peschiera, Borghetto usw. – über die geschichtlichen Zusammenhänge und Hofers Erlebnisse vor 200 Jahren berichtet, in Mantua schließlich die Zitadelle besichtigt und ein Vortrag zu den letzten Tagen des Landeskommandanten besucht. Während am Samstag die Schützen der Europaregion am Porta-Giulia-Platz Aufstellung nahmen, stand für die Teilnehmer der Exkursion noch eine Stadtführung sowie die Besichtigung der Ausstellung *Zu Mantua in Banden. Mantova fra Napoleone e Andreas Hofer* auf dem Programm.

Die letzten Momente des Gedenkjahres

19. und 20. Februar 2010

Eine starke Europaregion braucht starke Persönlichkeiten, Vorbilder, Menschen, die sich in besonderer Weise für ihr Land einsetzen. Die heute Ausgezeichneten sind solche Vorbilder im Sinne zivilgesellschaftlicher Verantwortung. Sie sind Fundament einer lebendigen und starken Gesellschaft in Tirol. Mit diesen Worten eröffnete Landeshauptmann **Günther Platter** den das Gedenkjahr abschließenden Ehrenakt am 19. Februar 2010. *Viele Menschen haben 2009 dies- und jenseits des Brenners dazu beigetragen, mit gemeinsamen historischen Wurzeln in eine lebendige Zukunft zu gehen. Dieses gemeinsame Tirol, unsere Europaregion, ist voller Leben, das es jetzt weiter zu nutzen gilt. Denn was jetzt nicht passieren darf, ist, dass dieses Feuer wieder erlischt.*

Mit diesen Grußworten unterstrich der Landeshauptmann zum Ausklang des Gedenkjahres einmal mehr, was im Jahr 2009 quer durch alle Veranstaltungen und Aktivitäten spürbar war: Im Mittelpunkt des Erinnerns standen nicht einzelne historische Ereignisse, an denen man wie an einer Trophäe festgehalten hätte, sondern – damals wie heute – die Menschen mit ihrem Einsatz und ihrer Verbundenheit für die gemeinsame Heimat. Über die traditionelle Bedeutung des Ehrungsaktes hinaus war es daher am Vortag des 20. Februars zugleich eine symbolische Handlung, noch einmal zwölf Persönlichkeiten aus Wirtschaft, Politik, Kultur, Sozialem und Religion herauszugreifen und ihnen das Ehrenzeichen des Landes Tirol zu verleihen. Dieser offizielle Dank der Landeshauptleute **Günther Platter** und **Luis Durnwalder** galt einmal dem Bischof der Diözese Bozen-Brixen **Karl Golser**, der sich gemäß seinem Wahlspruch *Christus unser Friede* besonders für das friedliche Zusammenleben der drei Volksgruppen in Südtirol eingesetzt hat.

Als engagierte Politiker wurden im Riesensaal der kaiserlichen Hofburg Landesrat a. D. **Erwin Koler**, Nationalrätin a. D. **Helga Machne**, Landtagsabgeordneter a. D.

Die Landeshauptleute Luis Durnwalder und Günther Platter dankten Inge Partl im Namen der unzähligen Kinder und Familien, deren Sorgen sie und ihr engagiertes Team sich in 40 Jahren des sozialen Engagements bereits angenommen haben.

Rechts oben: Der österreichische Botschafter Christian Berlakovic, Nationalrat Hermann Gahr, der Obmann des Tiroler Seniorenbundes Helmut Kritzinger, Landesrat Richard Theiner, Landtagspräsident Herwig van Staa, Landesrat Hans Berger und der Präsident der Provinz Mantua Maurizio Fontanili.

Der Landeskommandant des Südtiroler Schützenbundes (Mitte rechts) Major Paul Bacher war für die offiziellen Feierlichkeiten – insbesondere den Landesüblichen Empfang, den Gedenkgottesdienst und die Kranzniederlegung – verantwortlich und sorgte gemeinsam mit den Schützen aller Landesteile für einen würdigen Abschluss des Gedenkjahres.

DIE LETZTEN MOMENTE DES GEDENKJAHRES

Die Ehrenkompanie Tramin unter dem Kommando von Hauptmann Richard Enderle

Klaus Madritsch, Gemeindeverbandspräsident a. D. **Hubert Rauch** sowie der Gemeinderat, Bürgermeister und Generaldirektor a. D. der Südtiroler Landesverwaltung **Adolf Auckenthaler** geehrt. Im Gebiet Wirtschaft fiel die Wahl auf **Karl Handl**, den Aufsichtsratsvorsitzenden der Handl Familien Betriebe, der in seiner 40-jährigen unternehmerischen Tätigkeit nicht nur die Marke Tirol wesentlich gestärkt, sondern seinen Betrieb als Vorzeigeunternehmen in Bezug auf Lehrlingsausbildung, Familien- und Frauenfreundlichkeit geführt hat. Mit **Helga Broschek**, Mitbegründerin und Gesellschafterin der Gebro G. Broschek KG, wurde eine engagierte Frau gewürdigt, die als junge Magistra der Pharmazie an der Seite ihres Gatten und mit anfänglich nur drei Mitarbeitern ein Arzneimittelunternehmen ins Leben gerufen hat, das sich trotz der äußerst schwierigen Startbedingungen nach dem Zweiten Weltkrieg zu einem renommierten Pharmaproduzenten mit 460 Beschäftigten und einem Jahresumsatz von 104 Millionen Euro entwickelt hat. Für ihr außergewöhnliches Engagement um eine soziale und dabei doch erfolgreiche Wirtschaft wurde schließlich die Vorstandsvorsitzende der Baufirma Niederstätter **Maria**

*Links:
Im Anschluss an die Enthüllung der Andreas-Hofer-Stele wurde unter großer Beteiligung der Gläubigen ein Gedenkgottesdienst gefeiert.*

*Rechts oben:
Die Landeshauptleute Luis Durnwalder und Günther Platter enthüllten gemeinsam mit der Bürgermeisterin von Mantua Fiorenza Brioni und mit dem Kulturlandesrat des Trentino Franco Panizza die Andreas-Hofer-Stele.*

*Rechts unten:
Die Musikkapelle Zwölfmalgreien aus Bozen sorgte für die musikalische Gestaltung der Messfeier.*

Niederstätter geehrt, die bereits mit 20 Jahren den Schritt in die Selbständigkeit gewagt hat und sich damals für ihr Vorhaben vom Landesgericht Bozen frühzeitig als volljährig erklären lassen musste.

Mit zwei starken Frauen ging es auch im Bereich Soziales weiter. Ob als Igel-Retterin oder als engagierte Schreiberin von Tierschutz-Kolumnen, die Geschäftsführerin des Tierheimes Mentlberg, **Inge Welzig**, ist nicht nur den Tiroler Tierschützern ein Begriff, zielt ihr Einsatz letztlich doch darauf ab, dass eine Gesellschaft, in der Rücksicht und Respekt vor schwächeren Geschöpfen praktiziert werden, auch für den Menschen eine lebenswertere Gesellschaft ist. Für die Vision einer besseren Welt setzt sich ganz besonders **Inge Partl** ein, die als Gründungsmitglied und Obfrau des Vereins *Rettet das Kind* seit über 40 Jahren und in unzähligen Fällen auf rasche, unbürokratische Weise geholfen hat, wo Kinder in Not waren. Mit vielfältigen Projekten wie Soforthilfe, Weihnachtsaktion, Therapiebus, Schulstart- und Lernhilfe, Leihoma oder Patenschaften unterstützt der Verein sparsam und zugleich effektiv Eltern und Kinder in ihrer jeweiligen Lage und genießt daher weit über den Kreis der Spender hinaus einen hervorragenden Ruf. Was last but not least die Kultur betrifft, wurde mit **Franz Caramelle**, Landeskonservator von Tirol a. D., ein Kunsthistoriker gewürdigt, der mit seinem über 40 Jahre andauernden unermüdlichen Einsatz für die Denkmalpflege eine Ära geprägt hat.

Nachdem also am Freitagvormittag bei strahlendem Frühlingswetter am Bergisel-Denkmal ein Kranz nie-

DIE LETZTEN MOMENTE DES GEDENKJAHRES

Links oben:
Die Standarte von Mantua

Rechts oben:
Schulkinder aus Mantua trugen eine italienische Fassung der Tiroler Landeshymne vor.

Links in der Mitte:
Der Landeskurat des Südtiroler Schützenbundes Paul Rainer hielt die Festpredigt

Links unten:
Die Begleitoffiziere der Standarte des Bundes der Tiroler Schützenkompanien und der Bundesfahne des Südtiroler Schützenbundes

Rechts in der Mitte und unten:
Die Landeshauptleute Günther Platter und Luis Durnwalder gedachten gemeinsam mit Kulturlandesrat Franco Panizza bei der Kranzniederlegung der letzten Stunden des Andreas Hofer.

*Links:
Der Landeskommandant des Südtiroler Schützenbundes Major Paul Bacher*

Die Bürgermeisterin von Mantua Fiorenza Brioni

dergelegt worden war und im Anschluss daran in der Hofburg zwölf verdiente Tiroler Persönlichkeiten das Ehrenzeichen des Landes Tirol erhalten haben, machten sich die Vertreter der Landesregierungen und mit ihnen rund 1.000 Schützen aus allen Landesteilen am nächsten Morgen auf den Weg nach Mantua, um dort der letzten Stunden Andreas Hofers zu gedenken. Unter der Leitung des Südtiroler Landeskommandanten Major **Paul Bacher** nahmen die Schützen am späten Vormittag des 20. Februars 2010 am Porta-Giulia-Platz Aufstellung und stimmten gemeinsam mit der Musikkapelle Zwölfmalgreien aus Bozen die Landeshymne an. Die Schützenkompanie Tramin bildete die Ehrenformation und gab nach dem Abschreiten der Front durch die Landeshauptleute **Günther Platter**, **Luis Durnwalder** und den Kulturlandesrat **Franco Panizza** eine erste Ehrensalve ab.

Kurz darauf wurde im Beisein der Bürgermeisterin von Mantua, **Fiorenza Brioni**, die zum Anlass des 200. Todestages des Landeskommandanten geschaffene Stele am Eingang des Andreas-Hofer-Gedenkgartens gesegnet und feierlich enthüllt. Der anschließende Gottesdienst wurde im Inneren der Parkanlage unmittelbar neben dem Andreas-Hofer-Denkmal gefeiert, wobei die kunstvolle musikalische Begleitung auch hier der Südtiroler Kapelle Zwölfmalgreien zu verdanken war. In der Predigt griff Landesschützenkurat **Josef Haselwanner**, der gemeinsam mit seinem Amtskollegen **Paul Rainer** und Don **Sergio Ferrari** die Messe zelebrierte, dann die Worte von Johannes Paul I. auf. Bei einem Besuch in der Innsbrucker Hofkirche hatte sich der Papst nämlich vom Gottvertrauen und Glauben Andreas Hofers beeindruckt gezeigt und den Sandwirt nicht so sehr wegen seinem Kampf für Unabhängigkeit, sondern wegen seiner Frömmigkeit den Gläubigen als Vorbild empfohlen.

In Anlehnung an das Motto *Geschichte trifft Zukunft* waren die Fürbitten an den historischen Persönlichkeiten Andreas Hofer, Peter Mayr, Peter Sigmair und Anna Ladurner orientiert, vor dem Hintergrund deren Leben und Sterben die Gläubigen um Aufrichtigkeit, Vertrauen und Verbundenheit baten. Neben dem Gebet um ewiges

Leben für die gefallenen Tiroler, Bayern und Franzosen richtete eine andere Fürbitte die Aufmerksamkeit im Besonderen auf das Leiden der Frauen und Mädchen, die häufig Opfer von Hass und Gewalt waren und nach dem Tod ihrer Männer die Kinder allein aufziehen mussten. Bevor der Gottesdienst mit den Ansprachen der Landeshauptleute und einer Gedenkansprache des Historikers **Meinrad Pizzinini** zu Ende ging, überraschten die Kinder der Tazzoli-Schule und der Pfarrei San Michele Arcangelo von Cittadella die Anwesenden mit ihrer italienischen Version der Landeshymne. Wenngleich es den feinen Stimmen der jungen Sänger etwas an Pathos fehlte, fand ihr Mantua-Lied bei Politikern, Schützen und den zahlreichen Vertretern der lokalen Presse großen Anklang.

Hatte der Obmann des Gesamttiroler Schützenbundes **Hermann Huber** in seiner Ansprache noch den Bezug auf die Vergangenheit in den Mittelpunkt gestellt und von den Tiroler Freiheitskämpfen als Initialzündung für den Widerstand in Europa gegen Napoleon gesprochen, bezog Landeshauptmann **Luis Durnwalder** seine Grußworte ganz auf die Gegenwart der Alpenregion. *Wir haben in diesem Jahr viel gearbeitet*, stellte **Durnwalder** sachlich fest, *wir haben nicht nur von Geschichte geredet, sondern uns mit ihr auseinandergesetzt, uns überlegt, was es heute bedeutet, unsere Identität zu verteidigen. Wir haben die Bevölkerung in das Gedenkjahr einbezogen und den Dialog mit der Jugend gesucht. Wir haben politische Weichen gestellt, das Europabüro in Bozen eröffnet. Vor allem aber haben wir in diesem Gedenkjahr, im Kontakt mit den Bürgern, Kraft getankt, uns mit Energie aufgeladen. In una cultura d'onori*, so schloss der Landeshauptmann den italienischen Part seiner Rede, *cresce un' energia che ci serve per il futuro.*

Landeshauptmann **Günther Platter** eröffnete seine Rede mit einem Blick auf die unterschiedlichen Interpretationen des Gedenkjahres und schloss diese Darstellung, ohne eine Wertung vornehmen zu wollen, mit seiner eigenen persönlichen Sicht der Vergangenheit. Er erklärte, inwiefern Andreas Hofer für ihn ein Held war. Das Verdienst, welches dem Landeskommandanten als Vorbild – in seiner Treue zu Gott und Heimat – zukomme, gehe weit über das Verdienst eines erfolgreichen Kampfes wie der 3. Bergiselschlacht hinaus. *Symbolfiguren wie Andreas Hofer sind gerade für die Zukunft der*

Im Anschluss an die Feierlichkeiten beim Porta-Giulia-Platz wurde im Palazzo d' Arco ein weiterer Kranz niedergelegt, der von Major Paul Hauser und Major Sepp Kirchler getragen wurde.

Links oben:
Major Hubert Straudi (Kompanie Tramin), der Stellvertreter des Tiroler Landeskommandanten Major Stephan Zangerl (Kompanie Polling), der Südtiroler Landeskommandant Major Paul Bacher und Livio Volpi Ghirardini, Präsident der Stiftung Palazzo d'Arco

Rechts oben:
Kranzniederlegung beim Palazzo d´Arco

Unten:
Landeskommandant Otto Sarnthein, die Kulturlandesrätinnen Sabina Kasslatter Mur und Beate Palfrader sowie der Stellvertreter des Südtiroler Landeskommandanten Sepp Kirchler

Europaregion entscheidend. *Die Grenzen sind gefallen, die Autonomie der Länder Südtirol und Trentino hat unseren Handlungsspielraum erweitert. Wir sind am Start einer neuen Ära der Zusammenarbeit. Nun liegt es an uns selbst, die errungenen Freiräume auszugestalten, mit Leben und Gemeinschaft zu füllen. Für diese Ausgestaltung brauchen wir geradlinige Menschen wie Andreas Hofer, die sich ihrer Heimat verpflichtet fühlen. Daher möchte ich mich heute stellvertretend für das Land Tirol bei Andreas Hofer, dessen gewaltsamen Tods wir hier gedenken, bedanken.*

In eine ähnliche Richtung ging schließlich das Statement des Trentiner Kulturlandesrates **Franco Panizza**. *Im vergangenen Jahr ist uns allen klar geworden, wie wichtig es ist, die historischen Wurzeln unserer Vergangenheit zu pflegen, um eine Zukunft zu schaffen, die sich durch Hoffnung und Perspektiven auszeichnet. Es ist zugleich deutlich geworden, wie verbunden sich die Bevölkerung im historischen Tirol auch heute noch fühlt. Was vor kurzem noch ein Traum war, ist gegenwärtig bereits Teil der konkreten Arbeit unserer Politiker und Beamten, wird Schritt für Schritt Realität.* Nach diesen reflektierenden wie persönlichen Abschlussgedanken der politischen Vertreter Tirols, Südtirols und des Trentino ließ der Historiker **Meinrad Pizzinini** noch einmal die letzten Ereignisse im Leben des Landeskommandanten Andreas Hofer Revue passieren.

Es folgte eine weitere Ehrensalve der Ehrenkompanie Tramin und die Niederlegung des Kranzes an jener Stelle, wo der Sandwirt am 20. Februar 1809 erschossen worden ist. Nach dem Abschluss der Gedenkfeier mit der Landeshymne brach eine kleine Gruppe von Regierungsmitgliedern und Ehrengästen noch in Richtung Palazzo d´Arco auf, jenem Ort, wo das Todesurteil über Andreas Hofer gesprochen worden ist. Im Innenhof des Palazzo begrüßte Museumsdirektor **Rodolfo Signorini** seine Gäste und fand seinerseits anerkennende Worte für den 1809 verurteilten Freiheitskämpfer. Die Musikkapelle Zwölfmalgreien untermalte den abschließenden Akt mit ernst-andächtigen Instrumentalstücken und zum letzten Mal in diesem Gedenkjahr legten die politischen Vertreter des historischen Tirol gemeinsam einen Kranz des Gedenkens nieder.

STATEMENT

>> *Unsere Heimat bleibt nicht lebendig ohne die Bereitschaft, sich auf andere Menschen einzulassen, sie aufzunehmen und zu integrieren.* <<

Die Religionsfreiheit war nicht das alleinige Motiv für die Tiroler Freiheitskämpfe. Nicht weniger ausschlaggebend waren die Steuererhöhungen, die Zentralisierung der Verwaltung, die Beseitigung der Tiroler Identität, die Abschaffung der landständischen Verfassung, die wirtschaftliche Misere und die Militarisierung.
Beim Landesfestumzug wurde eine Dornenkrone mit Rosen mitgetragen. Darüber gab es ganz heftige Auseinandersetzungen. Die Dornenkrone ist ganz klar ein Symbol für das Leiden Jesu. Die Rose ist ein Zeichen, dass der Glaube an den Gekreuzigten selig macht. Die Rosen stehen für die Freude an der Heimat, für den Stolz auf das Miteinander, für die Zusammengehörigkeit, sie stehen aber auch für die Vernunft, d. h. wir blicken nicht ideologisch auf die Geschichte und auf die Gegenwart des Landes. Innere Freiheit und Frieden hängen mit der politischen Gemeinschaft unmittelbar im innersten Wesen zusammen. Friede erwächst aus einem Klima des guten Umgangs miteinander. Es ist keine Sünde, ein starkes Ich zu sein. Es ist aber entscheidend, ob sich das Ich gegen andere absetzt, ob es Feindbilder zur Bestätigung der eigenen Überlegenheit braucht.
Der Festumzug wurde von jungen Menschen angeführt. Eine Option für Kinder und für die Familien ist eine Option für die Zukunft. Eine unserer wichtigsten Aufgaben ist es, jungen Menschen eine Zukunft durch Arbeit zu ermöglichen. Und unsere Heimat bleibt nicht lebendig ohne Gastfreundschaft und die Bereitschaft, sich auf Neues und andere Menschen einzulassen, sie aufzunehmen und zu integrieren.

Manfred Scheuer
Bischof der Diözese Innsbruck

Alte und neue Helden

Bergiselmuseum

Der Bergisel ist [...] ein geschundener Fleck Tirol. Von der Sill mitunter heftig umtost und angenagt, durchlöchert von Luftschutzbunkern und Tunnels für Eisen- und Autobahn, bestürmt, erobert, verbaut, ein Ort höchster Triumphe und verzweifelter Niederlagen. Schicht für Schicht haben sich auf diesem Hügel Erinnerungen abgetragen, besonders mächtig in den 200 Jahren nach 1809 mit all ihren kriegerischen, festlichen und sportlichen Höhepunkten und all ihren Katastrophen, schreibt LR **Beate Palfrader** in ihrem Vorwort zu dem 2009 erschienenen Bergisel-Bildband *Vom Heldenberg zur Sportarena*.

Von diesem Gedanken-Experiment, das Erhabene und Ruhmreiche gegen den Strich zu lesen, und von anderen Interpretationen einmal abgesehen, blickt der Bergisel tatsächlich auf eine lange Geschichte zurück. In der ältesten erhaltenen, latinisierten Schreibweise als *Burgusinus*, später dann als *Purgusels*, *Borgusils* oder *Pergisl* bezeichnet, eignete sich der Bergisel aufgrund seiner weiten Aussicht und der Verbindung zum westlichen Mittelgebirge ausgezeichnet für prähistorische Siedlungen und Kultstätten. Ein Bronzedepot sowie die Funde von Schmuck, Keramiken und Werkzeug haben diese Mutmaßung nach 1840 bestätigt, 1936 entdeckte Oswald von Menghin im westlichen Teil der Kuppe eine Wallanlage. Kalzinierte Knochen und verbrannte Fragmente von Bronzeblechgefäßen, die im Zuge der Sprungschanzen-Bautätigkeiten von 1960 und 2000 freigelegt worden sind, lassen einen Brandopferplatz vermuten, 2007 wurde mit dem im Bereich des neuen Museums ausgegrabenen Pfostenbau ein für Nordtirol äußerst seltener jungsteinzeitlicher Fund gemacht.

Erste urkundliche Angaben über einen Straßenverlauf vom Bergiselsattel in Richtung Linsingburg stammen aus dem 13. Jahrhundert, ebenso Dokumente über einen baulichen Bestand. Auf die Freiheitskämpfe von 1809 folgten Schießstände, Obelisken und Gloriette, die 200 Jahre dauernde Ausgestaltung des Bergisels mit einer Mischung von Architektur, Denkmälern und gärtnerischen Anlagen setzte ein und fügte je nach Zeit und Zeitgeist eigene Akzente hinzu. 1925 schließlich lässt sich bei der Bautätigkeit am Bergisel eine markante Wende feststellen. Der westliche Bergrücken nämlich wurde nun sukzessive zu einer Sportstätte ausgebaut, ein langsamer Wandel vom *nationalpatriotischen Heldenberg zur weltoffenen Sportarena* – wie es **Christoph Hölz** formulierte – setzte ein. Gehören die Sprungschanze von **Zaha Hadid** und Großevents wie Vier-Schanzen-Tournee oder Air&Style heute wie selbstverständlich zum Bergisel dazu, war die zunehmende Bedeutung des Sportes gegenüber den Erinnerungsstätten von 1809 sowie den beiden Weltkriegen durchaus Anlass für kontroverse gefühlsgeladene Debatten.

Denn unabhängig von der Bedeutung, die der Bergisel für die Tiroler Geschichte hat, schreiben ihm viele Men-

Oben: Momentaufnahme im Februar 2010. Auch nach der Fertigstellung des Zylinders blieb die Möglichkeit bestehen, eine Luke im Dach zu öffnen und das Riesenrundgemälde auf diese Weise in den Zylinder hinein abzusenken.

ALTE UND NEUE HELDEN

schen eine subjektive Bedeutung zu, weshalb es auch nicht überrascht, wenn die Diskussion um das neu entstehende Bergiselmuseum von den ersten Plänen bis zu seiner Eröffnung mit viel Leidenschaft geführt wurde und wird. Dies umso mehr, da der Kern der unterschiedlichen Ansichten nicht allein der Bergisel mit allen dazu gehörenden emotionalen Konnotationen ist, sondern das Riesenrundgemälde und (seine) Rotunde, Denkmäler, die für – vielleicht unerwartet – viele Menschen Bedeutung haben und deren Zukunft daher die Gemüter zu erhitzen vermochte.

Hauptexponat des vom Innsbrucker Architektur-Büro *Stoll.Wagner* entworfenen neuen Bergiselmuseums ist eben dieses Riesenrundgemälde, welches im Zuge seiner notwendig gewordenen Restaurierung von der ebenfalls unter Denkmalschutz stehenden Rotunde an den historischen Schauplatz am Bergisel übersiedelt wurde. Während auf der einen Seite argumentiert wurde, Riesenrundgemälde und Rotunde bildeten eine nicht aufhebbare Einheit, beriefen sich die Gestalter des Bergiselmuseums auf die ursprüngliche Funktion von Rundgemälden, die dafür konzipiert waren, auf Wanderschaft zu gehen und an unterschiedlichen Orten ausgestellt zu werden, was mit dem Innsbrucker Riesenrundgemälde in der Vergangenheit auch geschehen ist.

Nachdem die Entscheidung für eine Übersiedlung gefallen war, musste die Bildvorderseite zunächst vor möglichen Beschädigungen bei der Sprengung der 1979 ergänzten Betonrampe geschützt werden. Im Anschluss daran wurde die Naht Nr. 4 aufgetrennt und das 1896 geschaffene Kunstwerk von Zeno Diemer (1867 – 1939) an seiner Unter- und Oberseite verstärkt. Mithilfe eines Rol-

Gegenüber den Hauptverkehrsrouten der Inntal- und Brennerachse im Osten entfaltet der Baukörper eine starke skulpturale Präsenz.

lenturmes wurde die über tausend Quadratmeter große Leinwand dann auf zwei Rollen gewickelt, welche als kompakte Transporteinheit in horizontaler Lage von der Rotunde auf den Bergisel überstellt wurden, wo sie schließlich durch eine Transportöffnung im Dach in den neuen Schauraum eingelassen wurden.

Wenngleich **Zeno Diemer** und seine Mitarbeiter das Riesenrundgemälde unter Aufsicht des Historienmalers **Franz Defregger** verwirklicht haben, bieten die Trachten-Uniformierung der Freiheitskämpfer und das aktive Mitwirken Andreas Hofers im Schlachtgetümmel eine freie Interpretation der historischen Wirklichkeit und zeichnen damit einen Abschnitt des Weges nach, wie sich nach 1809 Selbst- und Fremdbilder allmählich zu einem übergeschichtlichen Mythos der Tiroler Wehrhaftigkeit und Frömmigkeit entwickelt haben. Die Idealisierung von Landschaft und Menschen, der Drang nach Freiheit und die enge Verbindung *nach oben* verleihen den blutigen Kämpfen von 1809 eine beinahe sakrale, heilsgeschichtliche Dimension, weshalb das Riesenrundgemälde 200 Jahre später auch nicht mehr für sich allein stehen kann, sondern gerahmt von einem Pro- und Epilog, sowie von zahlreichen historischen Informationen als historisches Drama begriffen werden soll.

Zu diesem Zweck zeigen eine überdimensionale Landkarte und eine Medieninstallation gleich zu Beginn des Parcours auf, dass die Tiroler Freiheitskämpfe von 1809 eine Momentaufnahme in einer Zeit der epochalen Umbrüche und nationalen Erhebungen waren, verortet am Schlachtfeld Bergisel einerseits, inmitten eines Europas der Gewalt und der Kriege andererseits. Der Besucher wandert weiter durch die vertikal organisierten Ausstellungsräume und begegnet – noch bevor er sich in dem Bühnenbild eines historischen Dramas alias Riesenrundgemälde wiederfindet – den Protagonisten der Schlacht vom 13. August, jenen, die Regieanweisungen gegeben haben ebenso wie den vielen namenlosen, die sie umgesetzt haben. Zwar überragen die Holzskulpturen den Betrachter, doch sind sie auf ein Drittel ihrer Lebensgröße verkleinert und unterbinden bzw. karikieren somit jeden

Der Neubau und das historische Kaiserjägermuseum bilden ein harmonisches Ensemble.

ALTE UND NEUE HELDEN

Ansatz von Pathos. Es folgen eine geraffte Darstellung im zeithistorischen Kontext, Facetten von Politik, Religion und Eigenschaften der Tiroler damals wie heute und schließlich Zeugnisse aus der Natur, die von den Menschen geprägt wird und Menschen prägt.

Gleich wie das Riesenrundgemälde sind auch die Ausstellungsräume in Untergeschoßen zur Sillschlucht hin abgesenkt, weshalb sich der Baukörper des Museums aus der Sichtrichtung Bergisel dezent in die Landschaft einfügt, gegenüber den Hauptverkehrsrouten der Inntal- und Brennerachse im Osten jedoch starke skulpturale Präsenz entfaltet. Im Inneren des Museums ermöglicht der vertikale Raumfluss eine Vielzahl an Blickkontakten zum geschichtsträchtigen Außen, die Einstrahlung von Tageslicht, aber auch einen interessanten unterirdischen Durchgang zum Kaiserjägermuseum, das 1880 eröffnet als *Museum im Museum* nur behutsam modernisiert wurde und somit auch weiterhin den Charme einer historischen Sammlung behalten wird.

Im *Europaraum*, im obersten Geschoß des Kaiserjägermuseums, schließt sich dann der Rahmen, der die Panoramen zu 1809 umfasst. Im Gegensatz zum Europa der Konflikte wird nun ein Europa der Kontakte inszeniert, das ansatzweise schon heute präsent ist und von dem Museums-Gestalter wie Besucher, die Tiroler und ihre Nachbarn, hoffen dürfen, dass es morgen Wirklichkeit sein kann.

Links oben: Kulturlandesrätin Beate Palfrader und Architekt Reinhard Wagner bei der Besichtigung der Baustelle

Links unten: Momentaufnahme der Bauarbeiten im März 2010

Rechts: Vor der Übersiedelung des Riesenrundgemäldes wurde der Zylinder bereits ein halbes Jahr lang auf Raumtemperatur beheizt, wodurch man ausschließen konnte, dass eine Restfeuchtigkeit das historische Kunstwerk belasten würde.

Ausstellung		
Wanderausstellung „Tirol 1809 – Vom Freiheitskampf zum Kassenschlager"		19.01.2009–05.12.09
Über die Todesangst siegt die Hoffnung	Stadtgalerie, Bruneck	18.02.–15.03.2009
Ausstellungseröffnung Museum Passeier	Passeiertal	21.02.2009
Museum Passeier – Andreas Hofer: Tag der offenen Tür	Sandwirt, St. Leonhard	22.02.2009
Joseph Messner – Ein großer Sohn des Landes Tirol	Museum am Mozartplatz, Salzburg	26.02.2009
Anno '09: Ein Bergvolk wehrt sich	Schloss Sigmundskron, Bozen	01.03.–28.11.2009
Positionen 2009	Galerie Prisma, Bozen	14.03.2009–05.04.09
Ausstellung über Andreas Hofer	Stadtbibliothek Luigi Dal Rì	23.03.–20.04.2009
„Der mit dem Bart …": Eröffnung der Sonderausstellung im Touriseum	Schloss Trauttmansdorff, Meran	02.04.2009
„Der mit dem Bart …"	Schloss Trauttmansdorff, Meran	03.04.–15.11.2009
Video-Installation über die Wallfahrt von A. Hofer nach San Romedio	Wallfahrtsort St. Romedius, Sanzeno	18.04.2009
Hofer Wanted	Landesmuseum Ferdinandeum, Innsbruck	24.04.–15.11.09
Schützen in Jenbach	Jenbacher Museum, Jenbach	25.04.–31.10.09
Was blieb in Pfunds aus der Zeit Andreas Hofers	Heimatmuseum Pfunds, Turm zu Pfunds	01.05.09–28.02.10
Ausstellung in Bruneck: Anno Neun	Seeböckhaus, Bruneck	01.05.–30.05.09
„Frieden – Schützen 1809–2009". Wanderausstellung	Biatron – Parkplatz Gondelbahn Steinplatte, Waidring	03.05.–31.05.09
Todesangst und Totentanz	Rathausgalerie, Brixen	09.05.–07.06.09
Eröffnung der Landesausstellung 2009 – Labyrinth::Freiheit	Franzensfeste	09.05.2009
Freiheit::Labyrinth (Landesausstellung)	Franzensfeste	10.05.–30.10.09
Vom Heldenberg zur Sportarena: Der Bergisel	Peter-Thalguter-Haus, Algund	15.05.–28.06.09
Feuer, Verwüstung und Brandbekämpfung 1809–2009	Gerätehaus der Feuerwehr, Schwaz	23.05.–06.06.09
Die Stadt in Flammen	Rathaus, Schwaz	27.05.–12.06.09
Not und Elend, Hilfe und Dank: Votivbilder um 1809	Südtiroler Volkskundemuseum, Dietenheim/Bruneck	30.05.–31.10.09
Napoleon und die Karikatur	Augustinermuseum, Rattenberg	06.06.–30.09.09
Funke der Begeisterung	Rathaus, Schwaz	09.06.–26.06.09
Tyroler! Vorwärts! – Die Adelsfamilie Sternbach und Anno Neun	Schloss Wolfsthurn, Mareit	16.06.–15.11.09
Ursula Groser	Stadtgalerie Schwaz	19.06.–02.08.09
… ich folgte dem Drange meines Herzens …	Stadtmuseum, Kitzbühel	20.06.–20.09.06
HeldenFrauen – FrauenHelden	Kaiserliche Hofburg, Innsbruck	23.06.–04.10.09
Ausstellung zum Thema „Pfarrer Maaß"	Dorfzentrum, Fließ	24.06.2009
Freiheit, Kampf und Feuersbrunst in Kirchdorf 1809 – 200 Jahre Metzgerhaus	Metzgerhaus, Kirchdorf i. T.	26.06.–30.09.09
Joseph Ennemoser und Jakob Philipp Fallmerayer. Tirol von 1809 bis 1848/49	Schloss Tirol bei Meran	26.06.–30.11.09
Öffnung des Andreas-Hofer-Museums	Hotel Krone, Matrei am Brenner	26.06.2009
Briefmarkenausstellung „Helden – Idole – Vorbilder"	Burg Hasegg, Hall	27.06.–29.06.09
Anno Nove: Andreas Hofer a Cles e nelle Valli del Noce 1809–2009	Palazzo Assessorile, Cles	27.06.–19.07.09
Kein Auge bleibt trocken	Kunstforum Troadkastn, Kramsach	04.07.2009
Almtanz auf dem Lazinserhof	Lazinserhof in Pfelders/Passeier	05.07.2009
Ausstellung „L'altare e lo scalpello"	Rathaus, Lisignago	17.07.–02.08.09
Im Hoferjahr: Bevölkerung und Gesellschaft im Fleimstal	Palazzo Riccabona, Cavalese	24.07.09–10.01.2010
Andreas Hofer in Lana	Obstbaumuseum, Lana	01.08.–14.11.09
Briefmarkenausstellung „Andreas Hofer und seine Zeit"	Heimatmuseum, Seefeld	16.08.–28.08.09
Ausstellung	Cantina Equipe 5, Mezzolombardo	28.08.–30.08.09

VERANSTALTUNGSKALENDER

Außerfern-Tirol! Sind Außerferner Tiroler?	Grünes Haus, Reutte	10.09.–31.10.09
Lavis 1796–1809	Palazzo de Maffei, Lavis	04.10.–25.10.09
Lahnig – Anton Warscher, Freiheitsheld zu Assling 1809	Assling	23.10.–25.10.09
1809: il Tirolo in armi contro l'ordine napoleonico	Stadtkasino, Arco	08.11.2009
Die Front im Süden 1809. Josef Vigil Schweiggl	Ansitz Freienfeld, Kurtatsch	20.11.2009
Zeitgeist 1790–1830: Ideologie, Politik, Krieg in Bozen und Tirol	Stadtmuseum, Bozen	26.11.2009
Bildung		
Gesamttiroler Jugendquiz „www.syndrome09.net" Prämierung 1. Spielephase mit anschließender Synparty	Papperlapapp, Bozen	09.01.2009
Vortrag: „Tirol in Rumänien – ein Ort mit Tiroler Wurzeln"	Haus Marillac, Innsbruck	15.01.2009
Spuren der Ereignisse um das Jahr 1809 im Raum Schlanders in Büchern, Chroniken und Dokumenten	Bibliothek Schlandersburg, Schlanders	28.01.2009
Josef Daney und der Tiroler Aufstand 1809	Bibliothek Schlandersburg, Schlanders	05.02.2009
held.innen erinnerte gegenwart	Haushaltungsschule, Breitenwang	06.02.2009
Andreas-Hofer-Informationsbus in Bruneck	Humanistisches Gymnasium, Bruneck	07.02.2009
Andreas Hofer in der Literatur: Märtyrer oder Pferdehändler?	Bibliothek Schlandersburg, Schlanders	12.02.2009
Andreas-Hofer-Bus – Abendvortrag	St. Pankraz	13.02.2009
Andreas Hofer – Nationalheiliger und Rosshändler	FOS „Marie Curie", Meran	17.02.2009
Vortrag „Zivilcourage" (Freiheit und Verpflichtung)	Haus Marillac, Innsbruck	18.02.2009
Vortrag: Andreas Hofer – Mythos und geschichtliche Fakten	Ansitz Rosengarten (Ratssaal), Lana	18.02.2009
Führung: Anno Neun – Auf den Spuren der Tiroler Freiheitskriege	Innsbruck	20.02.2009
„Auf den Spuren von Andreas Hofer" – Welttag der Fremdenführer	Innsbruck, Hall in Tirol, Rattenberg und Kufstein	21.02.2009
Ausstellungseröffnung im Museum Passeier	Museum Passeier, Passeiertal	21.02.2009
Vortrag von Univ.-Prof. Dr. Brigitte Mazohl mit Podiumsdiskussion	Museum Passeier, St. Leonhard	21.02.2009
Seminar „DIE FRAU – Hüterin des Lebens"	Haus Marillac, Innsbruck	28.02.2009
… sogar Weibspersonen wollen diktieren	Raiffeisensäle, Innsbruck	28.02.2009
Vortrag: Der unbekannte Sandwirt	Pfarrsaal, Tscherms	06.03.2009
Vortrag: Das Jahr 1809 in Tirol – Verlauf, Hintergründe, Folgen	Bürgersaal, Prissian	06.03.2009
200 Jahre Andreas Hofer – Lichtgestalt und Beleuchteter	FOS „Marie Curie", Meran	11.03.2009
Glaube und Heimat	Festhalle, Strass	20.03.2009
Väter: s' isch Zeit! Männerbilder und Männerkrisen als Herausforderung zukünftiger Vaterschaft	Raiffeisensäle, Innsbruck	21.03.2009
Die Brunecker Apotheker und Andreas Hofer – Vortrag von Gertrud Egger Ritsch	Stadtbibliothek, Bruneck	24.03.2009
Bergiselschlachten von Lina Hofstädter	Noaflhaus, Telfs	27.03.2009
Vortrag in Tisens: Das Leben der Anna Ladurner	Mehrzwecksaal, Tisens	02.04.2009
Frauen(rechte) sind eben anders. Die Rechtssituation von Frauen um 1800	Raiffeisensäle, Innsbruck	18.04.2009
Lehrfahrt der BJ Tisens zum Museum Passeier	St. Leonhard	18.04.2009
Aktionstage Politische Bildung 2009: Thema Gedenkjahr	Südtirol	23.04.–09.05.2009
Eine kleine Symphonie der Heimat	Kultursaal, Birgitz	05.05.2009
Glaube und Heimat – Meister, wo wohnst du?	Gemeindesaal, Karrösten	07.05.2009
Filmdoku und Podiumsdiskussion: Andreas Hofer – Mythos oder politisches Vorbild?	Filmclub, Bozen	07.05.2009
Gesamttiroler Jugendquiz „www.syndrome09.net", Spielende und Hauptprämierung		09.05.2009
Was ist Heimat?	Gemeindesaal, Obertilliach	11.05.2009

Tirol den Tirolern? Zu einer Kultur der Gastfreundschaft	Ehrwald	14.05.2009
3xHerz	Pfarrkirche, Völs	15.05.2009
Alltag, Lebensart und Glaubensformen in der Zeit um 1800	Volkskundemuseum, Dietenheim	16.05.2009
Tirol 1809–2009: Muslimisch-christliche Begegnung	Wörgl	19.05.2009
Was geloben wir heute?	Stadtpfarrkirche, Wörgl	25.05.2009
Tirol 1809–2009: Unterschiedlicher Glaube – eine Heimat	Wörgl	28.05.2009
Islam in Österreich	Wörgl	05.06.2009
Andreas Hofer und seine Frauen	Ferdinandeum, Innsbruck	06.06.2009
Erinnern – Gegenwart im Vergangenen	Gemeindesaal, St. Leonhard	09.06.2009
Die Tiroler Freiheitskämpfe	Kultur- und Veranstaltungszentrum „Recheler-haus", Ladis	14.06.2009
Mythos Andreas Hofer	Gehörlosenseelsorge, Innsbruck	19.06.2009
Das „Heilige Land Tirol" und der Rest der Welt	Tirolerhof, Dölsach	21.06.2009
Nell' Alto napoleonico 1810–1813	Landesbibliothek Claudia Augusta, Bozen	17.09.2009
Zu Fragen von Identität und Kulturtransfer		
Freiheit in Licht und Schatten	Ferdinandeum, Innsbruck	18.09.2009
Heimat – fremde Heimat?	Wörgl	24.09.2009
Telfs im Jahre 1809	Noaflhaus, Telfs	25.09.2009
Interkulturelles Lernen	Wörgl	26.09.2009
Das Fremde anerkennen	Wörgl	03.10.2009
Heimat, Fremde und Gastfreundschaft	Wörgl	10.12.2009
Feste		
Der Andreas-Hofer-Bus beim Tirolerball	Rathaus, Wien	24.01.2009
Palazzi Aperti	Ballino, Fiavè	17.05.2009
Tirol und Südtirol grüßen Wien	Rathausplatz, Wien	13.06.–14.06.09
Herz-Jesu-Prozession	Weerberg	17.06.2009
Festakt zum 200-Jahr-Gedenken	Malser Straße, Landeck	20.06.2009
Festmusik zum Gedenkjahr 1809	Eduard-Wallnöfer-Platz, Mieming	20.06.2009
Herz-Jesu-Sonntag	Tirol, Südtirol, Trentino	21.06.2009
Fahnenweihe der Schützenkompanie Strassen	Strassen	21.06.2009
Gesamttiroler Herz-Jesu-Prozession in Bozen	Pfarrkirche, Bozen	21.06.2009
Schützenbataillonsfest	Arzl im Pitztal	26.06.–28.06.09
Entzündung des „Herz-Jesu-Feuers" & Großer Österreichischer Zapfenstreich	Matrei am Brenner	27.06.2009
Bataillonsschützenfest	Schlaiten	28.06.2009
Historischer Festumzug	Matrei am Brenner	28.06.2009
Bezirksschützenfest	Reutte	03.07.–05.07.09
Andreas Hofer und das Val di Sole	Malè	05.07.2009
Wiedergründungsfest Schützenkompanie Tesino	Castello Tesino	11.07.–12.07.09
Gedenkmesse und Festakt	Egerbacher Schützenkapelle, Schwoich	11.07.2009
Heldengedenkfeier	Kriegerdenkmal, Längenfeld	17.07.2009
Am 18. und 19. Juli: Mein Tirol! – Gesamttiroler Wochenende im Passeiertal	Passeiertal	18.07.–19.07.09
Oberländer Bataillonsschützenfest	Außervillgraten	25.07.–26.07.09
Benennung des Platzes in Ballino nach Andreas Hofer	Ballino, Fiavè	26.07.2009
Bezirksmusikfest	Festzelt Madersbacherweg, Wörgl	31.07.–02.08.09
Einweihung des Denkmals beim „Krapferhäusl"	Aschau im Zillertal	02.08.2009

Pergine 1809–2009	Stadtmitte, Pergine	07.08.2009
Gedenkfeier	Prutz	08.08.2009
Wildschönauer Talfest – Festumzug	Wildschönau	08.08.2009
Historisches Abendessen	Bibliothekplatz, Lavis	28.08.2009
Eröffnung Themenweg	Sexten	30.08.2009
Gedenkfest „Tradition 09"	Kaltenbach, Zillertal	05.09.–06.09.09
Wiedergründungsfest der Schützenkompanie Kössen	Kössen	25.09.–27.09.09
Tiroler Land wie bist du?	Franzensfeste	25.10.2009
1. Gesamttiroler Fleckvieh-Landesschau	Rotholz	28.11.2009
Film		
Der Rebell	Multisala G. Modena, Trient	29.03.2009
Bayern und Tirol – Werft sie den Berg hinab!	Bayrisches Fernsehen, Dokumentation	12.04.2009
Eine Mythosreportage	Leokino, Innsbruck	16.04.2009
Südtirol-Premiere: Eine Mythosreportage	Schloss Trauttmansdorff, Meran	17.04.2009
Der Rebell	Multisala G. Modena, Trient	29.04.2009
Die Freiheit des Adlers	Multisala G. Modena, Trient	29.04.2009
FREIHEIT ANDERs gedenken! im Filmclub – Bloody Sunday	Filmclub, Bozen	14.05.2009
FREIHEIT ANDERs gedenken! im Filmclub – Blow up	Filmclub, Bozen	21.05.2009
FREIHEIT ANDERs gedenken! im Filmclub – Sacci & Vanzetti	Filmclub, Bozen	04.06.2009
Berge in Flammen	Postpark, Schwaz	12.06.2009
Josef Marberger Film	Jugendheim, Silz	27.06.2009
Mythos Andreas Hofer	Pfons bei Matrei am Brenner	28.06.2009
Eine Dokumentation über das Leben und Wirken von Major Josef Marberger	Jugendheim, Silz	04.07.2009
Filmpremiere: 1809–2009	Humanistisches Gymnasium, Bruneck	11.07.2009
Stummfilm „Speckbacher"	Leokino, Innsbruck	12.10.2009
Tiroler Freiheit, Andreas Hofer und die Sicht der Frauen	Innsbruck	17.10.2009
Freiheitskampf in Tirol und anderswo	Leokino, Innsbruck	19.10.2009
Jubiläum		
Braucht Tirol noch Helden	Leopoldina, Innsbruck	13.01.2009
Abfahrt des Andreas-Hofer-Busses	St. Leonhard in Passeier, Sandhof	20.01.2009
Andreas-Hofer-Bus in Wien – Pressekonferenz	Parlament, Wien	22.01.2009
Andreas-Hofer-Gedächtnismesse im Stephansdom	Stephansdom, Wien	25.01.2009
„Kein Auge bleibt trocken". (Der lange Schatten des Andreas H.)	Kramsach	28.01.2009
Jubiläumsschießen zum Gedenkjahr	Schießstand, Strassen	20.02.–01.03.09
Kranzniederlegung am Bergisel	Andreas-Hofer-Denkmal, Bergisel, Innsbruck	20.02.2009
Hl. Messe mit Diözesanbischof Dr. Manfred Scheuer	Dom zu St. Jakob, Innsbruck	20.02.2009
Burggräfler und Passeirer Schützen in Mantua	Mantua	20.02.2009
„Kein Auge bleibt trocken" (Der lange Schatten des Andreas H.)	Gasthaus Mariathaler Wirt, Kramsach	20.02.2009
Gedenkjahr beim Treffen der Südtiroler in der Welt	Kolpinghaus, Bozen	07.03.2009
Lebensstationen von Hans Egarter	Niederdorf und Brixen	19.04.2009
Gedächtnisfeier der Wallfahrt von Andreas Hofer nach San Romedio	Wallfahrtskirche des Hl. Romedius, Sanzeno	19.04.2009
Marco Pozzatti Gedenkfeier	Bevia di Bresimo	26.04.2009
Andreas-Hofer-Wochenende in St. Leonhard	St. Leonhard	01.05.–03.05.09
Gedenkfeier	Grattenbergl, Kirchbichl	16.05.2009

Schützengedenken 1809	Franziskanerkloster, Schwaz	17.05.2009
Vom Bergisel zum Sandwirt im Passeier	Vom Bergisel ins Passeiertal	21.05.–24.05.09
Gedenkfeier	Waidring	21.05.2009
Gedenkveranstaltung der Schützen	Landhauskapelle in St. Gertraudi, Reith i. A.	23.05.2009
Historischer Festumzug	Dorfzentrum Waidring	24.05.2009
Landesschießen	verschiedene Orte in Tirol und Südtirol	29.05.–21.06.09
Landesschießen – Eröffnung	Bergisel, Innsbruck	29.05.2009
Gedenkfeier	Schloss Ivano, Ivano Fracena	14.06.2009
Geführte Wanderung zur Jaufenalm	Passeiertal	21.06.2009
Enthüllung des Gedenksteins zur Erinnerung der Gefallenen von Faedo während des hoferschen Aufstands (1797–1809)	Faedo	21.06.2009
25 Jahre Schützenkompanie	Ladis de Fosha, Moena	28.06.2009
Enthüllung der Gedenktafel 1809-2009	Bei der Fußergängerbrücke über den Inn, Telfs	25.07.2009
Jubiläumsfest mit Landsturm-Umzug	St. Martin in Gsies	07.08–09.08.09
Gedenkwoche	Oberlienz	08.08.–15.08.09
Hoher Frauentag	Innsbruck	15.08.2009
Eröffnungsfeier vor der Hofburg	Hofburg, Innsbruck	18.09.2009
Fressgass	Marktplatz, Innsbruck	18.09.2009
Tag der Jugend	Landestheatervorplatz und Congress, Innsbruck	19.09.2009
Modeschau	Altstadt, Innsbruck	19.09.2009
Klangstadt	Altstadt, Franziskanerplatz, Marktplatz, Innsbruck	19.09.2009
Landesfestumzug	Innsbruck	20.09.2009
1809-2009. Mori a ferro e a fuoco	Cal di Ponte Platz, Mori	26.09.2009
1. Heimatfernentreffen in der Gemeinde Tisens	Tisens	24.10.–25.10.09
Einweihung des Monuments	Piazza Loreto, Lavis	25.10.2009
Tiroler Platzl für Marling	Marling	25.10.2009
Landeshauptmänner sprechen im Österreichischen Parlament	Parlament, Wien	28.10.2009
Einweihung des Peter-Mayr-Denkmals in Bozen	Pfarrplatz, Bozen	21.02.2010
Einweihung der Gedenktafel für Andreas Hofer	Ala - Palazzo Taddei	19.02.2010
Abschlussfeier des Gedenkjahres in Mantua	Matua	20.02.2010
Abschlussfeier des Gedenkjahres im Passeiertal	MuseumPasseier, St. Leonhard	20.10.2010

Musik

Neujahrskonzert unter dem Motto „Gedenkjahr 09"	Silian, Kultursaal	01.01.2009
Präsentation der CD „Lieder der Freiheit"	Ursulinensäle am Marktgraben	07.01.2009
Symposium „Im Gleichschritt – Fortschritt – Marsch! Blasmusik um 1830/40"	Inst. für Musikwissenschaften	06.–07.02.2009
Es begann anno 9.... Frühe Blasmusik auf Originalinstrumenten	Tiroler Landeskonservatorium, Ibk	07.02.–08.02. 2009
Heldenorgel-Konzert mit Helmuth Luksch	Kufstein	20.02.2009
Hofers Nacht Premiere	Tiroler Landestheater, Innsbruck	05.04.2009
Musik und Zeit – Konzert der Bläserphilharmonie Mozarteum Salzburg	Congress, Innsbruck	14.03.2009
Frühjahrskonzert der Stadtmusikkapelle Amras-Innsbruck	Congress, Innsbruck	27.03.2009
Tänze zur Zeit Andreas Hofers – Ein Fest für Jung und Alt!	VHS-Haus, Innsbruck	18.04.2009
Frühjahrskonzert der Peter-Anich-Musikkapelle Oberperfuss	Mehrzwecksaal der Gemeinde, Oberperfuss	18.04.2009
Frühjahrskonzert der Bundesmusikkapelle Erpfendorf	Dorfsaal, Kirchdorf	24.04.–25.04.2009

Frühjahrskonzert mit Schwerpunkt 1809-2009	Veranstaltungszentrum, Nauders	09.05.2009
„Jugend trifft Geschichte" – Internationales Jugendmusiktreffen Innsbruck	Innsbruck	11.05.–13.05.09
Der Traum eines österreichischen Reservisten	Zirl	15.05.2009
Singmo Mitnondo – Von der Mühlbacher bis zur Lienzer Klause	Grand Hotel, Toblach	15.05.2009
Feuer in der Stadt – 1809-2009 – Vergangenheit und Zukunft	Pfarrkirche – Pfarrgarten, Schwaz	15.05.2009
„Missa in tempore belli" – C-Dur von Joseph Haydn	Franziskanerkloster, Schwaz	17.05.2009
Rent – No Day But Today	Rathaussaal, Telfs	20.05.–05.06.09
Volksliedergut 1809-2009	Kolpingstadtsaal, Schwaz	23.05.2009
Freiheit, brennende Liebe	Congress, Innsbruck	26.05.2009
Von der Geschichte zum Märchen	Gemeindetheater	30.05.2009
Die Zeit der Tiroler Freiheitskämpfe im Lied und im Wort	Ötz	06.06.2009
Gemeinschaftskonzert auf der Fahlburg: Tirol – gestern und heute	Garten der Fahlburg, Tisens	13.06.2009
Bergmesse und offenes Singen für Männerchöre		14.06.2009
Musikstück 1809	Längenfeld	17.06.2009
Music meets Science & Business	UMIT, Hall	19.06.2009
Tirol 1809	San Michele allAdige Volkskundemuseum Museo degli Usi e Costumi della Gente Trentina	19.06.2009
Konzert mit Simone Vebber am Klavier	Lavis Palazzo de Maffei	20.06.2009
Tiroler Konzert	Musikpavillion, Zams	21.06.2009
Das Heilige Land Tirol	Burg Hasegg/Salzlager, Hall in Tirol	01.07.2009
Faszination traditionelle Blasmusik	Reutte	02.07.2009
Präsentation einer Doppel-CD anlässlich des Gedenkjahres	Telfes	05.07.2009
Symphoniekonzert	Congress, Innsbruck	05.07.2009
Der Traum eines österreichischen Reservisten	Zirl	10.07.2009
Kompositionswettbewerb 2009: Uraufführung durch das Jugendblasorchester	Kurhaus, Meran	11.07.2009
Zeitgenössische Musik zu den Tiroler Freiheitskriegen 1809	Historische Römerstadt Aguntum, Dölsach	16.07.–18.07.09
Faszination Blasmusik	Naturbadl, Längenfeld	17.07.2009
Tirol 1809	Piazzale spettacoli, Lisignago	17.07.2009
Freiheit – brennende Liebe	Schloss Sigmundskron bei Bozen	29.07.–30.07. 2009
Es war im Jahre Neun	Theater Madre Teresa, Sover	01.08.2009
Großer Österreichischer Zapfenstreich	Nauders	02.08.2009
Die Schlacht am Berg Isel	Theater Dimaro	13.08.2009
Konzert zum Gedenkjahr Andreas Hofer, Tirol 1809-2009	Vils	14.08.2009
Konzert und österreichischer Zapfenstreich mit der Militärmusik Tirol	Waidring	14.08.2009
Cd-Präsentation "Tirolerland, wie bist du?!	Obergurgl	04.09.2009
Sänger- und Musikantenhoangart St. Leonhard	St. Leonhard in Passeier	05.09.2009
Cd-Präsentation des Tiroler Volksmusikverein	Rathaussaal, Telfs	11.09.2009
Österreichischer Zapfenstreich	Mieders	12.09.2009
Missa Solemnis in B op.32 für Soli, Chor und Orchester	Servitenkirche, Innsbruck	20.09.2009
Volksmusikabend: „Tirol isch lei oans"	Vereinshaus, Marling	24.09.2009
Serenade IV: „Gitarre und …"	Ferdinandeum, Innsbruck	25.09.2009
La Francia dall Ancient Régime alla caduta di Napoleone	Palazzo de Maffei, Lavis	26.09.2009
Frauenchorsymposium	Bildungshaus St. Michael, Pfons	02.10.–04.10.09
Battaglia, allarmi, battaglia – Konzert zum Gedenkjahr 2009	Landschaftliche Pfarrkirche Mariahilf, Innsbruck	11.10.2009
Landesblasorchester Tradition	Aula der UMIT, Hall	17.10. –18.10.09

Festmesse Bezirkschor Innsbruck-Süd	Pfarrkirche, Neustift	17.10.2009
Die endliche Stille der Nacht	Europahaus, Mayrhofen	18.12.–20.12.09
Gran concerto 1810 - 2010 Andreas Hofer	SS. Sacramento Kirche, Trento	12.02.2009
Andreas Barbon - Andreas Hofer e i trentini dell anno nove"	Palarotari, Mezzocorona	21.02.2010
Publikationen		
Lesung: Tirol – Notizen einer Reise durch die Landeseinheit	Mittelpunktbibliothek, St. Michael/Eppan	05.02.2009
Meinrad Pizzinini liest aus Andreas Hofer. Seine Zeit sein Leben sein Mythos	Waltherhaus, Bozen	16.02.2009
Norbert Parschalk: Andreas Hofer – Comic Buch	Alte Turnhalle, Bruneck	07.03.2009
Präsentation des Buches Andreas Hofer Trentino	Pfahlbautenmuseum Fiavè	14.03.2009
Cannonball	Stadtbücherei, Innsbruck	20.04.2009
Präsentation des Buches La difesa territoriale nel distretto di Vezzano	Gemeindehalle Bevia di Bresimo	25.04.2009
Andreas Hofer Trentino	Palazzo Pizzini, Ala	07.05.2009
Erinnerte Gegenwarten	Haus der Begegnung, Innsbruck	23.05.2009
Campane a Martello – La difesa territoriale nel distretto di Vezzano	Auditorium della Valle loc. Lusan, Vezzano	06.06.2009
Dalla resistenza a Napoleone all' insurrezione hoferiana. 1796–1809	Sala civica comunale, Faedo	09.06.2009
Andreas Hofer Trentino	Palazzo Trentini Salone dellAurora	12.06.2009
Ein Buch, eine Geschichte ein Held	Piazza San Biagio, Nanno	28.07.2009
Andreas Hofer la storia, il mito	Sala Rosa della Regione, Trento	30.07.2009
Gli eventi del 1809 in Piana Rotaliana nel ricordo di Andreas Hofer	Palazzo Martini, Mezzocorona	07.08.2009
Anno Domini 1809 - Antonio Rizzi, pioniere del turismo e capitano della millizia locale	Theaterzelt, Vigio di Fassa	27.08.2009
Andreas Oberhofer stellt neue Hofer-Biografie vor	Hotel Mondschein, Bozen	09.09.2009
„Andreas Hofer: una storia illustrata" von Ettore Frangipane	Italienische Landesbibliothek, Bozen	19.10.2009
Buchvorstellung „Iconografie hoferiane"	Italienische Landesbibliothek, Bozen	22.10.2009
Bayern und Tirol im Sandhof	St. Leonhard, Sandhof	07.11.2009
1809: il Tirolo in armi contro l ordine napoleonico	Stadtkasino, Arco	08.11.2009
Andreas 4ever? – Buchvorstellung	Merkantilgebäude, Bozen	12.11.2009
Neuer Katalog „Helden&Hofer"	Sandhof, St. Leonhard	20.11.2009
1809: l' insorgenza veneta	Bibliothek, Ala	02.12.2009
Sonstiges		
Gemeinsame Sitzung der Landesregierungen von Tirol, Südtirol und Trentino	Schloss Tirol bei Meran	21.02.2009
Trachtennähkurs für Fortgeschrittene	VHS-Haus, Innsbruck	26.02.2009
Bezirks-Jungschützenschießen	Schießstand, Strassen	28.03.–29.03.09
Kunstintervention	Domplatz, Innsbruck	30.03.–13.04.09
Lesung: Starkmut. Das Leben der Anna Hofer	Bibliothek Sölden, Ötztal	15.04.2009
Von tollkühnen Weibern und heldenhaften Mandern	Innsbruck	18.04.2009
Außenperspektiven: 1809 – Andreas Hofer und die Erhebung Tirols	Tiroler Landesmuseum Ferdinandeum, Innsbruck	25.04.2009
5-Euro-Sondermünze / „Tiroler Freiheit 1809" in Silber – Präsentation	Hofburg, Innsbruck	05.05.2009
Mahnwache	Vor der Kirche in Wörgl	13.05.2009
Volkstanz unter dem Motto „Freiheit verbindet"	Congress, Innsbruck	23.05.2009
Meisterkochen – Andreas Hofer bittet zu Tisch	Volksschule Pradl-Leitgeb II, Innsbruck	26.05.2009
Gesamttiroler Landes-Feuerwehrleistungsbewerb	Axams	05.06.–06.06.09
Tiroler Gedenkjahr 2009: Hirtenbrief der vier Bischöfe des alt-tiroler Gebietes	Innsbruck	09.06.2009

Auf den Spuren von Andreas Hofer – Natur und Geschichte im Passeiertal	Tiroler Landestheater, Innsbruck	13.06.2009
Schwaz brennt – Schwaz im 19. Jhd. – Österreich komplett	Toni Knapp Haus, Schwaz	13.06.2009
Taufe der Tirolrose	Orangerie des Rosariums, Baden bei Wien	13.06.2009
„Wald in Flammen" – 1809 Mythos und Legende	Schwazer Silberwald, Schwaz	15.06.2009
Dramatische Lesung aus der Pirkl-Chronik (1809)	Weinkeller der Sparkasse Schwaz	17.06.2009
Feuer am Dach	Rabalderhaus, Schwaz	18.06.2009
Landeswallfahrt des Tiroler Kameradschaftsbundes im Gedenkjahr 2009	Wörgl	19.06.2009
Sonnenwende, Sonnwendfeuer im Silberwald	Silberwald, Schwaz	20.06.–21.06.09
Feuer am Inn und Berg, Feuerwerk und Sturmglocke	Schwaz	20.06.2009
Gesamttiroler Landes-Feuerwehrjugendbewerb	Sterzing	26.06.–28.06.09
Andreas Hofer im Wipptal	Matrei am Brenner, Innsbruck, Bergisel	27.06.2009
Anno Nove: Andreas Hofer a Cles e nelle Valli del Noce 1809 2009	Palazzo assessorile, Cles	18.07.2009
25. Landeswallfahrt des Tiroler Kameradschaftsbundes	Festzelt Madersbachweg, Wörgl	19.07.2009
Feldmesse	Lienzer Klause	15.08.2009
1796/1797 Die Pinè Hochebene und die Invasion von Napoleon Bonaparte	Hochebene und Cembra Tal, Pinè	24.08.–30.08.09
Comic-Präsentation „Wie es sich wirklich zugetragen in Tirol Anno 1809"	Innsbruck	16.09.2009
Was bleibt von 2009?	Museum im Zeughaus, Innsbruck	28.01.2009
Sonderbriefmarke der Österreichischen Post	Zeughaus, Innsbruck	19.02.2009
Theater		
LRin Kasslatter Mur stellt „Forumtheater A.H. 09" vor	Palais Widman, Bozen	09.01.2009
Super Andi	Tiroler Landestheater, Innsbruck	30.01.2009
Der Held – ein Freiheitskampf in drei Akten	Kulturhaus Kufstein	20.02.2009
Fein hätten wir's haben können	Anreiterkeller, Brixen	25.02.2009
Tod eines Verräters	Kulturhaus Karl Schönherr, Schlanders	27.02.2009
Peter Mayr – Der Wirt an der Mahr	Theatersaal Tipotsch, Stumm	02.03.2009
Der Judas von Tirol	Gemeindesaal, Langkampfen	07.03.2009
Wiederaktivierung der Volksbühne Tisens	Vereinshaus Michael Gamper, Prissian	21.03.2009
VBB-Autorentage 2009: Freiheit	Stadttheater, Bozen	03.04.–05.04.09
Auf zur Tour -Tiroler Land	Komma, Wörgl	14.05.–17.05.09
Premiere: Andreas-Hofer-Volksschauspiel	Algund bei Meran	15.05.2009
Das Hofer Casting von Brigitte Knapp (Südtirol) – mit Ideen von Fabian Kametz	Alte Post, Wörgl	15.05.2009
Der And're Hofer	Kolpingstadtsaal, Schwaz	20.05–21.05.09
HOFhERr	ORF-Kulturhaus, Innsbruck	20.05.2009
Gasthaustheater „Hofers best"	Gasthaus Schaller, Schwaz	22.05.2009
andreas, 2, 20	Franziskanerkloster, Schwaz	29.05.2009
Frei: Altes Testament	Reutte	05.06.–07.06.09
The Scarlet Pimpernel – „Das scharlachrote Siegel"	Kolpingstadtsaal, Schwaz	06.06.2009
Sonnwendtag	Kurpark, Steinach am Brenner	10.06.2009
Stück zum Gedenkjahr 2009	Kulturzentrum, Nikolsdorf	10.06.–13.06.09
Gottes Guerilla	Hofgartengärtnerei, Innsbruck	14.06.2009
Schultheatertage	Landestheater, Innsbruck	15.06.–16.06.09
Freilichttheater „Katharina Lanz"	Mühlbacher Klause	19.06.2009
Pfarrer Maaß	Kauns	26.06.2009
Maria Aigentler	Theatersaal, Matrei am Brenner	26.06.2009

Glaube-Hofer-Heimat	Wildschönau, Niederau	26.06.2009
Das Heilige Land Tirol	Burg Hasegg/Salzlager Hall in Tirol	27.06.2009
Held/-in Tirol – Internationales Jugendtheaterfestival in Hall	Theaterpädagogisches Zentrum, Hall	27.06.–04.07.09
Der Tiroler Wastl	Passionsspielhaus Thiersee	27.06.2009
Speckbacher	Schlossberg, Rattenberg	03.07.2009
Per amor di libertà... moja il re di Baviera. 1809 Andreas Hofer in difesa del Tirolo	Piazza Santa Maria Assunta, Malè	12.07.2009
Die Alpträumer: Premiere in der Gaulschlucht	Gaulschlucht, Lana	17.07.2009
1809 – Mein bestes Jahr	Kranewitter Stadl, Telfs	25.07.2009
Nell anno nove. Andreas Hofer e il volo dell aquila	Vigo Rendena	25.07.2009
Per amor di libertà.. moia il Re di Baviera. 1809: Andreas Hofer difensore del Tirolo	Hauptplatz, Revò	01.08.2009
Der Rebell	Porta Claudia am Talboden, Scharnitz	21.08.2009
Mein Tirol – Ein Singspiel	Bürger- und Rathaus, Naturns	16.09.2009
Carlo und Lisetta	Auditorium comunale, Lavis	03.10.2009
Lahnig – Anton Warscher, Freiheitsheld zu Assling 1809	Assling	10.10.–11.10.09
apollo 09 oder die interessensgemeinschaft der neuen freiheit	Westbahntheater, Innsbruck	10.10.2009
Do Haspinger	St. Magdalena Gsies	16.10–18.10.09
Held/-In in Tirol	Theaterpädagogisches Zentrum, Hall	23.10.–26.10.09
Wissenschaft		
Im Gleichschritt – Fortschritt – Marsch!	Universität Innsbruck, Innsbruck	06.02.–08.02.2009
Andreas Oberhofer präsentiert neue biographische Erkenntnisse über Andreas Hofer	Michael-Pacher-Haus, Bruneck	19.02.2009
Vortrag von Univ.-Prof. Dr. Brigitte Mazohl mit Podiumsdiskussion	St. Leonhard, Museum Passeier	21.02.2009
Historiker Rainalter und Knapp sprechen in der Brunecker Bibliothek	Stadtbibliothek, Bruneck	26.02.2009
Politische Konflikte und gesellschaftlicher Wandel: die Hintergründe des Jahres 1809	Stiftung Bruno Kessler, Trento	27.03.2009
Andreas Hofer duecento anni dopo: mito e realtà del GENERAL BARBON	Stadtbibliothek Luigi Dal Rì, Mori	16.04.2009
Symposium „1809. Neue Forschungen und Perspektiven"	Tiroler Landesarchiv, Innsbruck	16.04.–17.04.2009
Die Gästebücher am Sandhof	MuseumPasseier, St. Leonhard	17.04.2009
Die Rolle der Passeirer im Jahr 1809	MuseumPasseier, St. Leonhard	17.04.2009
200 anni dopo: la rivolta tirolese di Andreas Hofer contro bavaresi e francesi nel 1809	Sala riunioni della biblioteca, Telve Valsugana	17.04.2009
Widerstand im Zeichen von anno neun. Hans Egarter und der Andreas-Hofer-Bund	Universität Social Club, Bozen	18.04.2009
Für Gott, Kaiser und Vaterland	Palazzo della Regione – Sala di rappresentanza	18.04.2009
Podiumsdiskussion: Widerstand und zivilgesellschafltiches Engagement in Südtirol	Bozen	20.04.2009
Günther Obwegs: Die kriegerischen Ereignisse im Raum Bruneck 1809	Michael-Pacher-Haus, Bruneck	24.04.2009
Die Rolle der Bevölkerung und der Gemeinden im Aufstand von 1809.	Gemeindehalle Bevia di Bresimo	25.04.2009
Diözesanes Symposium Freiheit und Widerstand	Haus der Begegnung, Innsbruck	28.04.2009
Che ruolo ha giocato la fede nell animo dei nostri trisnonni	Fiavè Oratorio	08.05.2009
capaci di tenere in scacco per diversi anni Napoleone con il suo esercito più potente del mondo?		
Fanatismo religioso o cosciente difesa dei valori e tradizioni tramandati da secoli?		
Identita´ Europea – Andreas Hofer und der Aufstand gegen Napoleon von 1809	Palazzo della Regione, Sala Rosa, Trient	13.05.2009
Andreas Hofer, auch ein Trentiner Held: 200 Jahre nach dem Aufstand von 1809	Ratssaal der Gemeinde Levico	22.05.2009
Symposiumheimat eine Suche?! Frauen heimaten	Innsbruck	23.05.2009
Die vergessenen Soldaten des Ersten Weltkriegs: Trentiner im Dienste von Österreich-Ungarn	Ratssaal der Gemeinde Levico	29.05.2009
Das Trentino von 1943 bis 1945	Ratssaal der Gemeinde Levico	05.06.2009

Die Trentiner Autonomie-werkstatt (1945-1948)	Ratssaal der Gemeinde Levico	12.06.2009
Identita' Europea – Andreas Hofer und der Aufstand gegen Napoleon von 1809	Palazzo della Regione, Sala Rosa, Trient	13.06.2009
Anno Nove: Andreas Hofer a Cles e nelle Valli del Noce 1809 2009	Cles sala polifunzionale Cassa Rurale di Tuenno Val di Non	02.07.2009
Da Andreas Hofer agli statuti di Autonomia. Due secoli di storia trentina da riscoprire e valorizzare	Rathaus Malè	10.07.2009
Mythos und Heimat	Holzgau	20.07.–26.07.09
Andreas Hofer nel Tirolo dell anno nove	Theaterzelt, Lisignago	23.07.2009
A 200 anni dalla insurrezione tirolese guidata da Andreas Hofer	Vermiglio Polo culturale	25.07.2009
Martyrium als religiös-politische Herausforderung	Stams, Telfs, Mösern	08.10.–11.10.09
Lavis 1809	Palazzo de Maffei, Lavis	09.10.2009
8. Tiroler Fortbildungsabend Gerontorheumatologie – Geschichte trifft Zukunft Rheumatologie 1809–2009	Bergisel (Ulrichhaus), Innsbruck	12.10.2009
Analyse der Schlacht von Lavis: Waffen und Gebäude	Palazzo de Maffei, Lavis	16.10.2009
La massoneria in Trentino nel periodo napoleonico	Palazzo de Maffei, Lavis	23.10.2009
Triumph der Provinz: Geschichte und Geschichten 1809–2009	Aula der Universität Innsbruck, Innsbruck	05.11.–06.11.09
1809/1989: Die Zivilgesellschaft: Motor der Revolution oder der Reaktion?	Prag	19.11.2009

Bildnachweis

Fotografen:
Aicher, Bernhard   57
Bachnetzer, Tobias   64
BC Art Consulting   53
Beck, Lucas   49, 53
Bellinger, Sandra   60
Coreth, Manfred   Cover, 131, 144, 158, 159, 161, 163, 165, 167, 190, 195, 196, 197, 205
Enders, Kathrin   63
Engl, Karl   51
Fidler, Lorenz   59
Fiechtl, Roland   59
Fischer, Andreas   Cover, 28, 29, 31, 33, 34, 35, 36, 37, 38, 39, 96, 104, 105, 124, 126, 128, 131, 144, 152, 156, 157, 159, 160, 162, 186, 210, 211, 212, 213, 214
Fliri, Michael   43
Forcher, Christian   90, 91, 92
Frischauf-Bild   33, 66, 67, 225
Gastl, Helga   54
Gonzales, Brigida   67
Graf, Walter   68, 74, 75, 76
Gratl, Peter   62
Griessenböck, Gabriele   58
Hollaus, Melanie   62
Holler, Angelika   102, 103
Huber, Florian   69
Jautz, Franz   64
Jenewein, Johann   Cover, 139, 153, 156, 166, 180, 181, 189, 203, 207
Kautzky, Johannes   134, 139
Kofler, Hermann   200, 209
Kofler, Petra   102, 103
Larl, Rupert   56, 60
Leiter, Anton   Cover, 122, 126, 153, 172, 199
Mader, Gerhard   101
Mandlez, Irene   163, 164, 171
Mayer, Thomas   90
Mayr, Manfred Alois   44
Mravlag, Martha   50, 51
Museum Passeier   223, 224
Newesely, Christian   127, 145, 146, 147, 148, 149, 179
Paganini, Claudia   38, 40
Pertl, Arno   86, 87, 88, 89
Pfeifer, Bernadette   40, 222, 223
Pizzinini, Meinrad   66, 108
Possenig, Robert   Cover, 53
Pozza, Andrea   41, 42, 43, 44
Prantl, Florentine   54
Schestak, Alfred   115, 128, 130, 131, 132, 139, 143, 150, 152, 154, 157, 160, 161, 162, 168, 169, 172, 173, 174, 175, 176, 180, 184, 186, 188, 190, 192, 193, 194
Schönwiese, Ekkehard   61
Sidon, Alexandra   237
Staudacher, Hubert   Cover, 123, 129, 133, 138, 140, 141, 142, 143, 146, 147, 148, 149, 150, 151, 154, 157, 158, 161, 164, 165, 166, 167, 169, 170, 173, 174, 175, 176, 177, 178, 181, 182, 183, 184, 185, 188, 189, 191, 193, 194, 195, 196, 197, 198, 199, 200, 201, 202, 204, 205, 206, 207, 208
stoll.wagner architekten   234, 236
Schwarz Roland   136, 137, 139
Tauber, Christoph   61
Triendl, Hermann   106
Vandory, Martin   Cover, 4, 5, 6, 7, 8, 9, 27, 30, 31, 32, 33, 34, 45, 46, 47, 48, 52, 55, 65, 71, 72, 73, 77, 78, 79, 80, 81, 82, 83, 84, 85, 93, 94, 96, 97, 98, 99, 100, 109, 110, 112, 116, 117, 118, 119, 120, 121, 124, 125, 134, 135, 139, 155, 171, 179, 187, 202, 219, 221, 226, 227, 228, 229, 230, 231, 232, 233, 235, 237
Vogl, Christian   58
Waldegger, Christian   60
Wolf, Karl   215, 216, 217, 218

Quellen:
Das Bayerland, Jahrgang 1909   107
David, Jaques-Louis, National Gallery of Art, Washington, 1812   12
helios Audiovisuelle Kommunikation   95
Putz, Leo, Jugend. Münchner Illustrierte – Wochenschrift für Kunst und Leben, Jahrgang 1909   107
Tiroler Landesmuseum Ferdinandeum   11, 13, 14, 15, 16, 19, 20, 21, 22, 23, 24, 25
Y.V. Lacroix   70